普通高等教育"十二五"规划教材

普通话学习与水平测试教程

主　编　杜启蓉　聂希安　邓　璨

副主编　龙　江　何黎黎　邹佩佚

　　　　杜启玉　严爱兰　彭丽蓉

中国水利水电出版社
www.waterpub.com.cn

内 容 提 要

本书是为了满足广大普通话测试者参加学习和测试的需要，依据普通话水平测试大纲编撰而成的。全书共分十章，第一章至第六章介绍普通话语音系统及其训练，第七章至第十章介绍普通话水平测试中的朗读和说话训练，对大纲规定的 60 篇朗读文章和 30 个说话题目进行分析、讲解。

将普通话学习与测试相结合，以普通话知识的系统学习及普通话表达能力的具体培养为目的，以取得理想的普通话水平测试成绩为目标，是我们编写本教材的出发点。

本书可作为高等院校公共课或选修课教材，也可作为普通话水平测试的培训教材或辅导用书，同时还适合作为社会不同层次的人士学习普通话和参加普通话等级考试的参考用书。

图书在版编目（ＣＩＰ）数据

普通话学习与水平测试教程 / 杜启蓉，聂希安，邓璨主编. -- 北京 ： 中国水利水电出版社，2014.8（2018.8 重印）
普通高等教育"十二五"规划教材
ISBN 978-7-5170-2218-3

Ⅰ．①普… Ⅱ．①杜… ②聂… ③邓… Ⅲ．①普通话－水平考试－高等学校－教材 Ⅳ．①H102

中国版本图书馆CIP数据核字(2014)第140829号

策划编辑：寇文杰　　　责任编辑：张玉玲　　　封面设计：李　佳

书　　名	普通高等教育"十二五"规划教材 **普通话学习与水平测试教程**
作　　者	主　编　杜启蓉　聂希安　邓　璨 副主编　龙　江　何黎黎　邹佩佚　杜启玉　严爱兰　彭丽蓉
出版发行	中国水利水电出版社 （北京市海淀区玉渊潭南路 1 号 D 座　100038） 网址：www.waterpub.com.cn E-mail: mchannel@263.net（万水） 　　　　sales@waterpub.com.cn 电话：（010）68367658（发行部）、82562819（万水）
经　　售	北京科水图书销售中心（零售） 电话：（010）88383994、63202643、68545874 全国各地新华书店和相关出版物销售网点
排　　版	北京万水电子信息有限公司
印　　刷	三河市鑫金马印装有限公司
规　　格	184mm×260mm　16 开本　15.5 印张　392 千字
版　　次	2014 年 8 月第 1 版　2018 年 8 月第 2 次印刷
印　　数	2001—4000 册
定　　价	28.00 元

凡购买我社图书，如有缺页、倒页、脱页的，本社发行部负责调换

前　　言

　　普通话是《国家通用语言文字法》规定的国家通用语言，也是联合国 6 种语言之一，是一种规范的语言。

　　大力推广、积极普及全国通用的普通话，有利于克服语言隔阂，打破语言壁垒，让人们实现无障碍交流，促进彼此的理解，以利于和平共处，共同发展；能说一口标准、流利的普通话，是当今中国人文明素质的体现。为了适应我国新世纪推广普通话的战略需要，使他们从容应对并顺利通过全国范围的普通话水平等级测试，根据《中华人民共和国国家语言文字法》和国家语言文字工作委员会最新发布的《普通话水平测试实施大纲》，我们组织富有普通话教学经验的教师，本着"为学习服务，为应用服务，为测试服务"的原则，编写了这本《普通话学习与水平测试教程》，该书具有如下特点：

　　（1）在指导思想与编写原则上，力求基本理论简明清晰，重实践、重能力、突出实训，注重实用。既可帮助学生顺利通过在校期间的普通话水平测试，并取得较高等级，又能培养学生综合的语言运用能力，提高学生的整体素质。

　　（2）在结构体例上，遵循循序渐进的原则，力争使内容和方式符合教学、教育实际，适应教育对象的认知规律和语言训练规律。全书共十章：第一章为普通话概论；第二章为普通话声母的发音和训练；第三章为普通话韵母的发音和训练；第四章为普通话声调及训练；第五章为音节训练；第六章为语流音变；第七章为朗读；第八章为说话；第九章为普通话水平测试概述；第十章为测试技巧。前六章是普通话基础，主要讲述语音与词汇、语法的规范化；第七到十章是普通话应用。

　　（3）在内容与形式上，注重体现"新"与"活"。在取材、示例方面，力求新颖、有趣；阅读材料及测试样题，在最新大纲的基础上，经过认真挑选和优化编排，针对性更强；在声、韵、调训练中，力求活泼多样，根据各章内容与特点，精心设计，着力训练学生的实际运用能力。

　　本书可作为高等院校的普通话培训教材，也适合具有中等文化程度需要掌握普通话的广大读者自学，同时也是幼儿园、中小学教师教学及纠正方言的重要参考书。

　　本书在编写过程中，参阅了大量的相关著作，从书刊、网络上选用了一些材料，在此向相关作者表示衷心的感谢！

　　因时间仓促，水平所限，书中难免存在一些疏漏和不足，恳请广大读者批评指正，以便再版时修改和完善。

编　者

2014 年 7 月

目　　录

第一章　普通话概论

第一节　普通话起源

普通话起源于雅言。雅言，这个名称最早见于《论语》。《论语·述而》篇说："子所雅言，《诗》、《书》执礼皆雅言也。"这句话的意思是说孔子在读《诗》、《书》和作傧相赞礼的时候都说的是雅正之言。孔子在鲁国讲学，"三千弟子七十二贤人"来自四面八方，彼此间语言、语音各不相同，因此孔子必须以雅言来讲课，才能使听者听明白。

《诗经》是我国第一部诗歌总集，分为风、雅、颂三篇。其中雅是周王朝直接统治地区——王畿地区的作品，均为朝廷上的乐歌，多为朝廷官吏所作。周代人把正声叫做雅乐，带有一种尊崇的意味，意在表明和其他地方音乐的区别。也有人说"雅"与"夏"相通，夏是周朝直接统治地区的称呼，如华夏。

荀子《荣辱篇》云："越人安越，楚人安楚，君子安雅。"又《儒效篇》云："居楚而楚，居越而越，居夏而夏，是非天性也，积靡使然也。"根据他这一段解释，可以理解"雅言"跟一般的"方言"有所不同。雅言是区域间的共同语，通行的地区广，有如说是广大地区的标准语。方言则不然，只流行在某一地区而已。因此"雅言"可以跟"方言"对称。

这便说明 3000 多年前周朝国都丰镐地区（今陕西西安）所使用的语言，即为标准语，当时叫"雅言"，也就是我们通常所说的普通话。

但雅言所指称的古代民族"共同语"却是一个发展的概念。在把雅言作为古代汉民族"共同语"代名词的背景下，雅言当形成于夏朝，发展于商朝，成熟于周朝。从语言发展史的角度看，雅言是我们汉民族共同语的发端，它不仅为汉语言的统一、规范树立了标尺，使汉语言的发展有了一个扎实的基础，而且对提高汉民族的凝聚力、推进汉民族文明的进程都有着深刻的影响。

一、从雅言到官话，汉民族共同语和方言的发展

民族共同语是在一种方言的基础上形成的，这是与经济、政治、社会、文化等因素分不开的。民族共同语是民族内部共同用来交际的语言，是识别一个独立民族的主要标志之一。雅言就是周朝时汉民族的共同语。

方言，是民族语的地方分支，是局部地区人们使用的语言。汉族社会在发展过程中出现过程度不同的分化和统一，因而使汉语逐渐产生了方言。汉语方言又叫"地方话"。汉语方言的形成主要跟地理因素相关，如江河湖泊、山岭及交通要道；有的则与历史因素有关，如移民、驻军、行政区划等。当前我国语言学界对现代汉语方言划分的意见还未完全一致，大多数人的意见认为现代汉语有七大方言：北方方言、吴语、湘语、赣语、客家话、闽语和粤语。

秦灭六国以后，统一了文字，在口语的基础上形成了统一的书面语，即文言文。及至汉代，有了"通语"的名词，西汉扬雄编著的《方言》（我国第一部方言著作）就是用当时的"通语"来解释各地方言的。"通语"一般指中原河洛方言和陕西关中方言的交替。

隋唐时期，在北方方言的基础上，产生一种接近口语的书面语——白话。汉族长期用"文言"，其最初是建立在口语基础上的，但后来与口语差距越来越远，学习困难，使用人数很少。因此"白话"就产生发展了，并在宋元以后白话取得了书面语言的地位。同时又出现了用白话写成的文学作品，如宋元话本和明清小说等。四大名著这些文学作品的流传，虽其中语言或多或少带地方色彩，但总的来说，基本上都属于北方话，这大大促进了北方话在全国的推广。

金朝以后，北京已经成为中国的政治、经济、文化中心。汉民族共同语是在北方方言的基础上形成的。在形成过程中，北京话有着特殊的地位。元朝时，北京话已作为"官话"在官方的交往中使用。元代的民族共同语叫"天下通语"，周德清的《中原音韵》记录的就是当时的民族共同语。

二、明清官话是现代普通话的前身

官话的含义有很多种，《辞源》的解释是，"旧指以北京话为基础的标准话。因在官场中通用，故称。"《辞海》解释为，"旧时指汉语中通行较广的北方话，特别是北京话。现在也用来统称北方话（官话区）诸方言。"而现代汉语词典里有两种解释："一为普通话的旧称，作为汉族共同语的基础方言的北方话也统称官话；二为官腔。"

而官话作为官方用语的解释却不来源于汉语。著名的意大利传教士利玛窦在《利玛窦中国札记》中写到："帝国通用的口语，被称为官话，是民用和法庭用的官方语言。"意大利传教士罗明坚（Michele Ruggieri）和利玛窦（Matteo Kicci）在《葡汉辞典》中将官话释义为"官员的语言"（Falla Mādarin）。英语 Mandarin（中国官话）就是源于葡语。但是利玛窦所指的官话并不是前面释义的北京话，而是指当时明朝以南京话为标准音、以南京话为明代官话的基础方言。

著名学者鲁国尧经过研究考证认为，明清才有官话一词，故明以前无官话释义。明末至清鸦片战争前后，官话是南京话，北京话成为官话是近代以后的事。

用"官话"来指称一些官员们特有的话语系统，最早是从清朝雍正皇帝时开始流传的。雍正六年，有批广东、福建籍的地方官员被召见，但南方官员的粤语和闽语显然令这位皇帝无从适应，在听完一番冗长的汇报之后，雍正皇帝依然一无所知。这位皇帝敏锐地发现，如果这些官员下放到各地去治理民政，老百姓连语言都听不懂，更谈不上治理。此外，上下级官吏相互之间听不懂，也为那些胥吏从中作弊提供了无数机会。于是，雍正皇帝颁布规定：生童举监，要在八年内学会"官话"，否则不得参加科举考试。做官问案，不准用乡音土语。自此之后，操有各地方言余音的"官话"成为官场上一道独特的景观。而普通民众也将官员们这种独特的话语系统称为"打官腔"。

但是，从孔子时代到清朝末年的二千五百多年间，使用共同语的主要有政府官吏、士大夫阶层、以及在异地之间进行贸易的行商，他们是全国人口的很小一部分。广大人民群众跟共同语没有关系，他们安土重迁，大都是文盲，没有大范围彼此进行语言交际的条件。

三、国语、普通话的诞生

国语，指的是本国人民共同使用的语言。自从外国列强打开了中国大门后，国人才有了国家的意识，从而为国家、民族的标准语正名。最早提到"国语"这个名称的，是当时被委任为京师大学堂总教习的桐城派古文名家吴汝纶。1902 年他去日本考察学政，看到日本推行国语（东京话）的成绩，深受感动，于是主张推行以"京话"（北京话）为标准的国语。1909

年近代语言学家江谦第一个提出用"国语"替代"官话"。至辛亥革命后，1913 年成立了"读音统一会"，并召开全国会议，审定了 6500 多个汉字的读音，即"国语"，并规定了拼注国音的字母，标之为"注音字母"或"国音字母"，还编制了《国音字典》。从此，"国语"一词就用开了。1919 年的"五四"运动对国语产生了划时代的文体改革白话文运动。当年北洋政府教育部成立政府的推行机构"国语统一筹备会"，并训令全国各国民学校改"国文"科为"国语"科。1920 年，教育部通令将原有的"国文"字样统改之为"国语"。1932 年 5 月，教育部正式公布并出版《国音常用字汇》，为确立国语的标准提供了范本。

当年学者吴汝纶去日本考察，与日本人在谈话中就曾提到"普通话"这一名称。1904 年，近代女革命家秋瑾留学日本时，曾与留日学生组织了一个"演说联系会"，拟定了一份简章，在这份简章中就出现了"普通话"的名称。1906 年，研究切音字的学者朱文熊在《江苏新字母》一书中把汉语分为"国文"（文言文）、"普通话"和"俗语"（方言），他不仅提出了"普通话"的名称，而且给"普通话"下了定义："各省通行之话。"

新中国成立后，1955 年 10 月召开的"全国文字改革会议"和"现代汉语规范问题学术会议"，将现代汉民族共同语的正式名称正式定为"普通话"，取代"国语"名称。1956 年 2 月 6 日，国务院发出关于推广普通话的指示，从语音、词汇、语法三个方面明确规定了普通话的标准，使得普通话的定义更为科学、周密。其中，"普通话"二字的涵义是"普遍"和"共通"的意思。当今中国大陆将汉语通用语称为"普通话"，台湾仍旧沿用"国语"这个名称，而在新加坡和其他一些国家的华人社区，将普通话称为"华语"。三种称呼，名称不同，但实质相同；三者不是相互排斥，而是相互补充的。

第二节 普通话和汉语方言

一、现代汉民族共同语——普通话

普通话是《国家通用语言文字法》规定的国家通用语言，也是联合国 6 种语言之一，是一种规范的语言。它的规范指的是现代汉语在语音、词汇、语法各方面的规范。

（一）普通话以北京语音为标准音

"以北京语音为标准音"指普通话词语的读音是北京语音。普通话采用了北京话的声、韵、调系统。当然，普通话以北京语音为标准音，是以北京话的语音系统为标准，并不是把北京话一切读法全部照搬，普通话并不等于北京话。从 1956 年开始，国家对北京土话的字音进行了多次审订，制定了普通话的标准读音。因此，普通话的语音标准，当前应该以 1985 年公布的《普通话异读词审音表》以及 1996 年版的《现代汉语词典》为规范。

（二）普通话以北方话为基础方言

"以北方话为基础方言"指普通话是在北方方言的基础上形成的，同时这也是普通话的词汇标准。这里的词汇是指以广大北方话地区普遍通行的说法为准，同时也要从其他方言吸取所需要的词语。普通话所选择的词汇，一般都是流行较广而且早就用于书面上的词语。近年来，国家语委正在组织人力编写《现代汉语规范词典》，将对普通话词汇进一步作出规范。

（三）普通话以典范现代白话文著作为语法规范

普通话的语法标准是"以典范的现代白话文著作为语法规范"，这个标准包括四个方面含义："典范"就是排除不典范的现代白话文著作作为语法规范；"白话文"就是排除文言文；"现代白话文"就是排除五四以前的早期白话文；"著作"就是指普通话的书面形式，它建立在口语基础上，但又不等于一般的口语，而是经过加工、提炼的语言。

二、汉语方言

汉族社会在发展过程中出现过程度不同的分化和统一，因而使汉语逐渐产生了方言。根据方言的特点，联系方言形成和发展的历史，大致分为七大方言，如图 1.1 所示。

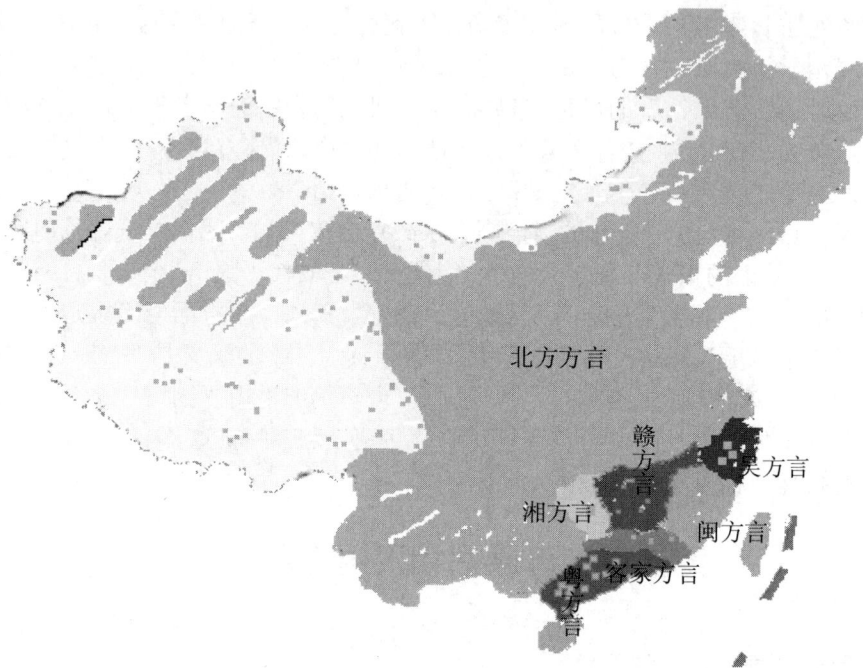

图 1.1　七大方言区

（一）北方方言，是现代汉民族共同语的基础方言，以北京话为代表，内部一致性较强。是汉语中流行最广、使用人口最多的一种方言。使用人口约占汉族总人口的 73%。主要分布地域包括长江以北各省的汉族居住区，长江以南镇江以上九江以下的沿江地带，湖北省（东南一带除外）、云南省、贵州省、四川省和重庆市的汉族地区。内部分为四个次方言：华北东北方言、西北方言、西南方言、江淮方言。

（二）吴方言，又称江南话或江浙话，以上海话为代表。使用人口占汉族人口的 8.4%左右。主要分布地域包括江苏省长江以南、镇江以东部分（镇江不含在内）及浙江省的大部分和上海，共辖 135 个市县。

（三）湘方言，又称湖南话，以长沙话为代表。使用人口占汉族人口的 5%左右。主要分布在湖南省大部分地区。湖南省有多种不同的方言，湘方言是其中最有影响的一种。由于社会、历史、地理以及政制变革等各方面的因素，古老湘语南、北、西三面长期以来处于官话方言包围之中，东部又受客、赣系方言的影响，以致语音系统不断产生变化，逐渐形成了新湘语和老湘语两种明显有别却又并存并用的特殊局面。

（四）赣方言，又称赣语，以南昌话为代表。使用人口占汉族人口的 2.4%左右。主要分布在江西省东北沿江地带（南部除外）及湖南省东南一带。赣方言并非"江西话"，江西省境内除赣方言外，还有客家方言、吴方言和江淮官话，江西的邻省也有赣方言。由于赣方言和客家方言有不少共同特点，可以把二者合并为一个大方言区，称为客赣方言。

（五）客家方言，又称客家话，以广东省梅县话为代表。使用人口占汉族人口的 4% 左右。主要分布在广东省东部、北部，广西省东部、南部，福建省西北部，江西省东南部以及湖南、四川两省的少部分地区。客家人从中原迁徙到南方，虽然居住分散，但客家方言仍自成系统，内部差别不太大。四川客家人与广东客家人相隔千山万水，彼此可以交谈。

（六）粤方言，又称粤语，俗称广东话、广府话，以广州话为代表。当地人称白话，是汉语七大方言中语言现象较为复杂、保留古音特点和古词语较多、内部分歧较小的一个方言。使用人口占汉族人口的 5% 左右。主要分布在广东省大部分地区、广西东南部和港澳地区。此外，海外华侨及华裔中以粤方言为母语的也很多，他们主要分布在东南亚、南北美洲、澳大利亚、新西兰等国家。美洲华侨和华裔几乎 90% 以上的祖籍都是粤方言区。

（七）闽方言，又称闽语，俗称"福佬话"，是汉语七大方言中语言现象最复杂、内部分歧最大的一个方言。闽方言内部差别很大，一般把它分为闽南方言和闽北方言。闽南方言以厦门话为代表。使用人口占汉族人口的 3% 左右。主要分布在福建省南部、广东省东部以及海南省的一部分和台湾省的大部分地区。闽北方言以福州话为代表。使用人口占汉族人口的 1.2% 左右。主要分布在福建省北部、台湾省的部分地区。散居南洋群岛、中南半岛的华侨和华裔中，数百万人祖祖辈辈也以闽方言作为"母语"。在新加坡、马来西亚、菲律宾、印度尼西亚、泰国、缅甸以及印度支那各国的华裔社区中，闽方言也是主要的社会交际语之一。

第三节　大力推广并努力学好普通话

一、大力推广普通话

1982 年 11 月，第五届全国人民代表大会第五次会议通过的《中华人民共和国宪法》，写进了"国家推广全国通用的普通话"的条文，使推广普通话成了国家的任务，有了法律的依据。2000 年 10 月 31 日，第九届全国人大常委会第十八次会议通过并于新世纪第一天起施行的《中华人民共和国国家通用语言文字法》，更是史无前例地规定了普通话作为国家通用语言的法定地位，并对公民学习和使用普通话的权利和推广普通话的主要领域、主要对象、基本要求等做出明确规定。

普通话是国家法定的公用语言。国家大力推广、积极普及全国通用的普通话，对语言统一化的目的，就是打破语言的壁垒，有利于克服语言隔阂，让人们实现无障碍交流。

推广普通话是国家统一和民族团结的需要。使用国家通用的语言文字，是每个公民应当履行的义务，也是公民意识的具体体现。我国是一个多民族、多方言的国家，推广普及普通话有利于增进我国各民族的交流与往来，增强中华民族的凝聚力，更有利于我国在国际社会中的影响。

推广普通话是加强素质教育的需要。语言文字是思维表达的工具、文化知识的载体和交际能力的依托，因而是素质构成与发展的基础，是文化建设的必要条件。著名语言学家吕淑湘先生曾指出"学好语文是学好一切的根本"。对于任何学段、任何专业的学生来说，能说流畅的普通话，具有较强的语言文字能力，在求学、求职和事业竞争中就能处于优势地位。

推广普通话不等于消除方言。保护方言和少数民族语言一向是国家推广普通话的重要原则。学生要掌握普通话技能；公共场合提倡说普通话；只有公务人员、公共服务人员才有说普通话的硬性规定。而在广阔的民间，方言和少数民族语言依然毫无阻挡地通行着。

二、努力学好普通话

（一）克服心理障碍

普通话并不难学，难的是对心理状态的调整和改善。许多同学在学习普通话时害怕自己因生硬别扭的发音出丑，过分顾及面子，或是畏惧长时间训练的困难，这些心理障碍不仅使学习进步缓慢，而且容易造成心理上的阴影，加重今后学习和生活的负担。因此调整好心理状态，克服心理障碍，放下心理包袱，大胆地开口讲是学好普通话的重要前提。

（二）注意学习方法

作为交流沟通工具的普通话，能说、能听是目的。为了快速提高普通话水平，可从以下几个方面入手：

1. 字词积累法

字词积累是讲好普通话的基础和前提。只有读准若干个字词的读音，才能正常地用标准的普通话交流。

2. 对比记忆法

在难以区分的字音中，可以根据部分声母、韵母的对应关系来记忆。具体的记忆方法可以采用"记少不记多，偏旁类推，声韵配合规律"的方法。例如区分鼻音声母 n 和边音声母 l 的字音时，鼻音声母 n 要少得多，只记住鼻音声母 n 的字音，然后根据偏旁类推进行记忆；再根据声韵规律，在 ü、üe、üan、ün、iong 共 5 个合口呼里，n 和 l 仅仅只能和撮口呼中的 ü、üe 相拼。

3. 口语练习法

口语练习是提高口语能力的重要途径。通过对普通话口语的反复练习，强化普通话的语音，淡化方音，变生硬的字词认读为流畅自然的讲述。口语练习的方法贵在平常生活中坚持讲普通话，同时开展朗读、演讲、辩论等比赛活动，来培养大家讲普通话的积极性。

总之，学习普通话是一种长期而艰苦的活动，我们只有全身心地投入进去，做到"耳到"、"口到"、"心到"，才能取得良好的效果。

第四节　语音基础知识

一、语音常识

什么是语音？语音是由人的发音器官发出来的具有一定意义的声音。自然界的风声、雨声都不是由人的发音器官发出来的，所以不是语音；气喘声、打喷嚏声虽然是由人的发音器官发出来的，但那只是人的本能生理反应，并不具有意义，不起交际作用，所以也不是语音。语音是语言的物质外壳，语言要通过语音来传递信息进行交际。没有语音这个物质外壳，意义无法传递，语言也就不能成为交际工具。语音具有物理的、生理的和社会的三种性质。

（一）语音的物理性质

语音作为一种声音，具有物理性质。从物理上说，声音是由物体振动而产生的音波。如图 1.2 所示为音波示意图。

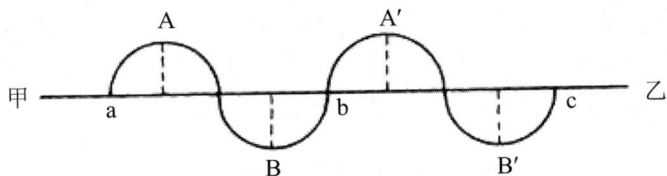

图 1.2　音波示意图

图中 a 到 b 是一个波，b 到 c 是另一个波。a 和 a′ 叫波峰，B 和 B′ 叫波谷。a 到 b、b 到 c 的距离叫波长。a、a′、B、B′ 到甲乙线上的距离叫振幅。

语音和其他声音一样，具有音高、音强、音长、音色四种要素。

1. 音高

指声音的高低，是由发音体振动的快慢来决定的。声波每秒振动的周期次数就是声波的频率。振动的次数多，频率就高，声音就高；振动的次数少，频率就低，声音就低。音乐里的音阶是由音高构成的。汉语的声调，如北京话里的 dū（督）、dú（独）、dǔ（赌）、dù（度），主要是由不同的音高构成的。女子的声音听起来比男子高，就是因为女子说话时声波的频率比男子高。

2. 音强

指声音的强弱，是由声波振幅的大小决定的。振幅大，声音就强；振幅小，声音就弱。敲鼓时，用力大，音强就强，发出的声音就大；用力小，音强就小，发出的声音就小。北京话里的"孝子"和"儿子"里的"子"音强不同，前一个"子"音强比较强，后一个"子"音强比较弱。

3. 音长

指声音的长短，是由发音体振动时间的长短决定的。时间长，音长就长；时间短，音长就短。英语 eat（吃）和 it（它）的区别，主要是其中元音 i 的音长不同。eat 里的 i 音长长，it 里的 i 音长短。广州话里"三"和"心"的不同，主要是其中元音 a 的音长不同，"三"里的 a 音长长，"心"里的 a 音长短。

4. 音色

指声音的特色，是由声波的不同形状决定的。它是每个声音的本质，所以也叫音质。音色是区别不同声音的最重要的要素，元音 a、o、i 的区别就是由于它们的音色不同。图 1.3 是 a、o、i 波纹的示意图。

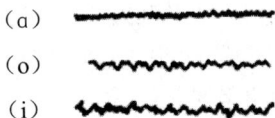

图 1.3　a、o、i 的波纹示意图

（二）语音的生理性质

语音是由人的发音器官发出来的，它必然受到生理条件的制约，因而具有生理性质。发音时发音器官状况不同、所用的方法不同，发出的声音也不同，所以我们在学习语音时也要研究发音器官的构造及其在发音中所起的作用。

人的发音器官可以分为三大组成部分：一是呼吸器官，包括产生气流的肺脏和输送气流的气管等；二是喉头和声带，声带由两片富有弹性的肌肉构成，颤动时能发出响亮的乐音；三是口腔和鼻腔，在发音时起共鸣作用，使声音充分地传播出来，口腔也是语音各种音色的制造厂，能造出各种语音，发音器官示意图如图1.4所示。

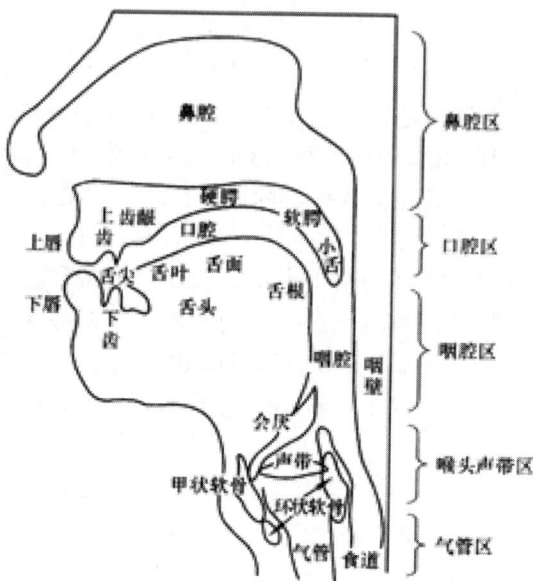

图 1.4 发音器官示意图

1. 肺和气管

任何声音都是物体受外力作用发生振动而产生的。气流是发音的动力，呼气时肺是气流的动力站。气管是气流出入的通道。肺部呼出的气流，通过支气管、气管到达喉头，作用于声带、咽腔、口腔、鼻腔等发音器官，经过这些器官的调节而发出不同的语音。

2. 喉头和声带

气管的上部接着喉头。喉头是由四块软骨构成的圆筒，圆筒的中部附着声带。声带是两片富有弹性的肌肉薄膜，两片薄膜中间的空隙是声门，声门是气流的通道。声带可以放松或拉紧，可使声门打开或关闭。声门打开时，气流可以自由通过；关闭时，气流可以从声门的窄缝里挤出，使声带颤动发出响亮的声音。

3. 口腔和鼻腔

喉头上面是咽腔。咽腔是个三叉口，下连喉头，前通口腔，上连鼻腔。呼出的气流由喉头经过咽腔到达口腔和鼻腔。口腔、鼻腔、咽腔都是共鸣器，对发音来说口腔最重要。构成口腔的组织，上面的叫上腭，下面的叫下腭。上腭包括上唇、上齿、齿龈、硬腭、软腭和小舌，硬腭在前，是固定的，软腭在后，可以上下升降，软腭后面是小舌。下腭包括下唇和下齿，舌头也附着在下腭上。舌是口腔中最灵活的器官。舌头又分为舌尖、舌面和舌根。舌头的前端是舌尖，自然平伸时，相对着牙齿的部分是舌叶，舌叶后面的部分是舌面，舌面后面的部分是舌根。上腭上面的空腔是鼻腔，软腭和小舌处在鼻腔和口腔的通道上。软腭上升时，鼻腔关闭，气流从口腔通过，这时发出的声音叫口音。软腭下垂时，口腔中的某一部位关闭，气流从鼻腔通过，这时发出的声音叫鼻音或纯鼻音。如果口腔内无阻碍，气流从鼻腔和口腔同时呼出，这时发出的音同时在口腔和鼻腔中共鸣，叫鼻化音（也叫半鼻音或口鼻音）。

（三）语音的社会性质

语音是一种社会现象，具备社会性质。语音的社会性是它的本质属性，突出地表现在语音和语义的联系上。何种语音表达何种意义、何种意义用何种语音表达，其间并没有必然的、本质的联系，也都不是个人的决定，而是一定范围内的社会成员在长期的社会生活中"约定俗成"的。在不同语种或方言中，同一个意思会用不同语音来表示，例如：上海话有入声，北京话没有入声。"吸、白、笔、入"，在上海话里是入声，发音短促，在北京话里不是入声，发音不短促。又如，北京话里声母g、k、h不和韵母i、ü相拼，而胶东话里就可以相拼。"去"北京话读qu，不读kü，而胶东话就读kü。再如，北京话的n和l能区别意义，"脑"和"老"发音不同；而重庆话里n和l不区别意义，"脑"、"老"的声母都是l。这正如我国著名的哲学家荀子在《荀子·正名》中所言："名无固宜，约之以命，约定俗成谓之宜，异于约谓之不宜。名无固实，约之以命实，约定俗成谓之实名。"

二、语音的基本概念

（一）音节和音素

音节是语音的基本结构单位，是听觉上最容易分辨出来的语音单位，也是一次发生的最自然的语音单位。一般说来，一个汉字就是一个音节，但也有极少数例外，如儿化音节是一个音节，写下来却是两个汉字，例如zhèr（这儿）等。

音素是语音的最小单位，是从音节中分拆出来的，代表着一个具体的不能再分拆的音。普通话共有32个音素。每个音素具有不同的音色。音素与字母也是不相同的，如表1.1所示。

表 1.1　普通话音素表

音素与字母的关系	音素符号
一个字母代表一个音素	a、o、e、u、b、p、m、f、d、t、n、l、g、k、h、j、q、x、r、z、c、s
一个字母代表几个音素	i [舌面 i（bi）、舌尖前-i（zi）、舌尖后-i（zhi）]
两个字母代表一个音素	er、ng、zh、ch、sh
一个字母加上一个符号，代表一个音素	ê、ü

（二）元音和辅音

音素按发音情况不同，可分为元音和辅音。

（1）元音：也叫母音，气流振动声带，在口腔，喉头不受阻碍而形成的音。普通话中有10个元音：a[a]、o[o]、e[ɤ]、ê[ɛ]、i[i]、u[u]、ü[y]、er[ə]、-i（前）[ɿ]、-i（后）[ʅ]。

（2）辅音：也叫子音，气流在口腔喉头受阻碍而形成的音。普通话中有22个辅音：b[p]、p[ph]、m[m]、f[f]、d[t]、t[th]、n[n]、l[l]、g[k]、k[kh]、h[x]、j[tɕ]、q[tɕh]、x[ɕ]、zh[tʂ]、ch[tʂh]、sh[ʂ]、r[ʐ]、z[ts]、c[tsh]、s[s]、ng[ŋ]。

（3）元辅音的主要区别。

1）发辅音时，气流通过喉头，口腔要受到某个部位的阻碍；发元音时，气流通过喉头，口腔不受任何阻碍。这是元音和辅音最主要的区别。

2）发辅音时，发音器官成阻的部位特别地紧张；发元音时，发音器官各部位保持均衡的紧张状态。

3）发辅音时，气流较强；发元音时，气流较弱。

4）发辅音时，声带不一定振动，声音一般不响亮；发元音时，声带振动，声音比辅音响亮。

（三）声母、韵母和声调

（1）声母：指音节中位于元音前头那部分，大多是音节开头的辅音。22 个辅音中除"ng"不能当声母外，其余的都可以作声母，也就是说普通话共有 21 个辅音声母：b、p、m、f、d、t、n、l、g、k、h、j、q、x、zh、ch、sh、r、z、c、s。

此外，有的音节开头的音素不是辅音，就是说音节的声母为零。语音学上称为"零声母"，这样的音节称为"零声母音节"，如"藕ǒu"、"肮āng"等。有了零声母概念，可以说普通话里所有音节都有声母，都可以分为声母、韵母两部分。

（2）韵母：指音节中声母后面的部分。普通话中韵母共有 39 个。其中单韵母有 10 个：a、o、e、i、u、ü、-i（前）、-i（后）、ê、er；复韵母有 13 个，其中二合韵母 9 个：ai、ei、ao、ou、ia、ie、ua、uo、üe；三合韵母 4 个：iao、iou、uai、uei；鼻韵母 16 个，又分前鼻音尾韵母 8 个：an、en、ian、uan、üan、in、uen、ün，后鼻音尾韵母 8 个：ang、iang、uang、eng、ing、ueng、ong、iong。

韵母内部按传统的分析方法，又可以分为韵头、韵腹、韵尾三部分。韵母中开口度最大、声音最响亮的元音为韵腹，韵腹前面的元音为韵头，后面的音素为韵尾。汉语并非每一个音节中的韵母都有头、腹、尾三部分。有的音节没韵头，有的没韵尾。但是绝不能没有韵腹。韵腹是音节中的主干，是不可缺少的主要组成部分。

（3）声调：指音节中具有区别意义作用的音高变化。例如"老lǎo"，读起来先降低然后又上升，这种先降后升的音高变化形式和升降幅度就是音节"老"的声调。普通话有四种基本声调：阴平、阳平、上声、去声。

第五节　汉语拼音方案

《汉语拼音方案》是根据普通话语音系统制订的一个给汉字注音和拼写普通话语音的方案。1956 年，由中国文字改革委员会公布了《汉语拼音方案（草案）》，在全国广泛征求意见，经过反复修订，于 1958 年 2 月 11 日，由第一届全国人民代表大会第五次会议批准作为正式方案推行。它包括五个部分：

一、字母表

字母	Aa	Bb	Cc	Dd	Ee	Ff	Gg	Hh
名称	ㄚ	ㄅㄝ	ㄘㄝ	ㄉㄝ	ㄜ	ㄝㄈ	ㄍㄝ	ㄏㄚ
	Ii	Jj	Kk	Ll	Mm	Nn	Oo	Pp
	ㄧ	ㄐㄧㄝ	ㄎㄝ	ㄝㄌ	ㄝㄇ	ㄋㄝ	ㄛ	ㄆㄝ
	Qq	Rr	Ss	Tt	Uu	Vv	Ww	Xx
	ㄑㄧㄡ	ㄚㄦ	ㄝㄙ	ㄊㄝ	ㄨ	ㄞㄝ	ㄨㄚ	ㄒㄧ
	Yy	Zz						
	ㄧㄚ	ㄗㄝ						

V 只用来拼写外来语、少数民族语言和方言。

汉族拼音字母的手写体依照拉丁字母的一般书写习惯而定。

二、声母表

b	p	m	f	d	t	n	l
ㄅ玻	ㄆ坡	ㄇ摸	ㄈ佛	ㄉ特	ㄊ特	ㄋ讷	ㄌ勒

g	k	h	j	q	x		
ㄍ哥	ㄎ科	ㄏ喝	ㄐ基	ㄑ欺	ㄒ希		

zh	ch	sh	r	z	c	s	
ㄓ知	ㄔ蚩	ㄕ诗	ㄖ日	ㄗ资	ㄘ雌	ㄙ思	

在给汉字注音的时候，为了使拼式简短，zh、ch、sh 可以省作 ẑ、ĉ、ŝ。

三、韵母表

	i ㄧ 衣	u ㄨ 乌	ü ㄩ 迂
a ㄚ 啊	ia ㄧㄚ 呀	ua ㄨㄚ 蛙	
o ㄛ 喔		uo ㄨㄛ 窝	
e ㄜ 鹅	ie ㄧㄝ 耶		üe ㄩㄝ 约
ai ㄞ 哀		uai ㄨㄞ 歪	
ei ㄟ 欸		uei ㄨㄟ 威	
ao ㄠ 熬	iao ㄧㄠ 腰		
ou ㄡ 欧	iou ㄧㄡ 忧		
an ㄢ 安	ian ㄧㄢ 烟	uan ㄨㄢ 弯	üan ㄩㄢ 冤
en ㄣ 恩	in ㄧㄣ 因	uen ㄨㄣ 温	ün ㄩㄣ 晕
ang ㄤ 昂	iang ㄧㄤ 央	uang ㄨㄤ 汪	
eng ㄥ 亨的韵母	ing ㄧㄥ 英	ueng ㄨㄥ 翁	
ong （ㄨㄥ）轰的韵母	iong ㄩㄥ 雍		

（一）"知、蚩、诗、日、资、雌、思"等七个音节的韵母用 i，即"知、蚩、诗、日、资、雌、思"等字拼作 zhi、chi、shi、ri、zi、ci、si。

（二）韵母"儿"写成 er，用作韵尾的时候写成 r。例如："儿童"拼作 ertong，"花儿"

拼作 huar。

（三）韵母"ㄝ"单用的时候写成ê。

（四）i行的韵母，前面没有声母的时候，写成yi（衣），ya（呀），ye（耶），yao（腰），you（忧），yan（烟），yin（因），yang（央），ying（英），yong（雍）。

u行的韵母，前面没有声母的时候，写成wu（乌），wa（蛙），wo（窝），wai（歪），wei（威），wan（弯），wen（温），wang（汪），weng（翁）。

ü行的韵母，前面没有声母的时候，写成yu（迂），yue（约），yuan（冤），yun（晕）；ü上两点省略。

ü行的韵母跟声母j、q、x拼的时候，写成ju（居），qu（区），xu（虚），ü上的两点也省略；但是跟声母n、l拼的时候，仍然写成nü（女），lü（吕）。

（五）iou、uei、uen前面加声母的时候，写成iu、ui、un，例如：niu（牛），gui（归），lun（论）。

（六）在给汉字注音的时候，为了使拼写式简短，ng可以省作ŋ。

四、声调符号

阴平　　　阳平　　　上声　　　去声

　ˉ　　　　ˊ　　　　ˇ　　　　ˋ

声调符号标在音节的主要母音上，轻声不标。例如：

妈 mā　　　　麻 má　　　　马 mǎ　　　　骂 mà　　　　吗 ma
（阴平）　　　（阳平）　　　（上声）　　　（去声）　　　（轻声）

普通话中的调类是四个，即阴平、阳平、上声、去声，轻声不是独立的调类，也无需标音。另外，还应注意的是，由于有些韵母（即 iou，uei，uen）在与辅音声母相拼时省略了主要母音（即变成 iu，ui，un），他们的标音就比较特殊了，前两个韵母声调标在最后一个元音上，后一个韵母声调标在"u"上。

五、隔音符号

a，o，e开头的音节连接在其他音节后面的时候，如果音节的界限发生混淆，用隔音符号（'）隔开。例如：pi'ao（皮袄）。

附：

国际音标辅音简图

发音方法 ＼ 发音部位			双唇（上唇下唇）	唇齿（上齿下唇）	舌尖前（舌尖齿背）	舌尖中（舌尖上齿龈）	舌尖后（舌尖硬腭前）	舌叶	舌面前（舌面前硬腭前）	舌面中（舌面中硬腭）	舌面后（舌根软腭）	喉
塞音	清	不送气	p			t				c	k	ʔ
		送气	pʻ			tʻ				cʻ	kʻ	
	浊		b			d					g	

续表

发音方法			双唇（上唇下唇）	唇齿（上齿下唇）	舌尖前（舌尖齿背）	舌尖中（舌尖上齿龈）	舌尖后（舌尖硬腭前）	舌叶	舌面前（舌面前硬腭前）	舌面中（舌面中硬腭）	舌面后（舌根软腭）	喉
塞擦音	清	不送气		pf	ts		tʂ	tʃ	tɕ			
		送气		pf‘	ts‘		tʂ‘	tʃ‘	tɕ‘			
	浊				dz		dʐ	dʒ	dʑ			
鼻音	浊		m	ɱ		n	ɳ		ɲ		ŋ	
闪音	浊					ɾ						
边音	浊					l						
擦音	清		ɸ	f	s		ʂ	ʃ	ɕ	ç	x	h
	浊		β	v	z		ʐ	ʒ	ʑ	j	ɣ	ɦ
半元音	浊		w ɥ ʋ							j(ɥ)	(w)	

国际音标元音简表

元音	舌位	口腔/唇形	舌尖元音 前 不圆	舌尖元音 前 圆	舌尖元音 后 不圆	舌尖元音 后 圆	舌面元音 前 不圆	舌面元音 前 圆	舌面元音 央 不圆	舌面元音 央 自然	舌面元音 央 圆	舌面元音 后 不圆	舌面元音 后 圆
	高	最高（闭）	ɿ	ʮ			i	y				ɯ	u
		次高			ʅ	ʯ	ɪ						ʊ
	中	高中（半闭）					e	ø				ɤ	
		正中			ɚ					ə			
		低中（半开）					ɛ	œ		(ɐ)		ʌ	ɔ
	低	次低					æ			ɐ			
		最低（开）					a			A		ɑ	ɒ

第二章　普通话声母的发音和训练

第一节　声母

声母是指音节开头的辅音。由辅音充当的声母叫做辅音声母，除此之外，还有的音节没有辅音作声母，声母可以看作为"零"，习惯上叫做零声母。

一、辅音声母的本音和呼读音

声母本来的发音叫本音。声母的本音一般发音不响亮，为了称呼和练习发音，常在每个声母本音的后面配上不同的元音，这样发出的音叫声母的呼读音。辅音声母共有 21 个，其本音和呼读音如下：

本　音	b	p	m	f	d	t	n	l	g	k	h	j	q
呼读音	bo	po	mo	fo	de	te	ne	le	ge	ke	he	ji	qi

x	zh	ch	sh	r	z	c	s
xi	zhi	chi	shi	ri	zi	ci	si

注："ji、qi、xi"中的"i"是舌面元音；"zi、ci、si"中的"-i"是舌尖前元音；"zhi、chi、shi、ri"中的"-i"是舌尖后元音。

二、声母的发音

普通话声母由辅音充当。辅音的发音是由发音部位和发音方法决定的。发音部位是指发音时发音器官对气流形成阻碍的位置；发音方法包括三个基本方面，即发音阻碍气流的方式、气流的强弱、声带是否颤动。

（一）发音部位

发音部位是指发音时气流受到阻碍的地方。根据发音部位的不同，可将声母分为七类：

1. 唇音

以下唇为主动器官发出的音，普通话中又细分为两类：

（1）双唇音：上唇和下唇紧闭，阻塞气流而形成的音，如：b、p、m。

（2）唇齿音：下唇和上齿接近，阻塞气流而形成的音，只有一个：f。

2. 舌尖音

以舌尖为主动器官发出的音，普通话中又细分为 3 类：

（1）舌尖前音：舌尖和上齿背接触或接近，阻塞气流而形成的音，如：z、c、s。

（2）舌尖中音：舌尖和上齿龈接触，阻塞气流而形成的音，如：d、t、n、l。

（3）舌尖后音：舌尖和硬腭前部接触或接近，阻塞气流而形成的音，如：zh、ch、sh、r。

3．舌面音

（1）舌面前音：舌面前部和硬腭前部接触或接近，阻塞气流而形成的音，如：j、q、x。

（2）舌面后音：舌面后部和软腭接触或接近，阻塞气流而形成的音，如：g、k、h。

腭位图如图 2.1 所示。

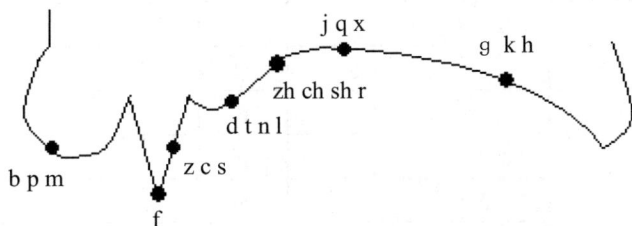

图 2.1　腭位图

（二）发音方法

发音方法是指发音时构成阻碍和消除阻碍的方式。各种发音方法都可分为成阻→持阻→除阻三个阶段。

成阻就是发音时的两个部位先形成阻碍，为发音做好准备的阶段。持阻就是蓄积一定的力量和阻力，同时让气息积聚在发音部位的后面，为发音做好最后的准备。除阻是气流冲破阻碍，最后发出声音的过程。

（1）根据发音方法的不同，可将声母分为五类。

1）塞音：两个发音部位完全闭合，阻住气流，然后突然打开闭合部位使气流迸裂而出，爆发成音，如：b、p、d、t、g、k 六个声母。

2）擦音：两个发音部位接近，形成一条窄缝，气流从窄缝中摩擦成音，如：f、h、x、sh、r、s 六个声母。

3）塞擦音：先阻塞后摩擦，是综合前两种发音方法控制气流而发出的音。两个发音部位完全闭合，气流把阻碍部位冲出一条窄缝，摩擦成音，如：j、q、zh、ch、z、c 六个声母。

4）鼻音：口腔的两个发音部位完全闭合，软腭下垂，打开鼻腔通道，使气流完全从鼻腔透出成音，如：m、n 两个声母。

5）边音：舌尖抵住上齿龈，软腭上升，阻塞鼻腔通道，让气流从舌头两边透出成音，只有 l 一个声母。

（2）根据发音时气流强弱不同，可将声母分为两类。

1）送气音：发音时，口腔呼出的气流比较强，形成送气音，如：p、t、k、q、ch、c。

2）不送气音：发音时，口腔呼出的气流比较弱，形成不送气音，如：b、d、g、j、zh、z。以上两种分类只涉及塞音和塞擦音。

（3）根据发音时声带是否颤动，将声母分为两类。

1）清音：发音时，声带不颤动，透出的气流不带音，如：b、p、f、d、t、g、k、h、j、q、x、zh、ch、sh、z、c、s 共十七个声母。

2）浊音：发音时，声带颤动，透出的气流带音，如：m、n、l、r 四个声母。

综合上述分类，可以列出普通话声母发音部位发音方法总表，如表 2.1 所示。

表 2.1   普通话辅音声母发音表

声母方法 发音 发音部位		塞音		塞擦音		擦音		鼻音	边音
		清音		清音		清音	浊音	浊音	浊音
		不送气音	送气音	不送气音	送气音				
唇音	双唇音	b	p					m	
	唇齿音					f	（v）		
舌尖音	舌尖前音			z	c	s			
	舌尖中音	d	t					n	l
	舌尖后音			zh	ch	sh			
舌面音	舌面前音			j	q	x			
	舌面后音（舌根音）	g	k			h			

三、声母发音分析

（一）唇音发音分析

1. 双唇音的发音

b   双唇、不送气、清、塞音

发 b 时，双唇紧闭，阻塞气流，然后突然打开，气流迸发而出，冲出的气流比较微弱。例如：

bá   bān   bái   bāng   bì   bīng   bǔ   bǐ
拔   班   白   帮   避   冰   补   笔

bì bào   biāo bīng   bāo bàn   biàn bié   bēi bǐ
壁报   标兵   包办   辨别   卑鄙

p   双唇、送气、清、塞音

发 p 时，双唇的活动与 b 大致相同，差别只在双唇打开时有一股较强的气流冲出。例如：

pá   pàn   pàng   pāo   pō   pēn   pí   pǔ
爬   叛   胖   抛   坡   喷   皮   谱

pīng pāng   péng pài   piān pì   píng pàn   pǐ pèi
乒乓   澎湃   偏僻   评判   匹配

m   双唇、浊、鼻音

发 m 时，双唇紧闭，阻塞气流；软腭下垂，打开鼻腔的通道；声带颤动，口腔、鼻腔产生共鸣。例如：

méi   máo   méng   miǎn   mō   mǎi   méng   mǔ
煤   茅   萌   勉   摸   买   蒙   亩

móu miàn   mí màn   mèng mèi   mài miáo   mǎi mài
谋面   弥漫   梦寐   麦苗   买卖

2. 唇齿音的发音

f   唇齿、清、擦音

发 f 时，上齿和下唇轻轻接触，软腭上升，堵塞鼻腔通道，使气流从上齿和下唇之间磨擦而出，声带不颤动。例如：

fèn	fàn	fǒu	fú	fěn	fēng	fáng	féi
愤	饭	否	幅	粉	丰	防	肥

fēi fán	fēn fāng	fǎng fú	fā fàng	fāng fǎ
非凡	芬芳	仿佛	发放	方法

（二）舌尖音发音分析

1. 舌尖前音的发音

z　舌尖前、不送气、清塞擦音

发 z 时，舌尖抵住上齿背，阻塞气流，软腭上升，关闭鼻腔通路，然后气流将成阻部位冲出一条窄缝，从间隙摩擦而成声。例如：

zāi	zán	zāng	zé	zěn	zì	zǔ	zūn
栽	咱	脏	则	怎	字	组	尊

zāi zāng	zōng zú	zì zai	zǒu zú	zào zuò
栽脏	宗族	自在	走卒	造作

c　舌尖前、送气、清、塞擦音

发 c 时，舌尖活动与 z 大致相同，差别只在舌尖离开上齿背时有一股较强的气流冲出来。例如：

cǎi	cā	cóng	cán	cún	cuī	cuò	cè
采	擦	从	蚕	存	催	错	策

cāi cè	cāng cù	cuò cí	cóng cǐ	cāng cuì
猜测	仓促	措辞	从此	苍翠

s　舌尖前、清、擦音

发 s 时，舌尖接近上齿背，形成间隙，软腭上升，关闭鼻腔通路，气流从间隙摩擦而成声。例如：

sǎ	sè	sǎn	sù	sī	sāi	sǔn	suān
洒	涩	伞	诉	思	腮	损	酸

sōng sǎn	sè sù	sōu suǒ	sī suì	sǎ sǎo
松散	色素	搜索	撕碎	洒扫

2. 舌尖中音的发音

d　舌尖中、不送气、清、塞音

舌尖抵住上齿龈，软腭上升，然后舌尖突然离开上齿龈，气流迸发出来，气流很微弱，声带不颤动。例如：

dài	dān	dòu	diū	diǎn	dù	děng	dùn
代	单	豆	丢	点	渡	等	顿

diàn dēng	děng dài	dào dá	dān dú	diàn dìng
电灯	等待	到达	单独	奠定

t　舌尖中、送气、清塞音

发 t 时，舌尖活动与 d 大致相同，差别只在舌尖离开上齿龈时有一股较强的气流冲出。例如：

tào	tú	tàn	tiào	tíng	tǎ	tóng	tūn
套	途	探	跳	庭	塔	铜	吞

tàn tǎo	tuán tǐ	téng tòng	táo tài	tǎn tè
探讨	团体	疼痛	淘汰	忐忑

n　舌尖中、浊、鼻音

发 n 时，舌尖抵住上齿龈，阻塞气流，软腭下垂，使气流从鼻腔流出，声带颤动。例如：

ná	niàng	niǎo	nào	níng	nù	nuǎn	nǚ
拿	酿	鸟	闹	凝	怒	暖	女

nóng nú	niú nǎi	néng nai	nǎo nù	ní nìng
农奴	牛奶	能耐	恼怒	泥泞

l　舌尖中、浊、边音

发 l 时，舌尖抵住上齿龈，但并不把气流通路完全堵死；软腭上升，堵塞鼻腔通道，气流从舌两边通过，声带颤动。例如：

luó	liáng	lài	lèi	liè	lüè	liú	lǎo
罗	良	赖	泪	裂	略	留	老

lǐ lùn	líng lóng	lè lìng	lǐn liè	láo lèi
理论	玲珑	勒令	凛冽	劳累

3. 舌尖后音的发音

zh　舌尖后、不送气、清、塞擦音

发 zh 时，舌尖翘起接触硬腭前端，阻塞气流，软腭上升，关闭鼻腔通路，气流将成阻部位冲出一条缝隙，并从间隙摩擦而成声。例如：

zhān	zhā	zhāi	zhōng	zhàng	zhēn	zhě	zhú
瞻	扎	摘	中	杖	斟	者	竹

zhèng zhì	zhuǎn zhé	zhàn zhēng	zhù zhái	zhōu zhé
政治	转折	战争	住宅	周折

ch　舌尖后、送气、清、塞擦音

发 ch 时，舌尖活动与 zh 大致相同，差别只在舌尖离开硬腭前端时有一较强的气流冲出来。例如：

chǎn	chuī	chéng	chǎng	chǔn	chí	chén	chǒu
产	吹	成	场	蠢	持	陈	丑

cháng chéng	chē chuáng	chóu chàng	chū chāi	chí chěng
长城	车床	惆怅	出差	驰骋

sh　舌尖后、清、擦音

发 sh 时，舌尖翘起和硬腭前端轻轻接触，软腭上升，气流从舌尖和硬腭前端之间摩擦而出，声带不颤动。例如：

shā	shǎng	shào	shēn	shēng	shuǐ	shuā	shùn
杀	赏	绍	身	生	水	刷	顺

shì shí	shàng shēng	shǎn shuò	shǒu shù	shén shèng
事实	上升	闪烁	手术	神圣

r　舌尖后、浊、擦音

发 r 时，舌尖活动与 sh 大致相同，差别只在于发 sh 时声带不颤动，发 r 时声带颤动。例如：

ràng	rén	rán	rè	ráo	réng	róng	ròu
让	人	然	热	饶	仍	容	肉

ruǎn ruò	róng rěn	rěn ràng	rú ruò	rùn rì
软弱	容忍	忍让	如若	闰日

（三）舌面音发音分析

1. 舌面前音的发音

j 舌面前、不送气、清、塞擦音

发 j 时，舌面前部上抬，抵住硬腭前端，阻塞气流，软腭上升，关闭鼻腔通路，气流将成阻部位冲出一条缝隙，并从间隙摩擦而成声。例如：

jiá	jiàn	jī	jiāng	jiě	jìng	jiǒng	juàn
颊	见	机	将	解	竟	窘	倦

jīng jì	jié jìng	jiāo jí	jù jué	jìn jūn
经济	洁净	焦急	拒绝	进军

q 舌面前、送气、清、塞擦音

发 q 时，舌面活动与 j 大致相同，差别只在舌面前部离开硬腭前端时，有一股较强的气流冲出。例如：

qià	qián	què	qīn	qǐng	qún	qiǎo	qiáng
恰	前	雀	亲	请	群	巧	墙

qī qiāo	qīn qiè	qǐng qiú	qián qū	qià qiè
蹊跷	亲切	请求	前驱	恰切

x 舌面前、清、擦音

发 x 时，舌面前部和硬腭轻轻接触，软腭上升，气流从舌面前部和硬腭前端之间摩擦而出，声带不颤动。例如：

xià	xiāo	xiě	xù	xiān	xiū	xióng	xuě
夏	消	写	续	先	修	雄	雪

xiàn xiàng	xū xīn	xiáng xì	xiāng xìn	xué xiào
现象	虚心	详细	相信	学校

2. 舌面后音的发音

g 舌根、不送气、清塞音

发 g 时，舌根隆起抵住软腭，阻塞气流；软腭上升，然后舌根突然离开软腭，气流迸发出来，气流较弱，声带不颤动。例如：

gēn	gài	gǔ	gōu	gāo	gāi	gēng	guāng
跟	概	骨	钩	膏	该	耕	光

gǎi gé	guā gě	gǒng gù	gǔ gé	gēng gǎi
改革	瓜葛	巩固	骨骼	更改

k 舌根、送气、清塞音

发 k 时，舌根活动与 g 大致相同，差别只在舌根离开软腭时有一股较强的气流冲出。例如：

kēng	kōu	kè	kǎi	kǎn	kāng	kuài	kuì
坑	抠	课	楷	坎	慷	快	溃

kè kǔ	kē kè	kāi kěn	kǎn kě	kuān kuò
刻苦	苛刻	开垦	坎坷	宽阔

h 舌根、清、擦音

发 h 时，舌根和软腭轻轻接触，软腭上升，气流从舌根和软腭之间摩擦而出，声带不颤动。例如：

hè	hóng	huǒ	huǎn	hàn	hǒu	hǎo	hún
贺	洪	伙	缓	汗	吼	好	浑

huī huáng	hé huā	hū huàn	háo huá	huī huò
辉煌	荷花	呼唤	豪华	挥霍

四、零声母

（一）零声母音节

ā（啊）、ān（安）、ǎo（袄）、ōu（欧）、é（鹅）、yī（衣）、yè（夜）、wū（乌）、wèn（问）、yuān（冤）等都是零声母音节。这些零声母音节从形式上看有两种：一种是音节的第一个字母是元音字母；一种是音节的开头的字母是 y 或 w。

（二）y、w 的作用

y、w 不是声母，只起有分割音节的作用。在多音节拼写中，部分零声母容易误读，因此就用加写 y、w 或改写 y、w 的办法进行区别。如果不使用 y、w 来分隔音节，容易产生歧义，例如 fani 可以读作发腻，也可读作翻译。y、w 的作用类似隔音符号（'）的作用，但它们有不同的分工，如表 2.2 所示。

表 2.2　隔音符号（'）和 y、w 的隔音作用对照

名称	作用	例词
隔音符号（'）	分隔词中第二个音节的第一个字母为 a、o、e 的零声母音节	西安（xī'ān）
y、w	分隔 i、u、ü 开头的零声母音节	野外（yěwài）

（三）y、w 的出现方式

1. 加写 y、w

i 行和 u 行的韵母自成音节时，如果 i 和 u 后面没有别的元音，就分别在 i 前加 y，在 u 前加 w；ü 行韵母自成音节时，不论后面有没有别的元音，一律在 ü 前加 y，加 y 后，ü 上两点省去。例如：

i→yi（衣）	in→yin（因）	ing→ying（英）
u→wu（屋）	ü→yu（迂）	üan→yuan（冤）

2. 改写 y、w

i 行和 u 行韵母自成音节时，如果 i 和 u 的后面还有别的元音，就分别把 i 改写成 y，把 u 改写成 w。例如：

ia→ya（压）	ie→ye（耶）	iao→yao（腰）
iang→yang（央）	ua→wa（蛙）	uan→wan（弯）

零声母音节的发音，虽然这类音节可以把声母看成"零"，但实际发音时，音节开头仍带有某些辅音性质的成分（起始部分带有一点轻微摩擦），只不过它并不明显，并且不具有区别

语素或词的功能，所以不必强调，可以忽略不计。

五、声母发音练习

（一）认读下列词语，发准每个字音的声母。

b	辨别 biàn bié	褒贬 bāo biǎn	臂膀 bì bǎng
p	乒乓 pīng pāng	澎湃 péng pài	偏僻 piān pì
m	埋没 mái mò	迷蒙 mí méng	漫骂 màn mà
f	仿佛 fǎng fú	防范 fáng fàn	吩咐 fēn fù
d	导弹 dǎo dàn	道德 dào dé	点滴 diǎn dī
t	探讨 tàn tǎo	挑剔 tiāo tì	忐忑 tǎn tè
n	泥泞 ní nìng	袅娜 niǎo nuó	能耐 néng nai
l	磊落 lěi luò	浏览 liú lǎn	裸露 luǒ lù
g	尴尬 gān gà	巩固 gǒng gù	梗概 gěng gài
k	慷慨 kāng kǎi	苛刻 kē kè	空旷 kōng kuàng
h	花卉 huā huì	悔恨 huǐ hèn	浩瀚 hào hàn
j	经济 jīng jì	寂静 jì jìng	倔强 jué jiàng
q	崎岖 qí qū	乔迁 qiáo qiān	确切 què qiè
x	喜讯 xǐ xùn	休息 xiū xi	遐想 xiá xiǎng
zh	茁壮 zhuó zhuàng	种植 zhòng zhí	主张 zhǔ zhāng
ch	驰骋 chí chěng	拆除 chāi chú	穿插 chuān chā
sh	神圣 shén shèng	闪烁 shǎn shuò	赏识 shǎng shí
r	荣辱 róng rǔ	柔韧 róu rèn	荏苒 rěn rǎn
z	总则 zǒng zé	自尊 zì zūn	罪责 zuì zé
c	残存 cán cún	粗糙 cū cāo	参差 cēn cī
s	松散 sōng sǎn	琐碎 suǒ suì	诉讼 sù sòng

（二）认读下列词语，体会零声母音节发音的特点。

安稳 ān wěn	阿姨 ā yí	哀怨 āi yuàn
欧阳 ōu yáng	讴吟 ōu yín	欧元 ōu yuán
额外 é wài	而已 ér yǐ	俄语 é yǔ
医务 yī wù	一样 yī yàng	疑问 yí wèn
以往 yǐ wǎng	以为 yǐ wéi	亿万 yì wàn
义务 yì wù	议员 yì yuán	因为 yīn wèi
音乐 yīn yuè	引用 yǐn yòng	引诱 yǐn yòu
隐约 yǐn yuē	英勇 yīng yǒng	英语 yīng yǔ
营养 yíng yǎng	应邀 yìng yāo	应用 yìng yòng
压抑 yā yì	押韵 yā yùn	烟雾 yān wù
言语 yán yǔ	演员 yǎn yuán	谣言 yáo yán
药物 yào wù	耀眼 yào yǎn	爷爷 yé ye
野外 yě wài	业务 yè wù	业余 yè yú
夜晚 yè wǎn	拥有 yōng yǒu	外语 wài yǔ

玩意儿 wán yìr	万一 wàn yī	汪洋 wāng yáng
威望 wēi wàng	慰问 wèi wèn	文物 wén wù
文雅 wén yǎ	乌鸦 wū yā	乌云 wū yún
呜咽 wū yè	无疑 wú yí	舞艺 wǔ yì
议案 yì' àn	阴暗 yīn' àn	烟霭 yān' ǎi
海鸥 hǎi' ōu	作呕 zuò' ǒu	莲藕 lián' ǒu
偶尔 ǒu' ěr	婴儿 yīng' ér	扬子鳄 yáng zǐ' è

第二节　声母辨正

一、辨正鼻音声母 n 和边音声母 l 的字音

在 3500 个常用汉字中，普通话读作 n 声母的要比读作 l 声母的少一半，运用"记少不记多"的原则，只需记住普通话里哪些要读作 n 声母就可以了。同时采取"偏旁类推"的方法，记住 n 声母的代表字，就能推出需要分辨的字的普通话的读音。

（一）声母 n 与 l 的发音要领

要读准辅音声母 n 与 l，关键在于控制软腭的升降。n 和 l 发音的共同点都是把舌尖抵住上齿龈，口腔展开。区别在于发 n 时，软腭下垂，让气流完全从鼻腔出来，形成鼻音；发 l 时，软腭上升，封住鼻腔通道，让气流从舌头两边出来，绝不带一点鼻音，形成纯粹的边音。练习发边鼻音的基本词可为："旅客"（lǚ kè）—"女客"（nǚ kè），"荷兰"（hé lán）——河南（hé nán）等。

（二）声母 n 字音口诀

口诀一：

> 男男女女夸小妞，夸那小妞有能耐。
> 念书务农不畏难，走南闯北也在行。
> 小妞有能耐，多亏好心的倪奶奶。
> 倪奶奶胜亲娘，
> 不虐待，不溺爱，叮咛只为早成才。
> 成了材，暖心怀。

口诀二：

> 男女农奴拈恼怒，哪能南囊拿牛奶。
> 泥捏妞，挠内宁，倪聂奈纳念难懦，虐喏。

（三）声母 n 与 l 字音的错读现象

1. 没有鼻音声母 n（或鼻音微弱），鼻音声母 n 被边音声母 l 代替

某些方言没有鼻音声母 n，普通话里的这类字音，方言区的人念成了声母为边音的 l。如"男女"（nán nǚ）与"褴褛"（lán lǚ）读音相同，"河南"（hé nán）与"荷兰"（hé lán）读音相同，没有边鼻音的区分。

2. 边鼻不分，自由变读

某些方言中，鼻音声母 n 与边音声母 l 混为一谈，分不清楚。或者将 n 声母与 l 声母的字音都念成 n 作声母，但鼻音通常较弱；或者念成 l 的鼻化音声母，造成了既不是 n 音，也不是 l 音。同一地区，同一个人，甚至几种念法都存在，一时念这，一时念那，结果是 n、l 不分，

自由变读。

3. 声母 n 与 i 行韵母构成音节时，念成零声母音节

鼻音声母 n 与 i 行韵母构成音节时，地方话中有把辅音 n 省掉的，使原音节变为零声母音节，或在韵母前加 y，或改 i 为 y。如："你"普通话念"nǐ"，地方话念"yǐ"，"年"普通话念"nián"，地方话念"yán"，如表 2.3 所示为声母 n 与 i 行韵母构成的常用字的读音对照表。

表 2.3　声母 n 与 i 行韵母构成的常用字的读音对照表

音节	例字（加点字）	普通话	方言
ni	尼姑　呢绒　泥巴　霓虹灯	ní	yí
	拟定　你	nǐ	yǐ
	亲昵　叛逆　发腻	nì	yí
nian	拈阄儿　蔫呼呼	niān	yān
	年龄　粘稠	nián	yán
	碾子　撵上	niǎn	yǎn
	想念	niàn	yàn
niang	大娘	niáng	yáng
niao	鸟枪	niǎo	yǎo
	屎尿	niào	yào
nie	捏造	niē	yē
	聂耳　罪孽	niè	yè
nin	您	nín	yí
ning	拧毛巾　凝固	níng	yíng
	宁愿	nìng	yìng
niu	小妞儿	niū	yōu
	水牛	niú	yóu
	扭转　忸怩　枢纽　电钮	niǔ	yǒu

4. 声母 l 与 ü 行韵母构成的部分音节念成零声母音节

边音声母 l 与 ü 行韵母构成音节时，辅音 l 被省掉，使原音节变为零声母音节，或在韵母加 y，或改 i 为 y。如："吕"（lǚ）读成 yǔ，"掠"（lüè）读成 yuè等，表 2.4 所示为声母 l 与 ü 行韵母构成的常用字的读音对照表。

表 2.4　声母 l 与 ü 行韵母构成的常用字的读音对照表

音节	例字（加点字）	普通话	方言
lü	闾巷　棕榈　驴（方音又念 lǘ）子	lǘ	yú
	吕剧　侣伴　旅客　铝制品　屡次　缕缕　褴褛　履历	lǚ	yǔ

续表

音节	例字（加点字）	普通话	方言
lü	纪律（方音又念 lú）　效率　绿色（方音又念 lù）　考虑（方音又念 lüi）　氯气（方音念 lú）　过滤（方音又念 lüi）	lǜ	yù
lüe	掠夺　侵略	lüè	yuè

（四）辨正练习

1. 认读下列词语，比较 n 声母和 l 声母的发音差异

奶娘 nǎi niáng	奶牛 nǎi niú	能耐 néng nai
泥喃 ní nán	泥淖 ní nào	泥泞 ní nìng
南宁 Nán níng	袅娜 niǎo nuó	牛奶 niú nǎi
忸怩 niǔ ní	扭捏 niǔ niē	农奴 nóng nú
拉链 lā liàn	拉力 lā lì	来临 lái lín
劳累 láo lèi	牢笼 láo lóng	勒令 lè lìng
磊落 lěi luò	冷落 lěng luò	里弄 lǐ lòng
理论 lǐ lùn	立论 lì lùn	历来 lì lái
联络 lián luò	利禄 lì lù	连累 lián lei
嘹亮 liáo liàng	缭乱 liáo luàn	料理 liào lǐ
淋漓 lín lí	凛冽 lǐn liè	伶俐 líng lì
玲珑 líng lóng	凌厉 líng lì	零乱 líng luàn
领略 lǐng lüè	流浪 liú làng	露脸 lòu liǎn
氯纶 lǜ lún	伦理 lún lǐ	轮流 lún liú
罗列 luó liè	裸露 luǒ lù	论理 lùn lǐ

2. 认读下列词语，辨正 n 声母和 l 声母的字音

哪里 nǎ li	纳凉 nà liáng	奶酪 nǎi lào
耐劳 nài láo	脑力 nǎo lì	内陆 nèi lù
嫩绿 nèn lǜ	能量 néng liàng	尼龙 ní lóng
逆流 nì liú	年轮 nián lún	拈连 niān lián
凝练 níng liàn	鸟类 niǎo lèi	牛郎 niú láng
农历 nóng lì	奴隶 nú lì	男篮 nán lán
努力 nǔ lì	女郎 nǚ láng	暖流 nuǎn liú
来年 lái nián	烂泥 làn ní	老衲 lǎo nà
老年 lǎo nián	老娘 lǎo niáng	老农 lǎo nóng
累年 lěi nián	冷暖 lěng nuǎn	冷凝 lěng níng
历年 lì nián	利尿 lì niào	连年 lián nián
两难 liǎng nán	辽宁 Liáo níng	凌虐 líng nüè
羚牛 líng niú	岭南 lǐng nán	留念 liú niàn
留难 liú nàn	流年 liú nián	落难 luò nàn

3. 对比认读下列词语，辨正 n 声母和 l 声母的字音

男女 nán nǚ—褴褛 lán lǚ　　　　　　　　　恼怒 nǎo nù—老路 lǎo lù

脑力 nǎo lì—劳力 láo lì　　　　南天 nán tiān—蓝天 lán tiān

南宁 Nán níng—兰陵 Lán líng　　难住 nán zhù—拦住 lán zhù

脑子 nǎo zi—老子 lǎo zǐ　　　　闹灾 nào zāi—涝灾 lào zāi

大怒 dà nù—大陆 dà lù　　　　老农 lǎo nóng—老龙 lǎo lóng

泥巴 ní bā—篱笆 lí ba　　　　鸟雀 niǎo què—了却 liǎo què

女客 nǚ kè—旅客 lǚ kè　　　　水牛 shuǐ niú—水流 shuǐ liú

无奈 wú nài—无赖 wú lài

4. 练习绕口令，发准声母 n 和 l 的字音

（1）老农恼怒问老龙，老龙怒恼问老农，

　　　农怒龙恼农更怒，龙恼农怒龙怕农。

● n：农（nóng）、恼（nǎo）、怒（nù）

● l：老（lǎo）、龙（lóng）

（2）有座面铺面向南，门口挂个蓝布棉门帘。

　　　摘了蓝布棉门帘，看了看，面铺面向南。

　　　挂上蓝布棉门帘，看了看，面铺还是面向南。

● n：南（nán）

● l：蓝（lán）、帘（lián）

（3）牛郎年年恋刘娘，

　　　刘娘连连念牛郎，

　　　牛郎恋刘娘，

　　　刘娘念牛郎，

　　　郎恋娘来娘念郎。

● n：牛（niú）、娘（niáng）、念（niàn）、年（nián）

● l：郎（láng）、刘（liú）、恋（liàn）、连（lián）

（4）刘大娘地里种南瓜，牛大梁地里种兰花。刘大娘的南瓜长在柳树上，牛大梁的兰花开在篱笆下。南瓜可以代粮，兰花可以绿化。南瓜甜，兰花香，不知你爱哪一样？

（5）路东住着刘小柳，路南住着牛小妞。刘小柳抱着个大皮球，牛小妞拿着个大石榴。刘小柳把大皮球送给牛小妞，牛小妞把大石榴送给刘小柳。牛小妞脸儿乐得像红皮球，刘小柳脸儿笑得像红石榴。

5. 唱歌训练，注意咬准歌词里加点字的读音

花篮的花儿香，听我来唱一唱，唱呀一唱。来到了南泥湾，南泥湾好地方，好呀地方。好地方来好风光，好地方来好风光，到处是庄稼，遍地是牛羊。

6. 读句段，注意分辨声母 n 和 l

"吹面不寒杨柳风"，不错的，像母亲的手抚摸着你，风里带来些新翻的泥土的气息，混着青草味儿，还有各种花的香，都在微微湿润的空气里酝酿。鸟儿将巢安在繁花绿叶当中，高兴起来了，呼朋引伴地卖弄清脆的喉咙，唱出宛转的曲子，跟轻风流水应和着。牛背上牧童的短笛，这时候也成天嘹亮地响着。

——《春》

（五）边鼻音声母均念的多音字

在辨正边鼻音声母时，应当注意"弄"字，它既念鼻音 nòng，又念边音 lòng，区别如下：

弄₁ nòng　摆弄，做、干、办、搞，没法取得，耍、玩弄等。

弄潮儿 nòng cháo'ér	弄假成真 nòng jiǎ chéng zhēn
弄鬼 nòng guǐ	弄巧成拙 nòng qiǎo chéng zhuō
弄权 nòng quán	弄虚作假 nòng xū zuò jiǎ
搬弄 bān nòng	摆弄 bǎi nòng
拨弄 bō nòng	播弄 bō nòng
簸弄 bǒ nòng	嘲弄 cháo nòng
搓弄 cuō nòng	逗弄 dòu nong
卖弄 mài nong	耍弄 shuǎ nòng
玩弄 wán nòng	戏弄 xì nòng
愚弄 yú nòng	捉弄 zhuō nòng

弄₂ lòng〈方〉小巷，胡同（多用于巷名）

里弄 lǐ lòng　　　　　　　　弄堂 lòng táng

附：声母 n 和 l 代表字类推表

n 声母

【那】nǎ 哪，nà 那、娜（人名），nuó 挪、娜（袅娜）

【乃】nǎi 乃、奶、艿、氖

【奈】nài 奈、萘，nà 捺

【南】nán 南、喃、楠，nǎn 蝻、腩

【囊】nāng 囊（囊揣）、囔，náng 囊（囊括）、馕，nǎng 攮、馕

【挠】náo 挠、铙、蛲

【脑】nǎo 脑、恼、垴、瑙

【内】nèi 内，nè 讷，nà 呐、纳、衲、钠

【尼】nī 妮，ní 尼、坭、呢（呢绒）、泥、怩、铌，nì 泥（拘泥）、伲、昵，ne 呢

【倪】ní 倪、霓、猊、鲵、nì 睨

【你】nǐ 你，nín 您

【念】niǎn 捻，niàn 念、埝

【鸟】niǎo 鸟、袅

【捏】niē 捏，niè 涅

【聂】niè 聂、嗫、镊、颞、蹑

【宁】níng 宁、拧（拧毛巾）、咛、狞、柠，nǐng 拧（拧瓶盖），nìng 宁（宁可）、泞、拧

【纽】niū 妞，niǔ 扭、忸、纽、钮

【农】nóng 农、侬、哝、浓、脓

【奴】nú 奴、孥、驽，nǔ 努、弩，nù 怒

【虐】nüè 虐、疟（疟疾）

【诺】nuò 诺、喏、锘，nì 匿

【懦】nuò 懦、糯

l 声母

【剌】lǎ 喇，là 剌、辣、瘌，lài 赖、癞、籁

【腊】là 腊、蜡，liè 猎

【兰】lán 兰、拦、栏，làn 烂

【蓝】lán 蓝、篮，làn 滥

【览】lǎn 览、揽、缆，lǎn 榄（橄榄）

【劳】lāo 捞，láo 劳、痨、崂、唠（唠叨），lào 涝、唠（唠唠）

【老】lǎo 老、佬、姥

【乐】lè 乐，lì 砾、栎（栎树）、跞

【雷】léi 雷、擂、镭，lěi 蕾，lèi 擂（擂台）

【累】léi 累（累赘）、缧，lěi 累（累积），lèi 累（劳累），luó 骡、螺，luǒ 瘰，luò 漯、摞

【里】lí 厘、狸，lǐ 里、理、鲤，liáng 量（量杯），liàng 量（量词）

【利】lí 梨、犁、蜊，lì 利、俐、莉、猁、痢

【离】lí 离、漓、篱、璃

【力】lì 力、荔，liè 劣，lèi 肋，lè 勒

【历】lì 历、沥、雳、呖、枥

【厉】lì 厉、励、疠、蛎

【立】lì 立、粒、笠，lā 拉、垃、啦

【廉】lián 廉、濂、镰、蠊、臁

【连】lián 连、莲、涟、鲢，liǎn 琏，liàn 链

【脸】liǎn 脸、敛、裣，liàn 殓、潋

【恋】liàn 恋，luán 峦、娈、孪、鸾、滦、栾、銮

【炼】liàn 炼、练

【梁】liáng 梁、粱、椋

【凉】liáng 凉、椋，liàng 谅、晾，lüè 掠

【良】liáng 良、粮，láng 郎、廊、狼、琅、榔、螂，lǎng 朗，làng 浪

【两】liǎng 两、俩（伎俩）、魉，liàng 辆，liǎ 俩

【嘹】liáo 嘹、僚、撩（撩动）、獠、潦（潦草）、缭、燎（燎原），liāo 撩（撩开），liǎo 燎，liào 镣

【了】liǎo 了（了解）、钌，liáo 辽、疗，liào 钌（钌铞儿），le 了

【列】liě 咧，liè 列、烈、裂、冽、洌、趔，lì 例

【林】lín 林、淋、琳、霖，lán 婪

【鳞】lín 鳞、嶙、粼、辚、磷、麟，lìn 膦

【菱】líng 菱、凌、陵、绫，léng 棱

【令】líng 伶、玲、铃、羚、聆、蛉、零、龄、苓、翎，lǐng 岭、领、令（一令纸）；lìng 令（命令），lěng 冷，līn 拎，lín 邻，lián 怜

【留】liū 溜（溜冰），liú 留、遛（逗遛）、馏（蒸馏）、榴、镏（镏金）、瘤，liù 遛（遛遛）、溜（溜子）、馏（馏馒头）、镏（镏子）

【流】liú 流、琉、硫，liù 锍

【柳】liǔ 柳，liáo 聊

【龙】lóng 龙、茏、咙、珑、胧、聋、笼（笼子）；lǒng 陇、垄、拢、笼（笼罩）

【隆】lóng 隆、窿、癃

【娄】lōu 搂（搂头），lóu 娄、偻（佝偻病）、蒌、喽、楼，lǒu 搂（搂抱）、篓，lǚ 缕、屡、偻（伛偻）

【卢】lú 卢、泸、栌、颅、鸬、胪、鲈、轳、舻

【鲁】lǔ 鲁、橹、镥

【录】lù 录、绿（绿林）、禄、碌，lǜ（绿豆）、绿（绿色）、氯

【鹿】lù 鹿、漉、辘、麓

【路】lù 路、鹭、露、潞、璐

【吕】lǚ 吕、侣、铝

【虑】lù 虑、滤

【仑】lūn 抡，lún 仑、伦、论（论语）、抡（抡材）、沦、纶、轮，lùn 论（言论）

【罗】luō 啰（啰嗦），luó 罗、逻、萝、锣、箩

【洛】luò 洛、落、络（络纱）、骆、烙（炮烙），là 落（丢三落四），lào 络（络子）、烙（烙印）、酪、落（落色），lüè 略

这种以代表字类推，不能完全包括 n、l 声母的常用字，但剩余的已经为数不多。可以采用"记少不记多"的方法，将无类推规律的 n 声母常用字列于下面：

拿—捉拿 zhuō ná	耐—耐心 nài xīn	黏—黏合 nián hé
男—男子 nán zǐ	女—女人 nǚ rén	碾—碾子 niǎn zi
难—困难 kùn nan、苦难 kǔ nàn		撵—追撵 zhuī niǎn
闹—热闹 rè nao	淖—泥淖 ní nào	鲇—鲇鱼 nián yú
嫩—嫩绿 nèn lǜ	能—能够 néng gòu	蔫—蔫呼呼 niān hū hū
拟—草拟 cǎo nǐ	逆—逆转 nì zhuǎn	拈—拈阄儿 niān jiūr
年—年轻 nián qīng	娘—爹娘 diē niáng	溺—溺爱 nì' ài
酿—酝酿 yùn niàng	馁—气馁 qì něi	腻—油腻 yóu nì
尿—尿素 niào sù	啮—啮噬 niè shì	凝—凝视 níng shì
牛—水牛 shuǐ niú	拗—执拗 zhí niù	暖—温暖 wēn nuǎn
镍—镍币 niè bì	弄—嘲弄 cháo nòng、弄堂 lòng táng	

二、辨正声母 zh、ch、sh、r 与 z、c、s 的字音

在普通话中，zh、ch、sh、r 这组舌尖后音出现的频率很高。据统计，在 3500 字常用字中，以舌尖后音做声母的字就有 602 个，占 17%，人们一开口就要碰到它。而属于舌尖前音的 z、c、s 只有 260 多个字。因此在学习过程中，采用"记少不记多"和"偏旁类推"的方法，就省事多了。

（一）声母 zh、ch、sh、r 与 z、c、s 的发音要领

声母 zh、ch、sh、r 的发音是：将舌尖向上翘起，抵住前硬腭（即上齿龈后隆起处），口腔要自然展开。应注意：舌尖与前硬腭接触面不能过宽。练习的方法是：首先发 r 的呼读音 ri，拖长其尾音，这个尾音就是 zh、ch、sh 的韵母，再加上声母 zh、ch、sh，拼得的音就是翘舌音 zh、ch、sh 的呼读音 zhi、chi、shi。声母 z、c、s 的发音是：舌尖轻轻顶住上齿背，逐渐放开，形成一条窄缝，气流从中挤出。

（二）声母 zh、ch、sh、与 z、c、s 字音记忆口诀

姊随嫂，操作早；曾撕笋，才擦灶。

催锁仓，速采桑；蚕丝卒，村村足。

曹叟搓草索，孙子坐在侧，此次最粗糙，思散总搓错。

从资唆，遂自私，罪凑足，匝送死。

蔡僧宿草寺，参坐尊赞慈，择粟做素餐，松侧栽棕枣。

（三）声母 zh、ch、sh、r 与 z、c、s 字音的错读现象

1. 无翘舌声母 zh、ch、sh、r

有些方言里没有翘舌声母 zh、ch、sh、r，将普通话翘舌声母 zh、ch、sh 的字音一律念成用 z、c、s 作声母的字音，将声母 r 念成[z]（[z]的发音状况：舌尖前、浊、擦音）。

2. 发音时，舌位不正确，zh、ch、sh、r 发音不准

某些方言有一定的翘舌音，但 zh、ch、sh 作声母的字音范围比普通话略小，例如"师生"（shī shēng）一词，也被念成"sī sēng"。即便是有平翘之分的方言里的翘舌声母 zh、ch、sh、r 与普通话的翘舌声母 zh、ch、sh、r 也存在着差异，主要表现为：zh、ch、sh、r 的发音部位略靠前（舌尖顶住牙龈）或略靠后（舌头卷起来顶住硬腭后部）。

3. 发音时，口腔舒展度不够，声母平翘舌音模糊不清

方言里发翘舌声母 zh、ch、sh、r 和平舌声母 z、c、s 时，不注意口形，口腔常常收得很小，发出的声母 zh、ch、sh、r 不是翘舌音，给人的感觉倒像是抬舌音，即不是舌头舒展开舌尖翘起来，而是舌面平抬伸着。

4. 声母 zh、ch、sh 或声母 z、c、s 之间混念

把 zh 念成 ch，ch 念成 sh，sh 念成 zh，或者把 z 念成 c，把 c 念成 s 等在一些方言中也存在。例如："造"（zào）念成 cào，"泽"（zé）念成 cé，"伸"（shēn）念成 chēn 等。

（四）辨正练习

1. 认读下列词语，比较翘舌声母与平舌声母的发音差异

辗转 zhǎn zhuǎn	招致 zhāo zhì	褶皱 zhě zhòu
珍珠 zhēn zhū	真挚 zhēn zhì	斟酌 zhēn zhuó
诊治 zhěn zhì	挣扎 zhēng zhá	纸张 zhǐ zhāng
制止 zhì zhǐ	种植 zhòng zhí	周转 zhōu zhuǎn
主旨 zhǔ zhǐ	装帧 zhuāng zhēn	卓著 zhuó zhù
咂嘴 zā zuǐ	栽赃 zāi zāng	在座 zài zuò
藏族 zàng zú	遭罪 zāo zuì	造作 zào zuò
自在 zì zai	自尊 zì zūn	宗族 zōng zú
总则 zǒng zé	贼赃 zéi zāng	走卒 zǒu zú
走嘴 zǒu zuǐ	祖宗 zǔ zong	坐赃 zuò zāng
茶匙 chá chí	查处 chá chǔ	拆除 chāi chú
蟾蜍 chán chú	长城 cháng chéng	惩处 chéng chǔ
驰骋 chí chěng	赤诚 chì chéng	冲床 chòng chuáng
抽查 chōu chá	踌躇 chóu chú	出差 chū chāi
初春 chū chūn	穿插 chuān chā	长处 cháng chù
猜测 cāi cè	残存 cán cún	蚕簇 cán cù

仓促 cāng cù	苍翠 cāng cuì	层次 céng cì
匆促 cōng cù	葱翠 cōng cuì	从此 cóng cǐ
丛残 cóng cán	粗糙 cū cāo	催促 cuī cù
摧残 cuī cán	璀璨 cuī càn	措辞 cuò cí
山水 shān shuǐ	伤逝 shāng shì	赏识 shǎng shí
少数 shǎo shù	舍身 shě shēn	神圣 shén shèng
生疏 shēng shū	诗史 shī shǐ	时尚 shí shàng
史乘 shǐ shèng	首饰 shǒu shì	舒适 shū shì
赎身 shú shēn	熟识 shú shí	税收 shuì shōu
洒扫 sǎ sǎo	三思 sān sī	色素 sè sù
僧俗 sēng sú	四散 sì sàn	松散 sōng sǎn
送丧 sòng sāng	送死 sòng sǐ	搜索 sōu suǒ
酥松 sū sōng	诉讼 sù sòng	速算 sù suàn
随俗 suí sú	琐碎 suǒ suì	

2. 认读下列词语，辨正翘舌声母和平舌声母

杂志 zá zhì	栽种 zāi zhòng	在职 zài zhí
赞助 zàn zhù	滋长 zī zhǎng	增值 zēng zhí
自制 zì zhì	奏章 zòu zhāng	宗旨 zōng zhǐ
总账 zǒng zhàng	诅咒 zǔ zhòu	罪证 zuì zhèng
尊重 zūn zhòng	佐证 zuǒ zhèng	作者 zuò zhě
渣滓 zhā zǐ	张嘴 zhāng zuǐ	沼泽 zhǎo zé
振作 zhèn zuò	争嘴 zhēng zuǐ	正宗 zhèng zōng
知足 zhī zú	职责 zhí zé	制造 zhì zào
种族 zhǒng zú	著作 zhù zuò	铸造 zhù zào
装载 zhuāng zài	追踪 zhuī zōng	准则 zhǔn zé
财产 cái chǎn	采茶 cǎi chá	餐车 cān chē
残春 cán chūn	操场 cāo chǎng	槽床 cáo chuáng
磁场 cí chǎng	此处 cǐ chù	粗茶 cū chá
促成 cù chéng	催产 cuī chǎn	存储 cún chǔ
错处 cuò chù	仓储 cāng chǔ	辞呈 cí chéng
差错 chā cuò	唱词 chàng cí	场所 chǎng suǒ
炒菜 chǎo cài	车次 chē cì	陈词 chén cí
吃醋 chī cù	尺寸 chǐ cùn	筹措 chóu cuò
冲刺 chōng cì	初次 chū cì	楚辞 chǔ cí
揣测 chuǎi cè	船舱 chuán cāng	春蚕 chūn cán
撒手 sā shǒu	私塾 sī shú	死水 sǐ shuǐ
四处 sì chù	素食 sù shí	肃杀 sù shā
松鼠 sōng shǔ	丧失 sàng shī	算术 suàn shù
岁数 suì shu	损失 sǔn shī	唆使 suō shǐ
山色 shān sè	膳宿 shàn sù	上司 shàng si

伸缩 shēn suō	深邃 shēn suì	生死 shēng sǐ
绳索 shéng suǒ	世俗 shì sú	失散 shī sàn
石笋 shí sǔn	收缩 shōu suō	输送 shū sòng
曙色 shǔ sè	疏散 shū sàn	哨所 shào suǒ

3. 对比认读下列词语，辨正平舌声母和翘舌声母的字音

阻力 zǔ lì——主力 zhǔ lì	栽桃 zāi táo——摘桃 zhāi táo
资源 zī yuán——支援 zhī yuán	早稻 zǎo dào——找到 zhǎo dào
自立 zì lì——智力 zhì lì	暂时 zàn shí——战时 zhàn shí
大字 dà zì——大致 dà zhì	赞助 zàn zhù——站住 zhàn zhù
自序 zì xù——秩序 zhì xù	字纸 zì zhǐ——质子 zhì zǐ
辞职 cí zhí——赤字 chì zì	粗布 cū bù——初步 chū bù
推辞 tuī cí——推迟 tuī chí	村庄 cūn zhuāng——春装 chūn zhuāng
木材 mù cái——木柴 mù chái	擦手 cā shǒu——插手 chā shǒu
一层 yī céng——议程 yì chéng	仓促 cāng cù——长处 cháng chu
从此 cóng cǐ——充斥 chōng chì	乱草 luàn cǎo——乱吵 luàn chǎo
私贩 sī fàn——师范 shī fàn	三哥 sān gē——山歌 shān gē
塞子 sāi zi——筛子 shāi zi	散光 sǎn guāng——闪光 shǎn guāng
丧生 sàng shēng——上升 shàng shēng	司长 sī zhǎng——师长 shī zhǎng
桑叶 sāng yè——商业 shāng yè	肃立 sù lì——树立 shù lì
四十 sì shí——事实 shì shí	搜集 sōu jí——收集 shōu jí

4. 认读下列词语，分清字音的声母

参战 cān zhàn	致词 zhì cí	侦察 zhēn chá
珠算 zhū suàn	挫折 cuò zhé	才智 cái zhì
珍藏 zhēn cáng	失真 shī zhēn	辞章 cí zhāng
出租 chū zū	松驰 sōng chí	舒畅 shū chàng
早晨 zǎo chen	昌盛 chāng shèng	生造 shēng zào
色彩 sè cǎi	作祟 zuò suì	慈善 cí shàn

5. 练习绕口令，发准翘舌声母的字音

（1）邹缀缀和周翠翠，二人一同追慧慧，
　　　慧慧回头推翠翠，翠翠伸手拽缀缀。

● 平舌音：邹 zōu，翠 cuì
● 翘舌音：拽 zhuài，缀 zhuì，周 zhōu，追 zhuī，伸 shēn，手 shǒu

（2）紫瓷盘，盛鱼翅。一盘熟鱼翅，一盘生鱼翅。迟小池拿了一把瓷汤匙，要吃清蒸美鱼翅。一口鱼翅刚到嘴，鱼刺刺进齿缝里，疼得小池拍腿挠牙齿。

● 平舌音：紫 zǐ，嘴 zuǐ，瓷 cí，刺 cì
● 翘舌音：蒸 zhēng，盛 chéng，吃 chī，迟 chí，池 chí，匙 chí，齿 chǐ，翅 chì，熟 shú，生 shēng

（3）四是四，十是十。十四是十四，四十是四十。
　　　四十加上四，就是四十四，要是说错了，就要误大事。

● 平舌音：四 sì，错 cuò

● 翘舌音：是 shì，十 shí，上 shàng，说 shuō，事 shì）

（4）石、斯、施、史四老师，天天和我在一起。石老师教我大公无私，斯老师给我精神粮食，施老师叫我遇事三思，史老师送我知识钥匙。我感谢石、斯、施、史四老师。

（5）唱歌训练，注意咬准歌词里加点字的读音。

我们都是神枪手，每一颗子弹消灭一个敌人；我们都是飞行军，哪怕那山高水又深。在那密密的树林里，到处都安排同志们的宿营地；在那高高的山冈上，有我们无数的好兄弟。没有吃，没有穿，自有那敌人送上前；没有枪，没有炮，敌人给我们造。我们生长在这里，每一寸土地是我们自己的，不管谁要强占去，我们就和他拼到底。

6. 读句段，注意分辨声母（或加点字声母）的字音

（1）要告诉孩子们跑、跳、走的正确姿势，这也是锻炼身体的一种知识。

（2）由于他一再推辞，所以这事不得不推迟了。

（3）老大娘家里长住八路军的伤员，敌人来的时候，她就把伤员送到地窖里藏住。

（4）我们的村子就在这座山的山脚下的三角地带，有山有水，风景很美。

（5）这个省的资源很丰富，但是在技术上还需要临省的支援。

（6）如今在海上，每晚和繁星相对，我把它们认得很熟了。我躺在舱面上，仰望天空。深蓝色的天空里悬着无数半明半昧的星。船在动，星也在动，它们是这样低，真是摇摇欲坠呢！渐渐地我的眼睛模糊了，我好像看见无数萤火虫在我的周围飞舞。海上的夜是柔和的，是静寂的，是梦幻的。我望着许多认识的星，我仿佛看见它们在对我眨眼，我仿佛听见它们在小声说话。这时我忘记了一切。在星的怀抱中我微笑着，我沉睡着。我觉得自己是一个小孩子，现在睡在母亲的怀里了。

——《繁星》

（五）平翘舌音声母均念的多音字

在普通话中，有一部分字既念平舌音声母，又念翘舌音声母，念读时一定要认真区分。

【例字】

拆（cā，chāi）

拆₁ cā 〈方〉排泄（大小便）。

拆烂污 cā làn wū

拆₂ chāi 把合在一起的东西打开，拆毁。

拆穿 chāi chuān	拆伙 chāi huǒ	拆零 chāi líng	拆卖 chāi mài
拆散 chāi sǎn	拆台 chāi tái	拆洗 chāi xǐ	拆御 chāi xiè
拆除 chāi chú	拆毁 chāi huǐ	拆迁 chāi qiān	

嚓（cā，chā）

嚓₁ cā 象声词，独立成词。

"嚓"的一声 cā de yī shēng

嚓₂ chā 象声词，用于多音节词中。

喀嚓 kā chā　　　　啪嚓 pā chā

参（cān，cēn，shēn）

参₁ cān 加入、参加，参考，进见、谒见，封建时代指弹劾，探究并领会（道理、意义等）。

参加 cān jiā　　　参军 cān jūn　　　参看 cān kàn　　　参阅 cān yuè

参谒 cān yè　　　参拜 cān bài　　　参劾 cān hé　　　参他一本 cān tā yī běn

参破 cān pò　　　参透 cān tòu

参 2　cēn "参差" 念 cēn cī，"参错" 念 cēn cuò。

参 3　shēn 人参、党参等的统称，通常指人参；二十八宿之一。

党参 dǎng shēn　　　海参 hǎi shēn　　　人参 rén shēn　　　沙参 shā shēn

参茸 shēn róng　　　参须 shēn xū　　　参商 shēn shāng

孱（càn, chán）

孱 1　càn 用于 "孱头"（càn tou）。

孱 2　chán 瘦弱，软弱。

孱羸 chán léi　　　孱弱 chán ruò

掺（càn, chān, shǎn）

掺 1　càn 古代一种鼓曲。

渔阳掺 yú yáng càn

掺 2　chān 同 "搀"，把一种东西混合到另一种东西里去。

掺兑 chān duì　　　掺杂 chān zá

掺 3　shǎn〈方〉持，握。

掺手 shǎn shǒu

伧（cāng，chen）

伧 1　cāng〈书〉粗野。

伧俗 cāng sú

伧 2　chen "寒伧" 念 hán chen。

侧（cè, zè, zhāi）

侧 1　cè 旁边，向旁边歪斜、偏。

侧根 cè gēn　　　侧击 cè jī　　　侧面 cè miàn　　　侧记 cè jì　　　侧门 cè mén

侧耳 cè' ěr　　　侧重 cè zhòng　　　侧翼 cè yì　　　侧目 cè mù

侧 2　zè 同 "仄"。

平侧 píng zè　　　侧声 zè shēng

侧 3　zhāi〈方〉. 倾斜，不正。

侧棱 zhāi leng　　　侧歪 zhāi wai

噌（cēng，chēng）

噌 1　cēng 象声词；〈方〉叱责。

"噌" 的一声 cēng de yī shēng　　　挨噌 ái cēng

噌 2　chēng "噌吰" 念 chēng hóng，形象钟敲的声音。

差（cī，chā，chà，chāi，chài）

差 1　cī "参差" 念 cēn cī。

差 2　chā 差别、差异，差数，稍微、较、尚。

差别 chā bié　　　差异 chā yì　　　差错 chā cuò　　　差额 chā' é

差价 chā jià　　　差距 chā jù　　　差失 chā shī　　　差误 chā wù

天气差暖 tiān qì chān uǎn　　　　　　差可告慰 chā kě gào wèi

差₃　chà 不相同、不相合，错误、缺欠，不好，不够标准。

差不多 chà bu duō　　差不离 chà bu lí　　　差得远 chà de yuǎn

差点儿 chà diǎnr　　　差劲 chà jìn　　　　差生 chà shēng

质量差 zhì liàng chà

差₄　chāi 派遣（去做事），被派遣去做的事、公务、职务，旧时指被派遣的人、差役。

差遣 chāi qiǎn　　　差使 chāi shǐ　　　兼差 jiān chāi　　　出差 chū chāi

差事 chāi shi　　　差役 chāi yì　　　听差 tīng chāi　　　解差 jiè chāi

差₅　chài〈书〉同"瘥"（chài），病愈。

衰（cuī，shuāi）

衰₁　cuī "等衰" 念 děng cuī。

衰₂　shuāi 衰弱。

衰败 shuāi bài　　　衰惫 shuāi bèi　　　衰变 shuāi biàn　　　衰减 shuāi jiǎn

衰竭 shuāi jié　　　衰老 shuāi lǎo　　　衰落 shuāi luò　　　衰弱 shuāi ruò

衰退 shuāi tuì　　　衰亡 shuāi wáng　　　衰萎 shuāi wěi　　　衰歇 shuāi xiē

挲（sā，suō，shā）

挲₁　sā "摩挲" 念 mā sā，用手轻轻按着并一下一下地移动。

挲₂　suō "摩挲" 又念 mó suō，用手抚摩。

挲₃　shā "挓挲" 念 zhā shā，<方>（手、头发、树枝等）张开；伸开。也作扎煞。

糁（sǎn，shēn）

糁₁　sǎn〈方〉米饭粒儿。

糁₂　shēn 谷类磨成的碎粒。

玉米糁儿 yù mǐ shēnr

梢（sào，shāo）

梢₁　sào 像圆锥体的形状。

梢₂　shāo 条状物的较细的一头。

梢公 shāo gōng　　　梢头 shāo tóu　　　树梢 shù shāo

眉梢 méi shāo　　　辫梢 biàn shāo

色（sè，shǎi）

色₁　sè 颜色，脸色、神色，种类，情景、景象，物品的质，妇女美貌，情欲。

色彩 sè cǎi　　　色调 sè diào　　　色光 sè guāng

色盲 sè máng　　　色素 sè sù　　　彩色 cǎi sè

暖色 nuǎn sè　　　货色 huò sè　　　神色 shén sè

天色 tiān sè　　　喜形于色 xǐ xíng yú sè　　察言观色 chá yán guān sè

面色 miàn sè　　　眼色 yǎn sè　　　和颜悦色 hé yán yuè sè

各色各样 gè sè gè yàng　　景色 jǐng sè　　　秋色 qiū sè

夜色 yè sè　　　成色 chéng sè　　　逊色 xùn sè

色艺双绝 sè yì shuāng jué　　色情 sè qíng　　　色胆 sè dǎn

血色 xuè sè　　　姿色 zī sè

色₂　shǎi（～儿）颜色，用于一些口语词。

色酒 shǎi jiǔ　　　色子 shǎi zi　　　变色儿 biàn shǎir

本色儿 běn shǎir　　上色儿 shàng shǎir　　退色儿 tuì shǎir　　掉色儿 diào shǎir
套色儿 tào shǎir　　颜色儿 yán shǎir　　走色儿 zǒu shǎir

似（sì，shì）

似₁　sì　像，如同，似乎，表示超过。

好似 hǎo sì　　　　　近似 jìn sì　　　　　貌似 mào sì
类似 lèi sì　　　　　相似 xiāng sì　　　　似是而非 sì shì ér fēi
恰似 qià sì　　　　　形似 xíng sì　　　　　似乎 sì hū
疑似 yí sì　　　　　强似 qiáng sì　　　　　胜似 shèng sì

似₂　shì　"似的"念 shì de。

食（sì，shí，yì）

食₁　sì　拿东西给人吃。

食₂　shí　吃，吃饭，人吃的东西，一般动物吃的东西，供食用或调味用的，日食、月食。

食补 shí bǔ　　　食肉 shí ròu　　　食堂 shí táng　　　废寝忘食 fèi qǐn wàng shí
食粮 shí liáng　　粮食 liáng shi　　食糖 shí táng　　　丰衣足食 fēng yī zú shí
猪食儿 zhū shír　鸟儿食 niǎor shí　食物 shí wù　　　　月食 yuè shí

食₃　yì　用于人名。

郦食基 Lì Yì jī（汉朝人）

松（sōng，zhōng）

松₁　sōng　"惺松"念 xīng sōng。

松₂　zhōng　"怔忪"念 zhēng zhōng。

莎（suō，shā）

莎₁　suō　"莎草"念 suō cǎo。

莎₂　shā　用于人名、地名。

莎菲日记 Shā fēi rì jì　　　　莎车 Shā chē（地名，在新疆）

扎（zā，zhā，zhá）

扎₁　zā　捆、束；量词，用于捆起来的东西。

扎彩 zā cǎi　　　　扎裤脚 zā kù jiǎo　　　扎辫子 zā biàn zi
包扎 bāo zā　　　　一扎线 yī zā xiàn　　　捆扎 kǔn zā

扎₂　zhā　刺，钻进去，驻扎。

扎耳朵 zhā ěr duo　　扎营 zhā yíng　　　扎根 zhā gēn　　　扎实 zhā shi
扎花 zhā huā　　　　扎眼 zhā yǎn　　　　扎针 zhā zhēn　　　扎手 zhā shǒu
屯扎 tún zhā　　　　驻扎 zhù zhā　　　　扎猛子 zhā měng zi

扎₃　zhá　见下。

马扎 mǎ zhá　　　　扎挣 zhá zheng　　　　挣扎 zhēng zhá

咋（zǎ，zé，zhā）

咋₁　zǎ　〈方〉怎、怎么。

咋样 zǎ yàng　咋办 zǎ bàn

咋₂　zé　〈方〉咬住。

咋舌 zé shé

咋₃ zhā 见下。

咋呼 zhā·hu 咋唬 zhā·hu

奘（zàng，zhuǎng）

奘₁ zàng〈方〉壮大；用于人名；说话粗鲁，态度生硬。

唐玄奘 Táng Xuán zàng

奘₂ zhuǎng〈方〉粗而大。

身高腰奘 shēn gāo yāo zhuǎng　　　　长得很奘 zhǎng de hěn zhuǎng

择（zé，zhái）

择₁ zé 挑选。

择吉 zé jí 择交 zé jiāo 择期 zé qī 择偶 zé'ǒu

择优 zé yōu 采择 cǎi zé 抉择 jué zé 选择 xuǎn zé

饥不择食 jī bù zé shí 择善而从 zé shàn'ér cóng

择₂ zhái 义同"择"（zé），用于以下各条。

择不开 zhái bu kāi 择菜 zhái cài 择席 zhái xí

赚（zuàn，zhuàn）

赚₁ zuàn〈方〉骗（人）。

你赚人 nǐ zuàn rén

赚₂ zhuàn 获得利润，利润，挣（钱）。

赚钱生意 zhuàn qián shēng·yi

赚头 zhuàn·tou 赚了钱 zhuàn le qián

琢（zuó，zhuó）

琢₁ zuó "琢磨"念 zuó·mo（思考，考虑）。

琢₂ zhuó 雕刻玉石，使成器物。

精雕细琢 jīng diāo xì zhuó 琢磨 zhuó·mo（雕刻和打磨，加工使精美）。

柞（zuò，zhà）

柞₁ zuò 见下。

柞蚕 zuò cán 柞树 zuò shù 柞丝绸 zuò sī chóu

柞₂ zhà 地名。

柞水 Zhà shuǐ（在陕西）。

附：声母 zh、ch、sh 与 z、c、s 代表字类推表

zh 声母

【占】zhān 占（占卜）、沾、毡、粘（粘贴），zhàn 占（占据）、战、站，["砧"念 zhēn，"钻"念 zuān（钻研），又念 zuàn（钻石）]

【长】zhāng 张，zhǎng 长（生长）、涨（涨潮），zhàng 胀、帐、涨（泡涨了），（"长"又念 cháng）

【章】zhāng 章、漳、彰、獐、嫜、璋、樟、蟑，zhàng 障、嶂、幛、瘴

【丈】zhàng 丈、仗、杖

【召】zhāo 招、昭，zhǎo 沼，zhào 召（召开）、诏、照，["召"又念 shào（姓）]

【折】zhē 折（折跟头）、蜇（被蜜蜂蜇了），zhé 折（折断）、哲、蜇（海蜇），zhè 浙，["折"又念 shé（折本），"誓"念 shì]

【者】zhě 者、赭、锗，zhū诸、猪、潴，zhǔ渚、煮，zhù著、箸，（"楮、褚、储"念chǔ）。

【贞】zhēn 贞、侦、祯、桢、帧

【珍】zhēn 珍，zhěn 诊、疹，（"趁"念chèn）

【真】zhēn 真，zhěn 缜，zhèn 镇，（"慎"念shèn）

【振】zhèn 振、赈、震

【争】zhēng 争、挣（挣扎）、峥、狰、铮、睁、筝，zhèng诤、挣（挣钱）

【正】zhēng 正（正月）、怔、征、症（症结），zhěng整，zhèng正（正确）、证、政、症，（"惩"念chéng）

【支】zhī 支、枝、肢，chì翅

【只】zhī 只（一只）、织，zhí职，zhǐ只（只有），zhì帜，（"识"念shí，"炽"念chì）

【知】zhī 知、蜘，zhì智，（"痴"念chī）

【执】zhí 执，zhì贽、挚、鸷，zhé蛰

【至】zhí 侄，zhì至、郅、致、窒、蛭，（"室"念shì）

【直】zhí 直、值、植、殖（繁殖），zhì置

【止】zhǐ 止、芷、址、趾，（"耻"念chǐ）

【志】zhì 志、痣

【中】zhōng 中（中央）、忠、钟、盅、衷，zhǒng种（种子）、肿，zhòng中（打中）、种（种植）、仲，["冲"念chōng（冲锋），又念chòng（冲床）]

【朱】zhū 朱、诛、侏、洙、茱、珠、株、铢、蛛，（"姝、殊"念shū）

【主】zhǔ 主、拄，zhù住、注、炷、柱、驻、蛀

【专】zhuān 专、砖，zhuǎn 转（转告），zhuàn 转（转圈）、传（传记）、啭，（"传"又念chuán）

【啄】zhuō 涿，zhuó诼、啄、琢

z 声母

【匝】zā 匝、咂，zá砸

【载】zāi 栽、哉，zǎi 载（记载），zài 载（载重），cái 裁

【宰】zǎi 宰，zǐ滓、梓

【赞】zǎn 攒（积攒）、趱，zàn 赞、瓒

【臧】zāng 臧、赃（贝藏），zàng（藏族）、脏

【澡】zǎo 澡、藻，zào 噪、燥、躁，（"操"念cāo，"臊"念sāo或sào）

【造】zào 造，（"糙"念cāo）

【则】zé 则，cè侧、厕、测、恻，（"铡"念zhá）

【责】zé 责、啧、帻、箦，zì渍，（"债"念zhài）

【曾】zēng 曾（曾孙）、憎、增、赠，[céng曾（曾经）、céng层，cèng蹭，sēng僧]

【子】zī 孜，zǐ子、仔（仔细）、籽，zì字，zǎi仔（牛仔裤）

【兹】zī 兹、滋、孳

【资】zī 资、咨、姿、趑，zì恣

【宗】zōng 宗、综、棕、踪、鬃，zòng粽，（"淙、琮"念cóng，崇"念chóng）

【奏】zòu 奏、揍，（"凑、腠"念còu）

【卒】zú 卒（小卒），zuì 醉

【祖】zū 租，zǔ诅、阻、组、祖、俎，（"粗"念 cū）

【最】zuì 最，zuō 嘬，zuǒ 撮（一撮头发）

【尊】zūn 尊、遵、樽、鳟

【左】zuǒ 左、佐

【坐】zuò 坐、座、唑

ch 声母

【叉】chā 叉（渔叉）、杈，chá 叉（叉住），chǎ 叉（叉开）、衩（裤衩），chà 杈（树杈）、衩（衣衩），chāi 钗

【谗】chān 搀，chán 谗、馋

【产】chǎn 产、铲

【昌】chāng 昌、阊、菖、猖、鲳，chàng 倡、唱

【场】cháng 场（场院）、肠，chǎng 场（会场），chàng 畅

【抄】chāo 抄、吵（吵吵）、钞，chǎo 吵（吵架）、炒

【朝】cháo 朝（朝廷）、潮、嘲（嘲讽）

【辰】chén 辰、宸、晨，chún 唇

【成】chéng 成、诚、城、盛（盛饭），（"盛"又念 shèng）

【呈】chéng 呈、程、酲，chěng 逞

【池】chí 池、驰、弛

【斥】chì 斥，chè 坼，chāi 拆（拆信）

【绸】chóu 惆（惆怅）、绸、稠

【筹】chóu 俦、畴、筹、踌

【出】chū 出，chǔ 础、chù 绌、黜，（"拙"念 zhuō）

【除】chú 除、滁、蜍

【厨】chú 厨、橱、蹰

【揣】chuāi 揣（揣手儿），chuǎi 揣（揣测），chuǎn 喘

【垂】chuí 垂、陲、捶、棰、锤

【春】chūn 春、椿，chǔn 蠢

【缀】chuò 啜、辍

c 声母

【才】cái 才、材、财，（"豺"念 chái）

【采】cǎi 采（采访）、彩、睬、踩，cài 采（采地）、菜

【参】cān 参（参观），cǎn 惨，cēn 参（参差），（"人参"念 rén shēn，"渗"念 shèn，"掺"念 chān，"碜"念 chěn）

【餐】cān 餐，càn 灿（灿）、璨

【仓】cāng 仓、苍、舱、沧、伧（伧俗），（"伧"又念 chen，"疮"念 chuāng，"创、怆"念 chuàng）

【曹】cáo 曹、漕、嘈、槽、螬，（"遭、糟"念 zāo）

【次】cí 茨、瓷，cì 次

【此】cī 疵，cí 雌，cǐ 此，zī 龇，zǐ 紫，（"柴"念 chái）

【慈】cí 兹、磁、鹚、糍

【匆】cōng 匆、葱

【从】cōng 苁、枞，cóng 从、丛，zòng 纵，sǒng 怂、耸

【粹】cù 卒、猝，cuì 淬、悴、萃、啐、瘁、粹、翠，suì 碎

【窜】cuān 撺、蹿，cuàn 窜，（"串"念 chuàn）

【崔】cuī 崔、催、摧，cuǐ 璀

【错】cù 醋，cuò 错、措

【寸】cūn 村，cǔn 忖，cùn 寸，（"衬"念 chèn）

【搓】cuō 搓、磋、蹉，cuó 嵯，cī 差（参差），（"差"又念 chā、chà、chāi）

sh 声母

【山】shān 山、舢，shàn 讪、汕、疝

【珊】shān 删、姗、珊、栅（栅极）、跚，（"栅"又念 zhà）

【扇】shān 扇（扇动）、煽，shàn 扇（扇子）

【善】shàn 善、鄯、缮、膳、蟮、鳝

【尚】shǎng 赏，shàng 尚、绱，shang 裳，（"徜"念 cháng）

【捎】shāo 捎、梢、稍（稍微）、筲、艄、鞘（鞭鞘），shào 哨、稍（稍息），["鞘"又念 qiào（刀鞘）]

【召】sháo 苕（红苕）、韶，shào 召（姓）、邵（姓）、劭、绍，（"沼"念 zhǎo）

【少】shā 沙（沙土）、莎、纱、痧、砂、裟、鲨，shà 沙（沙一沙，动词），shǎo 少（少数），shào 少（少年），（"娑"念 suō）

【舍】shá 啥，shē 猞，shě 舍（舍弃），shè 舍（宿舍）

【申】shēn 申、伸、呻、绅、砷，shén 神，shěn 审、婶

【生】shēng 生、牲、笙、甥，shèng 胜（胜利、胜任）

【师】shī 师、狮，shāi 筛，（"蛳"念 sī）

【诗】shī 诗，shí 时、埘、鲥，shì 侍、恃，（"寺"念 sì）

【市】shì 市、柿、铈

【式】shì 式、试、拭、轼、弑

【受】shòu 受、授、绶

【抒】shū 抒、纾、舒

【叔】shū 叔、淑、菽

【孰】shú 孰、塾、熟

【暑】shǔ 暑、署、薯、曙

【刷】shuā 刷，shuà 刷（刷白），shuàn 涮

【率】shuāi 摔，shuài 率（率领）、蟀，["率"又念 lǜ（效率）]

s 声母

【塞】sè 塞（堵塞），sāi 塞（耳塞）、噻，sài 塞（要塞）、赛，（"寨"念 zhài）

【散】sā 撒（撒谎），sǎ 撒（撒播），sǎn 散（散文）、馓，sàn 散（散发）

【桑】sāng 桑，sǎng 嗓、搡、颡、磉

【搔】sāo 搔、骚，sào 瘙

【司】sī 司，sì 伺（伺机）、嗣、饲，（"词、祠"念 cí，"伺"又念"cì"）

【思】sī 思、锶，sāi 腮、鳃

【斯】sī 斯、厮、澌、撕、嘶

【四】sì 四、泗、驷

【松】sōng 松、忪（惺忪）、淞，sòng 讼、颂，（"忪"又念 zhōng）

【叟】sǎo 嫂，sōu 溲、搜、嗖、馊、飕、螋、艘，sǒu 叟，（"瘦"念 shòu）

【酥】sū 酥、稣、苏

【素】sù 素、愫、嗉

【塑】sù 塑、溯，suō 嗍

【粟】sù 粟、傈

【遂】suí 遂（半身不遂），suì 遂（遂心）、隧、燧、邃

【孙】sūn 孙、荪、狲

【唆】suō 唆、睃、梭，suān 酸、狻

【锁】suǒ 唢、琐、锁

三、辨正声母 f 和声母 h 的字音

（一）声母 f 和 h 的发音要领

f 是唇齿音，上齿靠在下唇上面构成阻碍，并留有缝隙，气流从中挤出，摩擦成音；h 是舌根音，舌面后部与软腭构成阻碍，气流从缝隙间挤出成音。在练习过程中，要注意它们的发音区别。没有 f 声母地区的人首先要学会唇齿音 f 的发音。

（二）声母 f 和 h 字音的错读现象

1. 声母 f、h 不分，绝大部分字音反念

有些地区方言里，把 f 声母的字音念成了 h 作声母，把 h 声母的字音念成了 f 作声母。有这样一个例子："飞机在天上打翻翻"（fēi jī zài tiān shang dǎ fān fān），方言念成：huī jī zài tiān shang dǎ huān huān。

2. 声母 h 与韵母 u 相拼时，念成了 f 作声母

一些地区的方言里，声母 f 和 h 的绝大部分字音能分清，但把声母 h 与韵母 u 构成的音节却念成 f 作声母。如："互相"（hù xiāng）念成 fù xiāng，"爱护"（ài hù）念成 ài fù 等。针对把"hu"念成"fu"的情况，记住"hu"音节字音，就可以分清 f 声母和 h 声母。如重庆地区，重庆方言"hu"、"fu"全都念"fu"；而重庆的潼南、合川、云阳、开县、奉节等，"h、f"不分，如"工会"说成"公费"，把"飞机"说成"灰鸡"。

3. "hu"音节字认读练习

hū——乎、呼、忽、糊

几乎 jī hū　　　　　呼吸 hū xī　　　　　忽然 hū rán

往墙上糊泥 wǎng qiáng shang hū ní

hú——囫、和、狐、弧、胡、壶、核、葫、鹄、湖、瑚、蝴、糊，（"和"又念 hé、hè、huó、huò，"核"又念 hé）

囫囵 hú lún	和牌 hú pái	狐狸 hú li	湖泊 hú pō
弧度 hú dù	胡乱 hú luàn	酒壶 jiǔ hú	糊涂 hú tu
核儿 húr	葫芦 hú lu	珊瑚 shān hú	蝴蝶 hú dié

hǔ——虎、浒、唬、琥，（"浒"又音 xǔ，"唬"又音 hu）

老虎 lǎo hǔ　　　　水浒 shuǐ hǔ　　　　吓唬 xià hu　　　　琥珀 hǔ pò

hù——互、户、护、沪、虎、扈、糊

互相 hù xiāng　　　　户口 hù kǒu　　　　爱护 ài hù

沪剧 hù jù　　　　虎不拉 hù bu lǎ　　　　糊弄 hù nong

（三）辨正练习

1. 认读下列词语，比较声母 f 和声母 h 的发音差异

发愤 fā fèn　　　繁复 fán fù　　　反复 fǎn fù　　　犯法 fàn fǎ

福分 fú fen　　　芳菲 fāng fēi　　　防范 fáng fàn　　　非凡 fēi fán

夫妇 fū fù　　　肺腑 fèi fǔ　　　芬芳 fēn fāng　　　吩咐 fēn fù

奋发 fèn fā　　　丰富 fēng fù　　　风帆 fēng fān　　　鸿鹄 hóng hú

海涵 hǎi hán　　　憨厚 hān hòu　　　豪华 háo huá　　　花卉 huā huì

浩瀚 hào hàn　　　荷花 hé huā　　　火红 huǒ hóng　　　挥霍 huī huò

呼喊 hū hǎn　　　护航 hù háng　　　会徽 huì huī　　　祸患 huò huàn

缓和 huǎn hé　　　恍惚 huǎng hū

2. 认读下列词语，辨正声母 f 和声母 h 的字音

发挥 fā huī　　　风化 fēng huà　　　放火 fàng huǒ　　　复活 fù huó

反悔 fǎn huī　　　防洪 fáng hóng　　　繁华 fán huá　　　烽火 fēng huǒ

附会 fù huì　　　腐化 fǔ huà　　　凤凰 fèng huáng　　　奉还 fèng huán

返航 fǎn háng　　　富户 fù hù　　　丰厚 fēng hòu　　　何妨 hé fáng

虎符 hǔ fú　　　恢复 huī fù　　　回访 huí fǎng　　　化肥 huà féi

洪福 hóng fú　　　换房 huàn fáng　　　豪放 háo fàng　　　焕发 huàn fā

混纺 hùn fǎng　　　活佛 huó fó　　　后方 hòu fāng　　　海防 hǎi fáng

会费 huì fèi　　　横幅 héng fú

3. 对比认读下列词语，辨正声母 f 和声母 h 的字音

发现 fā xiàn——花线 huā xiàn　　　翻腾 fān téng——欢腾 huān téng

防线 fáng xiàn——航线 háng xiàn　　　理发 lǐ fà——理化 lǐ huà

奋进 fèn jìn——混进 hùn jìn　　　幅度 fú dù——弧度 hú dù

福利 fú lì——狐狸 hú li　　　舅父 jiù fù——救护 jiù hù

复句 fù jù——沪剧 hù jù　　　附注 fù zhù——互助 hù zhù

4. 练习绕口令，发准声母 f 和 h 的字音

（1）红红和芳芳，上街买混纺。黄混纺，粉混纺，红混纺，灰混纺，红粉黄灰花混纺，不知哪种适合做衣裳？

● f：纺 fǎng、粉 fěn、芳 fāng

● h：混 hùn、红 hóng、花 huā、黄 huáng

（2）山尖上一堆肥，山腰上一堆粪，山脚下一堆灰，肥拌粪，粪拌灰，是灰肥过粪，还是粪肥过灰。

● f：肥 féi、粪 fèn

● h：灰 huī

（3）对门儿有堵白粉墙，白粉墙上画凤凰。先画一只粉黄粉黄的黄凤凰，后画一只绯红绯红的红凤凰。黄凤凰看红凤凰，红凤凰看黄凤凰，黄凤凰，红凤凰，两只都像活凤凰。

（4）红饭碗，黄饭碗，红饭碗盛满碗饭，黄饭碗盛半碗饭，黄饭碗添半碗饭，像红饭碗一样满碗饭。

5. 读下列短诗，注意分辨声母 f 和 h

给一位女教师

粉笔末和磨碎的时光一起飘下，年复一年涂染你乌黑的秀发！

而春风像流淌着的山溪水，不断为你浣洗青春的年华。

终于有一天，鬓白再也洗不掉了，历史给你戴上几星纯洁的小花！

你对着镜子甜甜地微笑了，因为，多少荣誉和幸福在白发上悬挂！

附：声母 f 和 h 代表字类推表

f 声母

【发】fā 发（发展），fà发（烫发），fèi 废

【乏】fá 乏，fàn 泛

【伐】fá 伐、阀、筏、垡

【番】fān 番、蕃、藩、翻

【凡】fān帆，fán 凡、矾、钒

【反】fǎn 反、返，fàn 饭、贩、畈

【方】fāng 方、芳、坊（牌坊）、钫，fáng防、妨、坊（油坊）、房、肪，fǎng仿、访、纺、舫，fàng放

【非】fēi 非、菲、绯、扉、霏，féi 腓，fěi 匪、榧、斐、蜚、翡，fèi 痱

【分】fēn 分、芬、吩、纷，fén 汾，fèn 份、忿

【峰】fēng 峰、烽、锋、蜂，féng 逢、缝（缝补），fèng 缝（缝隙）

【风】fēng 风、枫、疯，fěng 讽

【夫】fū 夫、肤、麸，芙、扶、呋

【弗】fú 弗、佛、佛（仿佛）、氟，fó佛（佛教），fèi 沸、狒、费、镄

【伏】fú 伏、茯、袱

【孚】fū 孵，fú孚、俘、浮

【福】fú 幅、福、辐、蝠，fù副、富

【甫】fū 敷，fǔ甫、辅，fù傅、缚

【复】fù 复、腹、蝮、馥、覆

【父】fǔ 斧、釜，fù父

【付】fú 符，fǔ府、俯、腑、腐，fù付、附、驸，fu 咐

h 声母

【红】hóng 红、虹、鸿

【洪】hōng 哄、烘，hóng洪，hǒng哄（哄骗），hòng哄（起哄）

【乎】hū 乎、呼、滹

【忽】hū 忽、惚、唿，hú囫

【胡】hū 糊（糊泥墙），hú胡、湖、葫、猢、瑚、糊（糊涂）、蝴，hù糊（糊弄）

【狐】hú 狐、弧

【虎】hǔ 虎、唬、琥

【户】hù 户、护、沪、扈

【化】huā 花、哗（哗啦），huá华（华丽）、哗（哗然）、铧，huà化、华（华山）、桦，huò货

【怀】huái 怀，huài 坏

【还】huán 还（還）、环（環）、寰

【奂】huàn 奂、唤、涣、换、焕、痪

【荒】huāng 荒、慌，huǎng谎

【皇】huáng 皇、凰、湟、惶、徨、煌、蝗、隍

【晃】huǎng 恍、晃（晃眼）、幌，huàng晃（晃动）

【黄】huáng 黄、蟥、磺、璜、簧、癀

【挥】huī 挥、辉、珲（瑗珲），hūn荤，hún浑、珲（珲春），（"荤"又音 xūn）

【灰】huī 灰、恢、诙

【回】huí 回、茴、蛔，huái 徊

【悔】huǐ 悔，huì诲、晦

【会】huì 会（会议）、烩、荟，（"会"又音 kuài）

【惠】huì 惠、蕙

【彗】huì 彗、慧

【昏】hūn 昏、婚、阍

【混】hún 馄，hùn 混

【活】huà 话，huó活

【火】huǒ 火、伙、钬

【或】huò 或、惑

四、几种特殊的声母误读

（一）将声母 j、q、x 念成 g、k、h

这类错误虽然在各地方言中不是普遍存在，但是仍然有。如四川方言里部分地区把"地窖"（dì jiào）念成 dì gáo，"敲打"（qiāo dǎ）念成 kāo dǎ，"镶嵌"（xiāng qiàn）念成 xiāng kàn，"咸阳"（xián yáng）念成 hán yáng，"闲时"（xián shí）念成 hán shí 等。常见的错误现象介绍如下。

（1）把声母 j 误念成声母 g 的字音，如表 2.5 所示。

表 2.5　把声母 j 误念成声母 g 的字音

例字	窖	阶	皆	结（打结）	揭	街	解（解开）
正确音	jiào	jiē	jiē	jié	jiē	jiē	jiě
误音	gào	gāi	gāi	gê	gê	gāi	gǎi

（2）把声母 j 误念成声母 q 的字音，如表 2.6 所示。

表 2.6　把声母 j 误念成声母 q 的字音

例字	劫	捷	睫	截	臼
正确音	jié	jié	jié	jié	jiù
误音	qié	qié	qié	qié	qiù

（3）把音节 xian 念成 han、音节 xiang念成 hang，如表 2.7 所示。

表2.7　把音节 xian 念成 han、音节 xiang念成 hang

例字	咸	闲	衔	限	陷	巷
正确音	xián	xián	xián	xiàn	xiàn	xiàng
误音	hán	hán	hán	hàn	hàn	hàng

（二）辨正练习

1. 认读下列词语，辨正 j 组声母和g组声母的字音

给以gěi yǐ　　　　　给予 jǐ yǔ　　　　　房间 fáng jiān

街道 jiē dào　　　　阶级 jiē jí　　　　　地窖 dì jiào

世界 shì jiè　　　　介绍 jiè shào　　　　首届 shǒu jiè

眼角 yǎn jiǎo　　　　敲击 qiāo jī　　　　惊吓 jīng xià

恐吓 kǒng hè　　　　咸水 xián shuǐ　　　衔接 xián jiē

沦陷 lún xiàn　　　　项链 xiàng liàn　　　小巷 xiǎo xiàng

鞋油 xié yóu　　　　银杏 yín xìng　　　　皆是 jiē shì

2. 练习绕口令，注意 j 组声母和g组声母的字音

（1）贺家门口有条河，河里游着一群鹅。

贺家弟弟要赶鹅，一群鹅："嘎、嘎、嘎！"

弟弟说："干吗冲我叫哥哥！"

● g：赶gǎn、嘎gā、干gàn、哥gē

● k：口 kǒu；h：贺 hè、河 hé

（2）小曲和小菊，同到银行去储蓄。

小菊存二千一百七十一元七角一，

小曲存一千七百一十七元一角七，

储蓄员告诉小曲和小菊，

七年后所得利息每人可买一台电视机。

● j：菊 jú、角 jiǎo、机 jī

● q：曲 qǔ、去 qù、千 qiān、七 qī

● x：蓄 xù

（三）将不送气声母 b、d、g、j、zh、z 与送气声母 p、t、k、q、ch、c 混念

普通话里念不送气声母的部分字音，方言里有念成送气声母的字音。如四川方言把"秕谷"（bǐ gǔ）念成 pǐ gǔ，"夺取"（duó qǔ）念成 tuó qǔ，"抢劫"（qiǎng jié）念成 qiǎng qié，"盥洗"（guàn xǐ）念成 kuàn xǐ，"秩序"（zhì xù）念成 chì xù，"创造"（chuàng zào）念成 chuàng cào 等。反之，普通话里念送气声母的部分字音，方言里却念成不送气声母的字音。仍以四川方言为例，把"澎湃"（péng pài）念成 pén bài，"字帖"（zì tiè）念成 zì dié，"残酷"（cán kù）念成 cán gù，"入场券"（rù chǎng quàn）念成 rù chǎng juàn，"翅膀"（chì bǎng）念成 zhì bǎng，"簇拥"（cù yōng）念成 zú yōng 等。

（四）辨正练习

1. 认读下列词语、辨正不送气声母 b、d、g、j、zh、z 和送气声母 p、t、k、q、ch、c 的字音

选拔 xuǎn bá　　　　卑鄙 bēi bǐ　　　　复辟 fù bì　　　　濒临 bīn lín

蓬勃 péng bó	捕捉 bǔ zhuō	跋涉 bá shè	遍地 biàn dì
湖畔 hú pàn	便宜 pián yi	绊脚 bàn jiǎo	瞥见 piē jiàn
麻痹 má bì	琵琶 pí pá	屏弃 bǐng qì	摒除 bìng chú
渤海 bó hǎi	占卜 zhān bǔ	澎湃 péng pài	毗邻 pí lín
媲美 pì měi	枇杷 pí pá	鄙视 bǐ shì	活泼 huó po
鄱阳湖 Pó yáng hú	漂泊 piāo bó	逼迫 bī pò	跌跤 diē jiāo
指导 zhǐ dǎo	堤坝 dī bà	战抖 zhàn dǒu	鞭挞 biān tà
馄饨 hún tun	提防 dī fang	木铎 mù duó	开拓 kāi tuò
坦荡 tǎn dàng	动弹 dòng tán	糖弹 táng dàn	盥洗 guàn xǐ
紧箍咒 jǐn gū zhòu	灌溉 guàn gài	犒劳 kào láo	刽子手 guì zi shǒu
大概 dà gài	搁置 gē zhì	恪守 kè shǒu	骷髅 kū lóu
残酷 cán kù	高亢 gāo kàng	凯歌 kǎi gē	截止 jié zhǐ
企鹅 qǐ'é	脱臼 tuō jiù	腈纶 jīng lún	债券 zhài quàn
捷报 jié bào	枸杞 gǒu qǐ	信笺 xìn jiān	肚脐 dù qí
引擎 yǐn qíng	浸透 jìn tòu	发掘 fā jué	睫毛 jié máo
歼灭 jiān miè	劫难 jié nàn	住宅 zhù zhái	翅膀 chì bǎng
叱咤 chì zhà	衷心 zhōng xīn	炽热 chì rè	绰号 chuò hào
步骤 bù zhòu	秩序 zhì xù	惆怅 chóu chàng	接触 jiē chù
肇事 zhào shì	玻璃 bō li	烦躁 fán zào	干燥 gān zào
选择 xuǎn zé	改造 gǎi zào	沼泽 zhǎo zé	宝藏 bǎo zàng
噪音 zào yīn	确凿 què záo	贵族 guì zú	淙淙 cóng cóng

2. 练习绕口令，注意不送气声母与送气声母的字音

（1）八百标兵奔北坡，炮兵并排北边跑，

　　　炮兵怕把标兵碰，标兵怕碰炮兵炮。

● b：八 bā、百 bǎi、标 biāo、兵 bīng、奔 bēn、北 běi、并 bìng、边 biān、把 bǎ

● p：坡 pō、炮 pào、排 pái、跑 pǎo、怕 pà、碰 pèng

（2）小猴吃葡萄，小狗不吃葡萄。

　　　吃葡萄不吐葡萄皮儿，不吃葡萄吐葡萄皮儿。

● b：不 bù

● p：葡 pú、皮 pí

● t：萄 táo、吐 tǔ

（3）调到台岛打特盗，特盗太刁投短刀，

　　　挡推顶打短刀掉，踏盗得刀盗打倒。

● d：调 diào、到 dào、岛 dǎo、打 dǎ、盗 dào、刁 diāo、短 duǎn、刀 dāo、挡 dǎng、
　　　顶 dǐng、掉 diào、得 dé、倒 dǎo

● t：台 tái、特 tè、太 tài、投 tóu、推 tuī、踏 tà

（4）栓子和柱子，比赛上梯子，

　　　手抓长柱子，脚踩横掌子，

　　　只有长柱子，没有横掌子，

　　　谁能上梯子。

- zh：柱 zhù、抓 zhuā、掌 zhǎng、只 zhǐ
- ch：长 cháng
- sh：栓 shuān、上 shàng、手 shǒu、谁 shuí
- z：子 zi
- c：踩 cǎi
- s：赛 sài

（五）零声母字音与辅音声母字音混念

重庆方言常把普通话部分零声母字读成了有辅音声母的字，也有少数把普通话有辅音声母的字读成了零声母字。

零声母字音前加念辅音的情况：

1. 零声母音节与辅音 ng

辅音"ng"（舌根、浊、鼻音）在普通话中只作后鼻韵韵尾，如："ang"、"eng"、"ing"等，不充当声母。而有些方言里有充当声母的现象，主要存在于以下的音节中：

（1）在以"a"开头的零声母音节前，加辅音"ng"充当声母，如表2.8所示。

表2.8　以a开头的零声母音节前加念 ng

零声母音节	例字	普通话音	方言音	例词
ai	哀	āi	ngāi	悲哀
	癌	ái	ngái	癌症
	矮	ǎi	ngǎi	矮小
	爱	ài	ngài	爱护
an	安	ān	ngān	安全
	俺	ǎn	ngǎn	俺们
	按	àn	ngàn	按照
ang	肮	āng	ngāng	肮脏
	昂	áng	ngáng	昂扬
	盎	àng	ngàng	盎然
ao	凹	āo	ngāo	凹陷
	翱	áo	ngáo	翱翔
	袄	ǎo	ngǎo	棉袄
	傲	ào	ngào	骄傲

注：方言中，单元音a构成的零声母音节，一般不加辅音"ng"来充当声母。

（2）在以"o"开头的零声母音节前，加辅音"ng"充当声母，如表2.9所示。

表2.9　以 o 开头的零声母音节前加念 ng

零声母音节	例字	普通话音	方言音	例词
ou	欧	ōu	ngōu	欧洲
	偶	ǒu	ngǒu	偶尔
	怄	òu	ngòu	怄气

注：方言中，单元音o构成的零声母音节，一般不加辅音"ng"来充当声母。

（3）在以"e"开头的零声母音节前，加辅音"ng"充当声母，如表 2.10 所示。

表 2.10　以 e 开头的零声母音节前加念 ng

零声母音节	例字	普通话音	方言音	例词
e	额	é	ngé	额头
	恶	ě	ngě	恶心
	厄、恶	è	ngè	厄运、凶恶
en	恩	ēn	ngēn	恩情
	摁	èn	ngèn	摁钉儿

注：①方言中，单元音 e 构成的零声母阴平音节，一般不加辅音"ng"来充当声母。
　　②特殊单韵母"er"自成音节不加辅音"ng"来充当声母，如："er（儿、而、尔、耳、迩、饵、二、贰）"。

（4）在以"i"开头的零声母音节前，有部分字音加辅音"ng"充当声母，如表 2.11 所示。

表 2.11　以 i 开头的零声母音节前加点 ng

例字	普通话音	方言音	例词
咬	yǎo	ngǎo	咬定 咬字眼儿（在这里"咬"的读音变阴平 ngāo） 咬牙切齿
硬	yìng	ngèn （ing 念成 en）	硬度、硬邦邦、硬撅撅 硬功夫、硬着头皮

2. 把以"i（y）"开头的零声母字念成了"l"或"n"作辅音声母的音节（个别字念成了"x、r"）（如表 2.12 所示）

表 2.12　以 i（y）开头的零声母字念或以 l 或 n 作辅音声母

例字	普通话音	方言音	例词
严、研、阎	yán	nán 或 lán	严格、研究、阎王
俨	yǎn	nǎn 或 lǎn	俨然
验、砚	yàn	nàn 或 làn	验证、砚台
业	yè	nè 或 lè	事业
宜、仪、疑	yí	ní 或 lí	适宜、仪式、疑问
艺、毅、义、议、谊	yì	nì 或 lì	艺术、毅力、义举、议题、友谊

特别注意：重庆话把"肴 yáo、孕 yùn"读成了"xiáo、rùn"。

3. 把辅音声母"n"念成声母为辅音"ng"的字音

"捏"普通话读"niē"，方言中有读"yé"或"ngê"音，即把辅音声母"n"念成辅音声母"ng"，例如：捏 yé 或 ngê（造）、捏 yé 或 ngê（一把汗）。

辅音声母的字音念成零声母字音的情况：

4. "r、n、l"等辅音声母的字音念成了"y"开头的零声母音节（如表 2.13 所示）

表 2.13　把 r、n、l 等辅音声母的字音念成了 y 开头的零声母音节

例字	普通话音	方言音	例词
荣、容、嵘、蓉、溶、榕、熔、融	róng	yóng（yún）	光荣、容易、峥嵘、蓉花、溶化、榕树、熔化、金融
略、掠	lüè	yüè	侵略、掠夺
蔫	niān	liān	打蔫
疟、虐	nüè	lüè	疟疾、虐待

（六）辨正练习

1. 认读下列词语，辨正零声母与辅音声母的字音

哀求āi qiú	艾滋病ài zī bìng	肝癌gān'ái	和蔼hé'ǎi
狭隘xiá'ài	暧昧ài mèi	氨水ān shuǐ	鹌鹑ān chún
暗淡àn dàn	黯然àn rán	凹陷āo xiàn	翱翔áo xiáng
棉袄mián'ǎo	懊悔ào huǐ	肮脏āng zāng	讴歌ōu gē
殴打ōu dǎ	海鸥hǎi'ōu	藕粉ǒu fěn	呕吐ǒu tù
偶然ǒu rán	沤肥òu féi	呕气òu qì	欧洲ōu zhōu
讹诈é zhà	鹅毛é máo	额外é wài	恶习è xí
噩耗è hào	厄运è yùn	扼杀è shā	遏止è zhǐ
蚕蛾cán'é	惊愕jīng'è	软腭ruǎn'è	饥饿jī'è
恩爱ēn'ài	鳄鱼è yú	轧花机yà huā jī	俨然yǎn rán
业务yè wù	疑问yí wèn	菜肴cài yáo	研究yán jiū
仪表yí biǎo	毅力yì lì	孕育yùn yù	硬币yìng bì
我们wǒ men	伟大wěi dà	岩石yán shí	窈窕yǎo tiǎo
容易róng yì	融化róng huà	忘记wàng jì	虐待nüè dài
熔炉róng lú	希冀xī jì	蔫呼呼niān hū hū	芙蓉fú róng
疟疾nüè ji	溶洞róng dòng	荣誉róng yù	戎装róng zhuāng
峥嵘zhēng róng	冗长rǒng cháng	铅笔qiān bǐ	榕树róng shù

2. 读句段，分辨每个字的声母

　　我记得妈有一次叫他教我骑自行车。我叫他别放手，但他却说是该放手的时候了。我摔倒之后，妈跑过来扶我，爸却挥手要她走开。我当时生气极了，决心要给他点颜色看。于是我马上爬上自行车，而且自己骑给他看。他只是微笑。

——《父亲的爱》

五、声母容易误念的字音

　　除上述的几类声母误念或缺陷的情况外，还有少数字音的声母，方言与普通话之间存在着差异，发音不一致。例如："酵"、"械"，普通话分别念成"jiào"和"xiè"，方言中念成"xiào"和"jài"。这类字音虽然量不多，也要注意分辨、掌握。

辨正练习

1. 认读下列词语，注意加点字音的声母

边塞 biān sài	哺育 bǔ yù	刹那 chà nà	蝉联 chán lián
禅宗 chán zōng	蟾蜍 chán chú	婵娟 chán juān	颤音 chàn yīn
常识 cháng shí	偿还 cháng huán	尝试 cháng shì	嫦娥 cháng'é
乘客 chéng kè	晨光 chén guāng	抽穗 chōu suì	抽搐 chōu chù
醇厚 chún hòu	伺候 cì hòu	诞辰 dàn chén	叮嘱 dīng zhǔ
豆豉 dòu chǐ	发酵 fā jiào	反省 fǎn xǐng	风俗 fēng sú
讣告 fù gào	归宿 guī sù	害臊 hài sào	化纤 huà xiān
浣衣 huàn yī	机械 jī xiè	缄默 jiān mò	侥幸 jiǎo xìng
校对 jiào duì	精悍 jīng hàn	咖啡 kā fēi	快速 kuài sù
哭泣 kū qì	拉纤 lā qiàn	陌生 mò shēng	蛲虫 náo chóng
奴隶 nú lì	蹒跚 pán shān	喷射 pēn shè	翩跹 piān xiān
破碎 pò suì	囚禁 qiú jìn	泅渡 qiú dù	酋长 qiú zhǎng
秦桧 Qín Huì	乳臭 rǔ xiù	瑞雪 ruì xuě	商埠 shāng bù
渗透 shèn tòu	慎重 shèn zhòng	牲畜 shēng chù	束缚 shù fù
赎罪 shú zuì	遂心 suì xīn	隧道 suì dào	溪流 xī liú
羡慕 xiàn mù	畜牧 xù mù	芫荽 yán sui	严肃 yán sù
酝酿 yùn niàng	肇事 zhào shì	瞩目 zhǔ mù	嘴唇 zuǐ chún

2. 读句段，注意分辨加点字的声母

俗话说，"瑞雪兆丰年"。这个话有充分的科学根据，并不是一句迷信的成语。寒冬大雪，可以冻死一部分越冬的害虫；融化了的水渗进土层深处，又能供应庄稼生长的需要。我相信这一场十分及时的大雪，一定会促进明年春季作物，尤其是小麦的丰收，有经验的老农把雪比做是"麦子的棉被"。冬天"棉被"盖得越厚，明春麦子就长得越好，所以又有这样一句谚语："冬天麦盖三层被，来年枕着馒头睡。"

——《第一场雪》

第三章 普通话韵母的发音和训练

第一节 韵母

韵母指音节中声母后面的部分。普通话韵母共有 39 个。韵母按其结构分为单韵母、复韵母和鼻韵母三类；按其韵母开头元音发音的口形分开口呼韵母、齐齿呼韵母、合口呼韵母和撮口呼韵母四类。

一、韵母的结构

普通话韵母的主要成分是元音，少数由元音加辅音（n、ng）充当。韵母的结构可以分为韵头、韵腹、韵尾三个部分。

韵头——是主要元音前面的元音，又叫介音。由 i、u、ü 充当，发音较短，并不太响亮，只表示韵母的起点。如 ia、ua、üe、iao、uan 中的 i、u、ü。

韵腹——是韵母中的主要元音。充当韵腹的主要元音口腔开度最大、发音最清晰、最响亮。韵腹是韵母的主要构成部分，由 a、o、e、ê、i、u、ü、-i（前）、-i（后）、er 充当。

韵尾——是韵腹后面的音素，又叫尾音。由 i、u 或鼻辅音 n、ng 充当。

韵母中只有一个元音时，这个元音就是韵腹；有 2 个或 3 个元音时，开口度最大、声音最响亮的元音是韵腹。韵腹前面的元音是韵头，后面的元音或辅音是韵尾。韵腹是韵母的主要成分，一个韵母可以没有韵头或韵尾，但是不可以没有韵腹。

韵母结构成分分析举例：

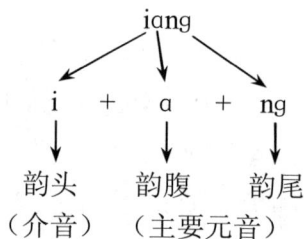

二、韵母的分类

韵母可以从两个角度分类，即韵母的结构和韵母开头元音发音的口形。韵母的发音应从三个方面把握，即舌位的前后、舌位的高低和唇形的圆与不圆。

（一）按韵母结构，分为单韵母、复韵母和鼻韵母

1. 单韵母（单元音韵母）

单韵母由单元音构成的韵母。普通话的单韵母共 10 个，即：a、o、e、ê、i、u、ü、er、-i（前）、-i（后）。其中舌面元音 7 个，卷舌元音 1 个，舌尖元音 2 个。

2. 复韵母（复元音韵母）

复韵母是由复元音构成的韵母。普通话中复韵母共有 13 个，即：ai、ei、ao、ou、ia、ie、iao、iou、ua、uo、uai、uei、üe。

3. 鼻韵母（鼻音尾韵母）

鼻韵母是由元音带上鼻辅音韵尾构成的韵母。普通话鼻韵母共有 16 个，即：an、en、in、ün、ian、uan、üan、uen、ang、eng、ing、ong、iang、uang、ueng、iong。

（二）按发音时口形特点分类

按韵母开头元音发音的口形，可以分为开口呼、齐齿呼、合口呼、撮口呼韵母，如表 3.1 所示。

表 3.1 普通话韵母总表

口形 韵母结构	开口呼	齐齿呼	合口呼	撮口呼
单元音韵母	-i [ɿ] -i [ʅ]	i [i]	u [u]	[y]
	a [A]	ia [iA]	ua [uA]	
	o [o]			
	e [ɤ]			
	ê [ɛ]	ie [iɛ]		üe [yɛ]
	er [ɚ]			
复元音韵母	ai [aI]		uai [uaI]	
	ei [eI]		uei [ueI]	
	ao [ɑu]	iao [iɑu]		
	ou [ǝu]	iou [iǝu]		
带鼻音韵母	an [an]	ian [iɛn]	uan [uan]	üan [yɛn]
	en [ǝn]	in [in]	uen [uǝn]	ün [yn]
	ang [ɑŋ]	iang [iɑŋ]	uang [uɑŋ]	
	eng [ɤŋ]	ing [iŋ]	ueng [uɤŋ]	
			ong [uŋ]	iong [yŋ]

表 3.2 为一些例字的韵母结构分析。

表 3.2 例字韵母结构分析

韵母结构 例韵 字母	韵头 高元音(i u ü)	韵身（也叫韵）		
		韵腹 单元音	韵尾 高元音(i u)	韵尾 鼻辅音(-n -ng)
月	üe	ü	ê	
落	uo	u	o	
乌	u		u	
啼	i		i	
霜	uang	u	a	ng
满	an		a	n
天	ian	i	a	n
勠	iou	i	o	u
黑	ei		e	i

（1）齐齿呼。

齐齿呼指 i 或以 i 开头的韵母。齐齿呼韵母有：i、iao、iou、ia、ie、ian、in、iang、ing、共 9 个，占全部韵母的 23%。

（2）合口呼。

合口呼指 u 或以 u 开头的韵母。合口呼韵母有：u、uai、uei、ua、uo、uan、uen、ong、uang、ueng，共 10 个，约占全部韵母的 26%。

（3）撮口呼。

撮口呼指ü或以ü开头的韵母，撮口呼韵母有：ü、üe、üan、ün、iong，共 5 个，约占全部韵母的 13%。

（4）开口呼。

开口呼指不是 i、u、ü或不是以 i、u、ü开头的韵母。开口呼韵母有：a、o、e、ê、er、-i、-i、ao、ou、ai、ei、an、en、ang、eng，共 15 个，约占全部韵母的 38%。

开口呼、齐齿呼、合口呼、撮口呼，合称韵母"四呼"。

三、韵母的发音分析

（一）单元音韵母发音分析

单韵母是由单元音充当的，普通话 10 个单韵母可以分为舌面元音、舌尖元音和卷舌元音三类。舌面元音是由舌面起主要作用的元音，有a、o、e、ê、i、u、ü七个；舌尖元音是由舌尖起主要作用的元音，有-i（前）、-i（后）两个；er 是卷舌元音。

单韵母的发音特点是发音过程中舌位、唇形和开口度始终不变。如有一点变化，就不是纯正的单韵母了，所以，发音时要保持固定的口形。

元音的不同主要是由口腔形状的不同造成的。口腔形状决定于：舌位的前后、高低和唇形的圆展。

1. 舌面元音：a、o、e、ê、i、u、ü

汉语拼音舌面单元音韵母舌位图如图 3.1 所示。

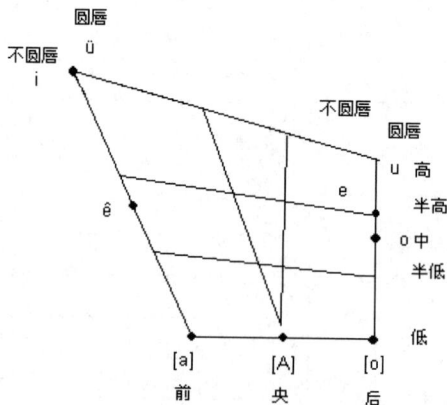

图 3.1　舌面单元音韵母舌位图

a　舌面、央、低、不圆唇元音。发音时，口大开、舌位低，舌尖微离下齿背，舌面中部微微隆起和硬腭后部相对。发音时，声带振动，软腭上升，关闭鼻腔通路。发音例词：

打靶 dǎ bǎ　　大厦 dà shà　　发达 fā dá　　马达 mǎ dá　　喇叭 lǎ ba　　哪怕 nǎ pà

o　舌面、后、半高、圆唇元音。发音时，上下唇自然拢圆，舌体后缩，舌面后部隆起和软腭相对，舌位介于半高和半低之间。发音时，声带振动，软腭上升，关闭鼻腔通路。发音例词：

伯伯 bó bo　　婆婆 pó po　　默默 mò mo　　泼墨 pō mò　　薄膜 bó mó　　馍馍 mó mo

e　舌面、后、半高、不圆唇元音。发音时，口半闭，舌位半高，舌头后缩，双唇自然展开。发音时，声带振动，软腭上升，关闭鼻腔通路。发音例词：

隔阂 gé hé　　合格 hé gé　　客车 kè chē　　特色 tè sè　　折射 zhé shè　　这个 zhè ge

ê　舌面、前、半低、不圆唇元音。发音时，口半开，舌位半低，舌头前伸使舌尖抵住下齿背，唇形不圆。发音时，声带振动，软腭上升，关闭鼻腔通路。ê 除语气词"欸"外，不能独立构成音节，只能与元音 i、ü 构成复韵母 ie、üe。发音例词：

告别 gào bié　　感谢 gǎn xiè　　夜晚 yè wǎn　　消灭 xiāo miè　　坚决 jiān jué

i　舌面、前、高、不圆唇元音。发音时，唇形呈扁平状，舌尖前伸抵住下齿背。发音时，声带振动，软腭上升，关闭鼻腔通路。发音例词：

笔记 bǐ jì　　激励 jī lì　　基地 jī dì　　记忆 jì yì　　霹雳 pī lì　　习题 xí tí

u　舌面、后、高、圆唇元音。发音时，双唇拢圆，略向前突出；舌头后缩，使舌面后部向软腭方向隆起。发音时，声带振动，软腭上升，关闭鼻腔通路。发音例词：

补助 bǔ zhù　　读物 dú wù　　辜负 gū fù　　瀑布 pù bù　　入伍 rù wǔ　　疏忽 shū hu

ü　舌面、前、高、圆唇元音。发音时，双唇拢圆，略向前突出；舌尖前伸使舌头抵住下齿背，使舌面前部隆起和硬腭前部相对。发音时，声带振动，软腭上升，关闭鼻腔通路。发音例词：

聚居 jù jū　　区域 qū yù　　屈居 qū jū　　须臾 xū yú　　序曲 xù qǔ　　语序 yǔ xù

2. 舌尖单韵母：-i（前）、-i（后）

-i（前）　舌尖前、高、不圆唇元音。发音时舌尖前伸接近上齿背，气流通路狭窄，但不发生摩擦，唇形不圆。-i（前）不能单独构成音节，只能跟 z、c、s 三个声母相拼。发音例词：

私自 sī zì　　此次 cǐ cì　　次子 cì zǐ　　字词 zì cí　　自私 zì sī　　孜孜 zī zī

-i（后）　舌尖后、高、不圆唇元音。发音时舌尖上翘，对着硬腭前部，气流通路狭窄，但不发生摩擦，唇形不圆。-i（后）不能单独构成音节，只能跟 zh、ch、sh、r 四个声母相拼。发音例词：

实施 shí shī　　支持 zhī chí　　知识 zhī shi　　制止 zhì zhǐ　　值日 zhí rì　　试制 shì zhì

3. 卷舌单韵母：er

er　卷舌、央、中、不圆唇元音。发音时，口形略开，舌位居中，舌前、中部上抬，舌尖向后卷，和硬腭前端相对。发音时，声带振动，软腭上升，关闭鼻腔通路。

er 是一个用双字母表示的单韵母，e 表示舌位和唇形，r 表示卷舌动作。er 只能自成音节。发音例词：

而且 ér qiě　　儿歌 ér gē　　耳朵 ěr duo　　二胡 èr hú　　二十 èr shí　　儿童 ér tóng

（二）复元音韵母发音分析

复韵母是由两个或三个元音组成的韵母。复韵母的发音有两个特点：一是元音之间没有明显的界限，整个过程是从一个元音滑向另一个元音。在滑动过程中，舌位的前后、高低和唇形的圆展都是在逐渐变动，不是跳跃的，中间有一连串过渡音，同时气流不中断，形成一个发音整体。如发ai时，从a到i，舌位逐渐升高、前移，嘴唇逐渐展开，其间包括a和i之间的许多过渡音；二是各元音的发音响度不同。主要元音的发音口腔开口度最大，声音最响亮，持续时间最长，其他元音发音轻短或含混模糊。响度大的元音在前的，叫做前响复韵母；响度大的元音在后的，叫做后响复韵母；响度大的元音在中间的，叫做中响复韵母。

1. 前响复韵母

前响复韵母指主要元音处在前面的复韵母，普通话前响复韵母有四个：ai、ao、ei、ou。发音时，开头的元音清晰响亮、时间较长，后头的元音含混模糊，音值不太固定，只表示舌位滑动的方向。

ai[ai]　发音时，a [a]是比单元音a[A]舌位靠前的前低不圆唇元音。发 a [a]时，口大开，扁唇，舌面前部略隆起，舌尖抵住下齿背，声带振动。发ai[ai]时，a[a]清晰响亮，后头的元音i[i]含混模糊，只表示舌位滑动的方向。发音例词：

> 爱戴ài dài　　　采摘 cǎi zhāi　　　海带 hǎi dài　　　开采 kāi cǎi
> 拍卖 pāi mài　　　灾害 zāi hài

ao[au]　发音时，a [a]是比单元音a[A]舌位靠后的后低不圆唇元音。发 a [a]时，口大开，扁唇，舌头后缩，舌面后部略隆起，声带振动。发ao[au]时，a [a]清晰响亮，后头的元音o[u]舌位状态接近单元音 u[u]（拼写作 o，实际发音接近 u），但舌位略低，只表示舌位滑动的方向。发音例词：

> 懊恼ào nǎo　　　操劳 cāo láo　　　高潮 gāo cháo　　　骚扰 sāo rǎo
> 逃跑 táo pǎo

ei[ei]　发音时，起点元音是前半高不圆唇元音 e[e]，实际发音舌位略靠后、靠下，接近央元音[ə]。发 ei[ei]时，开头的元音 e[e]清晰响亮，舌尖抵住下齿背，使舌面前部隆起与硬腭中部相对。从 e[e]开始舌位升高，向 i[i]的方向往前高滑动，i[i]的发音含混模糊，只表示舌位滑动的方向。发音例词：

> 肥美 féi měi　　　妹妹 mèi mei　　　配备 pèi bèi　　　蓓蕾 bèi lěi

ou[ou]　发音时，起点元音 o 比单元音 o[o]的舌位略高、略前，唇形略圆。发音时，开头的元音 o[o]清晰响亮，舌位向 u 的方向滑动，u[u]的发音含混模糊，只表示舌位滑动的方向。ou 是普通话复韵母中动程最短的复合元音。发音例词：

> 丑陋 chǒu lòu　　　兜售 dōu shòu　　　口头 kǒu tóu　　　漏斗 lòu dǒu
> 收购 shōu gòu

2. 中响复韵母

中响复韵母是指主要元音处在中间的复韵母。普通话中的中响复韵母共有 4 个：iao、iou、uai、uei。这些韵母发音的特点是舌位由高向低滑动，再从低向高滑动。开头的元音发音不响亮、较短促，只表示舌位滑动的开始，中间的元音清晰响亮，收尾的元音轻短模糊，音值不太固定，只表示舌位滑动的方向。

iao[iau]　发音时，由前高不圆唇元音 i[i]开始，舌位降至后低元音a[a]，然后再向后高圆唇元音 u[u]的方向滑升。发音过程中，舌位先降后升，由前到后。唇形从中间的元音a[a]开始由不圆唇变为圆唇。发音例词：

> 吊销 diào xiāo　　　疗效 liáo xiào　　　巧妙 qiǎo miào　　　调料 tiáo liào
> 逍遥 xiāo yáo

iou[iou]　发音时，由前高不圆唇元音 i[i]开始，舌位后移且降至后半高元音[o]，然后再向后高圆唇元音 u[u]的方向滑升。发音过程中，舌位先降后升，由前到后。唇形由不圆唇开始到后元音[o]时，逐渐圆唇。发音例词：

久留 jiǔ liú　　　　求救 qiú jiù　　　　绣球 xiù qiú　　　　优秀 yōu xiù

悠久 yōu jiǔ

uɑi[uai]　发音时，由圆唇的后高元音 u[u]开始，舌位向前滑降到前低不圆唇元音ɑ[a]（即"前ɑ"），然后再向前高不圆唇元音 i[i]的方向滑升。舌位动程先降后升，由后到前。唇形从最圆开始，逐渐减弱圆唇度，至发前元音ɑ[a]始渐变为不圆唇。发音例词：

外快 wài kuài　　　怀揣 huái chuāi　　　乖乖 guāi guai　　　摔坏 shuāi huài

uei[uei]　发音时，由后高圆唇元音 u[u]开始，舌位向前向下滑到前半高不圆唇元音 e[e]的位置，然后再向前高不圆唇元音 i[i]的方向滑升。发音过程中，舌位先降后升，由后到前。唇形从最圆开始，随着舌位的前移，渐变为不圆唇。发音例词：

垂危 chuí wēi　　　归队 guī duì　　　悔罪 huǐ zuì　　　追悔 zhuī huǐ

荟萃 huì cuì

《汉语拼音方案》规定，iou、uei 两个韵母和辅音声母相拼时，受声母与声调的影响，中间的元音弱化，写作 iu、ui。例如"牛"写作 niú，不写作 nióu；"归"写作 guī，不写作 guēi。

3. 后响复韵母

后响复韵母是指主要元音处在后面的复韵母。普通话后响复韵母有 5 个：ia、ie、ua、uo、üe。它们发音的特点是舌位由高向低滑动，收尾的元音响亮清晰，在韵母中处在韵腹的位置。而开头的元音都是高元音 i-、u-、ü-，由于它处于韵母的韵头位置，发音轻短，只表示舌位滑动的方向。

iɑ[ia]　发音时，从前高元音 i[i]开始，舌位滑向央低元音ɑ[a]结束。i[i]的发音较短，ɑ[a]的发音响亮而且时间较长。发音例词：

假牙 jiǎ yá　　　　恰恰 qià qià　　　　压价 yā jià　　　　下家 xià jiā

ie[iɛ]　发音时，从前高元音 i[i]开始，舌位滑向前半低元音ê[ɛ]结束。i[i]发音较短，ê[ɛ]发音响亮而且时间较长。发音例词：

结业 jié yè　　　　贴切 tiē qiè　　　　铁屑 tiě xiè　　　　谢谢 xiè xie

uɑ[uɑ]　发音时，从后高圆唇元音 u[u]开始，舌位滑向央低元音ɑ[a]结束。唇形由最圆逐步展开到不圆。u[u]发音较短，ɑ[a]的发音响亮而且时间较长。发音例词：

挂花 guà huā　　　耍滑 shuǎ huá　　　娃娃 wá wa　　　画画 huà huà

uo[uo]　由圆唇后元音复合而成。发音时，从后高元音 u[u]开始，舌位向下滑到后半高元音 o[o]结束。发音过程中，唇形保持圆唇，开头最圆，结尾圆唇度略减。u[u]发音较短，o[o]的发音响亮而且时间较长。发音例词：

错落 cuò luò　　　硕果 shuò guǒ　　　脱落 tuō luò　　　阔绰 kuò chuò

骆驼 luò tuo

üe[yɛ]　由前元音复合而成。发音时，从圆唇的前高元音u[y]开始，舌位下滑到前半低元音ê[ɛ]，唇形由圆到不圆。u[y]的发音时间较短，ê[ɛ]的发音响亮而且时间较长。发音例词：

雀跃 què yuè　　　约略 yuē lüè　　　雪月 xuě yuè

（三）鼻韵母发音分析（鼻音尾韵母）

鼻韵母指带有鼻辅音的韵母，又叫做鼻音尾韵母。鼻韵母的发音有两个特点：一是元音同后面的鼻辅音不是生硬地结合在一起，而是有机的统一体。发音时，逐渐由元音向鼻辅音过渡，逐渐增加鼻音色彩，最后形成鼻辅音。二是除阻阶段作韵尾的鼻辅音不发音，所以又叫"唯闭音"。鼻韵母的发音不是以鼻辅音为主，而是以元音为主，元音清晰响亮，鼻辅音重在做出发音状态，发鼻韵母是由元音带上鼻辅音韵尾构成的韵母。

普通话鼻韵母共有 16 个，即：an、en、in、ün、ian、uan、üan、uen、ang、eng、ing、ong、iang、uang、ueng、iong。根据鼻韵母的韵尾辅音可分为前鼻韵母和后鼻韵母。

1. 前鼻音尾韵母

前鼻音尾韵母指的是鼻韵母中以-n 为韵尾的韵母。普通话中的前鼻音尾韵母有 8 个：an、en、in、un、ian、uan、üan、uen。韵尾-n 的发音部位比声母 n-的位置略微靠后，一般是舌面前部向硬腭接触。前鼻音尾韵母的发音中，韵头的发音比较轻短，韵腹的发音清晰响亮，韵尾的发音只做出发音状态。

an[an]　发音时，起点元音是前低不圆唇元音a[a]，舌尖抵住下齿背，舌位降到最低，软腭上升，关闭鼻腔通路。从"前a"开始，舌面升高，舌面前部抵住硬腭前部，当两者将要接触时，软腭下降，打开鼻腔通路，紧接着舌面前部与硬腭前部闭合，使在口腔受到阻碍的气流从鼻腔里透出。口形由开到合，舌位移动较大。发音例词：

参战 cān zhàn　　　反感 fǎn gǎn　　　烂漫 làn màn　　　谈判 tán pàn
坦然 tǎn rán

en[ən]　发音时，起点元音是央元音 e[ə]，舌位中性（不高不低不前不后），舌尖接触下齿背，舌面隆起部位受韵尾影响略靠前。从央元音 e[ə]开始，舌面升高，舌面前部抵住硬腭前部，当两者将要接触时，软腭下降，打开鼻腔通路，紧接着舌面前部与硬腭前部闭合，使在口腔受到阻碍的气流从鼻腔里透出。口形由开到闭，舌位移动较小。发音例词：

根本gēn běn　　　门诊 mén zhěn　　　人参 rén shēn　　　认真 rèn zhēn
深沉 shēn chén

in[in]　发音时，起点元音是前高不圆唇元音 i[i]，舌尖抵住下齿背，软腭上升，关闭鼻腔通路。从舌位最高的前元音 i[i]开始，舌面升高，舌面前部抵住硬腭前部，当两者将要接触时，软腭下降，打开鼻腔通路，紧接着舌面前部与硬腭前部闭合，使在口腔受到阻碍的气流从鼻腔透出。开口度几乎没有变化，舌位动程很小。发音例词：

近邻 jìn lín　　　拼音 pīn yīn　　　信心 xìn xīn　　　辛勤 xīn qín
引进 yǐn jìn　　　濒临 bīn lín

ün[yn]　发音时，起点元音是前高圆唇元音ü[y]。与 in 的发音过程基本相同，只是唇形变化不同。从圆唇的前元音ü开始，唇形从圆唇逐步展开，而 in 的唇形始终是展唇。发音例词：

军训 jūn xùn　　　均匀 jūn yún　　　芸芸 yún yún　　　群众 qún zhòng
循环 xún huán

ian[iɛn]　发音时，从前高不圆唇元音 i[i]开始，舌位向前低元音a[a]（前a）的方向滑降，舌位只降到半低前元音ê[ɛ]的位置就开始升高。发ê[ɛ]后，软腭下降，逐渐增强鼻音色彩，舌尖迅速移到上齿龈，最后抵住上齿龈做出发鼻音-n 的状态。发音例词：

艰险 jiān xiǎn　　　简便 jiǎn biàn　　　连篇 lián piān　　　前天 qián tiān
浅显 qiǎn xiǎn

uan[uan]　发音时，由圆唇的后高元音 u[u]开始，口形迅速由合口变为开口状，舌位向前迅速滑降到不圆唇的前低元音a[a]（前a）的位置就开始升高。发a[a]后，软腭下降，逐渐增强鼻音色彩，舌尖迅速移到上齿龈，最后抵住上齿龈做出发鼻音-n 的状态。发音例词：

| 贯穿guàn chuān | 软缎 ruǎn duàn | 酸软 suān ruǎn | 婉转 wǎn zhuǎn |

üan[yɛn] 发音时，由圆唇的后高元音u[y]开始，向前低元音a[a]的方向滑降。舌位只降到前半低元音ê[ɛ]略后的位置就开始升高。发[ɛ]后，软腭下降，逐渐增强鼻音色彩，舌尖迅速移到上齿龈，最后抵住上齿龈做出发鼻音-n的状态。发音例词：

| 源泉 yuán quán | 轩辕 xuān yuán | 涓涓 juān juān | 圆圈 yuán quān |

uen[uən] 发音时，由圆唇的后高元音 u[u]开始，向央元音 e[ə]的位置滑降，然后舌位升高。发 e[ə]后，软腭下降，逐渐增强鼻音色彩，舌尖迅速移到上齿龈，最后抵住上齿龈做出发鼻音-n的状态。唇形由圆唇在向中间折点元音滑动的过程中渐变为展唇。发音例词：

| 昆仑 kūn lún | 温存 wēn cún | 温顺 wēn shùn | 论文 lùn wén |

馄饨 hún tun

《汉语拼音方案》规定，韵母 uen 和辅音声母相拼时，受声母和声调的影响，中间的元音（韵腹）产生弱化，写作 un。例如"论"写作 lùn，不写作 luèn。

2. 后鼻音尾韵母

后鼻音尾韵母指的是鼻韵母中以-ng为韵尾的韵母。普通话中的后鼻音尾韵母有 8 个：ang、eng、ing、ong、iang、uang、ueng、iong。ng[ŋ]是舌面后、浊、鼻音，在普通话中只作韵尾，不作声母。发音时，软腭下降，关闭口腔，打开鼻腔通道，舌面后部后缩，并抵住软腭，气流颤动声带，从鼻腔通过。在鼻韵母中，同-n 的发音一样，-ng除阻阶段也不发音。后鼻音尾韵母的发音中，韵头的发音比较轻短，韵腹的发音清晰响亮，韵尾的发音只做出发音状态。

ang[aŋ] 发音时，起点元音是后低不圆唇元音a[a]（后ɑ），口大开，舌尖离开下齿背，舌头后缩。从"后ɑ"开始，舌面后部抬起，当贴近软腭时，软腭下降，打开鼻腔通路，紧接着舌根与软腭接触，封闭了口腔通路，气流从鼻腔里透出。发音例词：

| 帮忙 bāng máng | 苍茫 cāng máng | 当场 dāng chǎng | 刚刚gāng gāng |

eng[əŋ] 发音时，起点元音是央元音 e[ə]。从 e[ə]开始，舌面后部抬起，贴向软腭。当两者将要接触时，软腭下降，打开鼻腔通路，紧接着舌面后部抵住软腭，使在口腔受到阻碍的气流从鼻腔里透出。发音例词：

| 承蒙 chéng méng | 丰盛 fēng shèng | 更正gēng zhèng | 萌生 méng shēng |

ing[iŋ] 发音时，起点元音是前高不圆唇元音 i[i]，舌尖接触下齿背，舌面前部隆起。从i[i]开始，舌面隆起部位不降低，一直后移，舌尖离开下齿背，逐步使舌面后部隆起，贴向软腭。当两者将要接触时，软腭下降，打开鼻腔通路，紧接着舌面后部抵住软腭，封闭口腔通路，气流从鼻腔透出。口形没有明显变化。发音例词：

| 叮咛 dīng níng | 经营 jīng yíng | 命令 mìng lìng | 评定 píng dìng |

ong[uŋ] 发音时，起点元音是后高圆唇元音 u[u]，但比 u 的舌位略低一点，舌尖离开下齿背，舌头后缩，舌面后部隆起，软腭上升，关闭鼻腔通路。从 u[u]开始，舌面后部贴向软腭，当两者将要接触时，软腭下降，打开鼻腔通路，紧接着舌面后部抵住软腭，封闭口腔通路，气流从鼻腔里透出。唇形始终拢圆。

《汉语拼音方案》规定，为避免字母相混，以 o 表示开头元音[u]，写作 ong。发音例词：

| 共同gòng tóng | 轰动 hōng dòng | 空洞 kōng dòng | 隆重 lóng zhòng |

iang[iaŋ] 发音时，由前高不圆唇元音 i[i]开始，舌位向后滑降到后低元音a[a]（后ɑ），然后舌位升高。从后低元音a[a]开始，舌面后部贴向软腭。当两者将要接触时，软腭下降，打开鼻腔通路，紧接着舌面后部抵住软腭，封闭口腔通路，气流从鼻腔里透出。发音例词：

两样 liǎng yàng　　洋相 yáng xiàng　　　响亮 xiǎng liàng　　　长江 cháng jiāng

uang[uaŋ]　发音时，由圆唇的后高元音 u[u]开始，舌位滑降至后低元音a[a]（后a），然后舌位升高。从后低元音a[a]开始，舌面后部贴向软腭。当两者将要接触时，软腭下降，打开鼻腔通路，紧接着舌面后部抵住软腭，封闭口腔通路，气流从鼻腔里透出。唇形从圆唇在向折点元音的滑动中渐变为展唇。发音例词：

狂妄 kuáng wàng　　双簧 shuāng huáng　　状况 zhuàng kuàng　　装潢 zhuāng huáng

ueng[uəŋ]　发音时，由圆唇的后高元音 u[u]开始，舌位滑降到央元音 e[ə]的位置，然后舌位升高。从央元音 e[ə]开始，舌面后部贴向软腭。当两者将要接触时，软腭下降，打开鼻腔通路，紧接着舌面后部抵住软腭，封闭口腔通路，气流从鼻腔里透出。唇形从圆唇在向元音滑动过程中渐变为展唇。

在普通话里，韵母 ueng只有一种零声母的音节形式：weng。发音例词：

水瓮 shuǐ wèng　　主人翁 zhǔ rén wēng　　老翁 lǎo wēng　　嗡嗡 wēng wēng

iong[yŋ]　发音时，起点元音是舌面前高圆唇元音ü[y]，发ü[y]后，软腭下降，打开鼻腔通路，紧接着舌面后部抵住软腭，封闭口腔通路，气流从鼻腔里透出。

为避免字母相混，《汉语拼音方案》规定，用字母 io表示起点元音ü[y]，写作 iong。发音例词：

炯炯 jiǒng jiǒng　　汹涌 xiōng yǒng　　穷困 qióng kùn　　窘境 jiǒng jìng

四、韵母发音练习

（一）认读下列词语，注意单韵母的发音

a	喇叭 lǎ ba	打岔 dǎ chà	发芽 fā yá
o	薄膜 bó mó	泼墨 pō mò	婆婆 pó po
e	苛刻 kē kè	色泽 sè zé	隔阂 gé hé
ê	欸ê̄（表示招呼）	欸ế（表示诧异）	
	欸ê̌（表示不以为然）	欸ề（表示答应或同意）	
i	集体 jí tǐ	奇迹 qí jì	提议 tí yì
u	祝福 zhù fú	出租 chū zū	孤独 gū dú
ü	区域 qū yù	女婿 nǚ xu	伛偻 yǔ lǚ
er	而 ér	耳 ěr	贰 èr
-i（前）	自私 zì sī	字词 zì cí	恣肆 zì sì
-i（后）	制止 zhì zhǐ	支持 zhī chí	日食 rì shí

（二）认读下列词语，注意复韵母的发音

ai	摆开 bǎi kāi	买卖 mǎi mai	灾害 zāi hài
ei	蓓蕾 bèi lěi	配备 pèi bèi	美味 měi wèi
ao	操劳 cāo láo	糟糕 zāo gāo	唠叨 lāo dao
ou	丑陋 chǒu lòu	抖擞 dǒu sǒu	豆蔻 dòu kòu
ia	假牙 jiǎ yá	压价 yā jià	掐下 qiā xià
ie	结业 jié yè	贴切 tiē qiè	趔趄 liè qie
ua	娃娃 wá wa	花袜 huā wà	挂画 guà huà
uo	蹉跎 cuō tuó	懦弱 nuò ruò	着落 zhuó luò

üe	雀跃 què yuè	约略 yuē luè	绝学 jué xué
iao	巧妙 qiǎo miào	逍遥 xiāo yáo	疗效 liáo xiào
iou（iu）	悠久 yōu jiǔ	优秀 yōu xiù	绣球 xiù qiú
uei（ui）	尾随 wěi suí	摧毁 cuī huǐ	追回 zhuī huí
uai	外快 wài kuài	摔坏 shuāi huài	怀揣 huái chuāi

（三）认读下列词语，注意鼻韵母的发音

an	漫谈 màn tán	橄榄 gǎn lǎn	懒散 lǎn sǎn
en	人参 rén shēn	愤恨 fèn hèn	沉闷 chén mèn
in	亲近 qīn jìn	殷勤 yīn qín	濒临 bīn lín
uen（un）	温顺 wēn shùn	春笋 chūn sǔn	伦敦 Lún dūn
ün	均匀 jūn yún	军训 jūn xùn	逡巡 qūn xún
ian	变迁 biàn qiān	连绵 lián mián	鲜艳 xiān yàn
uan	婉转 wǎn zhuǎn	专断 zhuān duàn	贯穿 guàn chuān
üan	渊源 yuān yuán	圆圈 yuán quān	源泉 yuán quán
ang	上当 shàng dàng	肮脏 āng zāng	商场 shāng chǎng
eng	更正 gēng zhèng	生成 shēng chéng	鹏程 péng chéng
ong	公众 gōng zhòng	轰动 hōng dòng	从容 cóng róng
ing	宁静 níng jìng	庆幸 qìng xìng	晶莹 jīng yíng
iang	将相 jiàng xiàng	想象 xiǎng xiàng	粮饷 liáng xiǎng
uang	狂妄 kuáng wàng	状况 zhuàng kuàng	网状 wǎng zhuàng
ueng	老翁 lǎo wēng	蓊郁 wěng yù	水瓮 shuǐ wèng
iong	汹涌 xiōng yǒng	炯炯 jiǒng jiǒng	穷凶 qióng xiōng

第二节　韵母辨正

　　方言的韵母与普通话的韵母存在着不少差异。这种差异情况十分复杂，不仅仅是韵母读音的缺陷，尤其突出的是误读现象严重。本节就韵母的几类主要误读现象进行辨正。

一、辨正前鼻韵与后鼻韵的字音

（一）前鼻韵与后鼻韵的发音要领

　　前鼻韵与后鼻韵在书写上不同的是前鼻韵韵尾是辅音-n，后鼻韵韵尾是辅音-ng。辅音韵尾-n 和-ng都是鼻音，两者的发音差异是：发音时，造成阻碍的部位各不相同。练习发-n 音时，舌尖抵住上齿龈，气流从鼻腔发出；练习发-ng音时，舌根抵住软腭，气流从鼻腔发出。

（二）前鼻韵与后鼻韵的错读现象

　　（1）在方言中，除了鼻韵母an与ang分辨得比较清楚外，en 与 eng、in 与 ing等是分辨不太清楚的，绝大多数情况是后鼻音韵母 ing和eng被念成前鼻音韵母 in 和 en，例如："蜻蜓"（qīng tíng）念成qīn tín；"生成"（shēng chéng）念成 shēn chén。ün 与 iong，有时把 iong念成ün，例如："兄弟"（xiōng dì）念成 xūn dì等。

　　（2）有少部分的后鼻音韵母 ing和eng被念成 in、en 以外的其他韵母。例如："倾向"（qīng xiàng）念成 qūn xiàng，"樱桃"（yīng táo）念成 ngēn táo。

（3）eng韵母在与声母构成音节时，有误念成ong韵母的，例如："嗡嗡"（wēng wēng）念成wōng wōng；"梦幻"（mèng huàn）念成mòng huàn等等。

（4）念读ing韵母，发音不准时，有把ing念成ieng的。比如："清静"（qīng jìng）念成qiēng jièng。

在区别前鼻韵与后鼻韵发音练习过程中，一般把同韵腹与韵尾-n 和-ng分别构成的鼻韵母进行对比列举区分，它们之间的对比关系是：an—ang、en—eng、in—ing、ian—iang、uan—uang、uen—ueng（ong）、ün—iong，基本上是一对一的关系。其中 ueng 与 ong，传统语音学认为ong、ueng是一个韵母，但实际的发音是有差异的：从发音动程来看，ueng的发音动程是由圆唇"u"到不圆唇的"e"，再到韵尾"-ng"，而ong直接由圆唇"o"到韵尾-ng。

（三）辨正练习

1. en－eng的辨正练习

在一些方言中，发准前鼻韵en容易，而发准后鼻韵eng就不容易。辨正练习中，可以利用念读领头词的方法来发韵母eng一类的字音。这种办法是用来帮助练习者找准发eng韵母的感觉。首先发一个最常用且易发音到位的一个 eng韵母的字音，然后留韵母换声母，引发多个同韵字音。如：练习发eng时，选领头字 dēng（灯），然后引发 bēng（崩）、pēng（烹）、méng（盟）、fēng（风）、téng（疼）、néng（能）、lěng（冷）、gēng（更）、kēng（坑）、hēng（哼）、zhēng（争）、chēng（称）、shēng（生）、rēng（扔）、zēng（增）、céng（层）、sēng（僧）等同韵音节。

（1）分项训练，发准韵母 en 和 eng的字音。

本身 běn shēn	称身 chèn shēn	沉闷 chén mèn
愤恨 fèn hèn	愤懑 fèn mèn	根本 gēn běn
认真 rèn zhēn	粉尘 fěn chén	妊娠 rèn shēn
审慎 shěn shèn	身份 shēn fèn	门诊 mén zhěn
分针 fēn zhēn	珍本 zhēn běn	振奋 zhèn fèn
承蒙 chéng méng	登程 dēng chéng	丰盛 fēng shèng
奉承 fèng cheng	风声 fēng shēng	更生 gēng shēng
横生 héng shēng	吭声 kēng shēng	生成 shēng chéng
升腾 shēng téng	声称 shēng chēng	增生 zēng shēng
征程 zhēng chéng	争衡 zhēng héng	争胜 zhēng shèng

（2）交叉训练，比较韵母 en 和 eng的字音。

奔腾 bēn téng	本能 běn néng	分成 fēn chéng
纷争 fēn zhēng	粪坑 fèn kēng	本生 běn shēng
人称 rén chēng	仁政 rén zhèng	认证 rèn zhèng
神圣 shén shèng	深坑 shēn kēng	喷灯 pēn dēng
深耕 shēn gēng	真诚 zhēn chéng	真正 zhēn zhèng
成分 chéng fèn	成人 chéng rén	城镇 chéng zhèn
诚恳 chéng kěn	承认 chéng rèn	登门 dēng mén
缝纫 féng rèn	横亘 héng gèn	冷门 lěng mén
烹饪 pēng rèn	生辰 shēng chén	省份 shěng fèn
胜任 shèng rèn	生根 shēng gēn	憎恨 zēng hèn

（3）对比训练，区别韵母 en 和 eng 的字音。

陈旧 chén jiù—成就 chéng jiù　　　　分针 fēn zhēn—纷争 fēn zhēng

瓜分 guā fēn—刮风 guā fēng　　　　人参 rén shēn—人生 rén shēng

申明 shēn míng—声明 shēng míng　　伸张 shēn zhāng—声张 shēng zhāng

清真 qīng zhēn—清蒸 qīng zhēng　　振作 zhèn zuò—正座 zhèng zuò

诊治 zhěn zhì—整治 zhěng zhì　　　　终身 zhōng shēn—终生 zhōng shēng

（4）练习绕口令，注意加点字韵母的发音。

冷冷冷，真冷，真正冷，

冰冰冰，冰冷冷，人人都怕冷，

猛一阵风，

更冷更冰，

冰冰冷冷，冰冷冷。

- en：真 zhēn、人 rén、阵 zhèn
- eng：冷 lěng、正 zhèng、猛 měng、风 fēng、更 gèng

（5）读句段，分清前鼻韵与后鼻韵的字音。

我曾有多少回踯躅于北京的大街小巷，我多么喜爱仰望北京城里翁郁和葱茏的树木，那一片嫩绿的杨柳，使我想起青春的光泽，那伸向半空的榆树和覆盖着茵茵草地的梧桐树，使我想起繁茂的人生，而一簇簇苍翠和浓密的松柏，却又使我想起沉重和坚韧的日子。

——《高楼远眺》

2．in－ing 的辨正练习

同样，在一些方言中，发准前鼻韵 in 容易，而发准后鼻韵 ing 就不容易。辨正练习中，也可以利用念读领头词的方法来发韵母 ing 一类的字音。首先发领头字"听"tīng（普通话里声母 t 不与 in 相拼，发准"听"的字音就容易），然后发出 bīng（冰）、pīng（乒）、míng（明）、dīng（丁）、níng（宁）、líng（玲）、jīng（京）、qīng（清）、xīng（兴）等同韵音节。

（1）分项训练，发准韵母 in 和 ing 的字音。

濒临 bīn lín	彬彬 bīn bīn	金银 jīn yín
紧邻 jǐn lín	近邻 jìn lín	尽心 jìn xīn
临近 lín jìn	拼音 pīn yīn	新近 xīn jìn
薪金 xīn jīn	信心 xìn xīn	殷勤 yīn qín
辛勤 xīn qín	引进 yǐn jìn	音信 yīn xìn
禀性 bǐng xìng	定型 dìng xíng	经营 jīng yíng
晶莹 jīng yíng	精明 jīng míng	惊醒 jīng xǐng
零丁 líng dīng	酩酊 mǐng dǐng	宁静 níng jìng
轻盈 qīng yíng	蜻蜓 qīng tíng	听凭 tīng píng
行径 xíng jìng	英明 yīng míng	荧屏 yíng píng

（2）交叉训练，比较韵母 in 和 ing 的字音。

进行 jìn xíng	金星 jīn xīng	尽情 jìn qíng
禁令 jìn lìng	民兵 mín bīng	聘请 pìn qǐng
引擎 yǐn qíng	秦岭 Qín lǐng	心灵 xīn líng

心境 xīn jìng	新颖 xīn yǐng	品评 pǐn píng
阴性 yīn xìng	窨井 yìn jǐng	银杏 yín xìng
病因 bìng yīn	定亲 dìng qīn	青筋 qīng jīn
清新 qīng xīn	清贫 qīng pín	灵敏 líng mǐn
领巾 lǐng jīn	平民 píng mín	听信 tīng xìn
挺进 tǐng jìn	倾心 qīng xīn	省亲 xǐng qīn
迎亲 yíng qīn	影印 yǐng yìn	应聘 yìng pìn

（3）对比训练，区别韵母 in 和 ing 的字音。

临时 lín shí—零食 líng shí　　民生 mín shēng—名声 míng shēng

贫民 pín mín—平民 píng mín　　频繁 pín fán—平凡 píng fán

亲近 qīn jìn—清静 qīng jìng　　亲信 qīn xìn—轻信 qīng xìn

金银 jīn yín—经营 jīng yíng　　寝室 qǐn shì—请示 qǐng shì

禁止 jìn zhǐ—静止 jìng zhǐ　　信服 xìn fú—幸福 xìng fú

（4）练习绕口令，注意加点字韵母的发音。

①"通信"不能念成"同姓"，

　　"同姓"不能说成"通信"。

　　同姓的可以互相通信，

　　通信的不一定同姓。

- in：信 xìn
- ing：姓 xìng

②东洞庭，西洞庭，

　　洞庭山上一根藤，

　　藤条项上挂铜铃，

　　风吹藤动铜铃鸣，

　　风停藤定铜铃静。

- en：根 gēn
- eng：藤 téng、风 fēng
- ing：庭 tíng、铃 líng、鸣 míng、停 tíng、定 dìng、静 jìng

（5）唱歌训练，注意后鼻音韵母的读音。

①送战友，踏征程，任重道远多艰险，洒下一路驼铃声。山叠嶂，路纵横，顶风逆水雄心在，不负人民养育情。战友哇战友，亲爱的弟兄，当心夜半北风寒，一路多保重。

②风烟滚滚唱英雄，四面青山侧耳听，侧耳听。晴天响雷敲金鼓，大海扬波作和声。人民战士驱虎豹，舍生忘死保和平。

（6）读句段，分清前鼻韵与后鼻韵的字音。

吃鲜荔枝蜜，倒是时候。有人也许没听说过这稀罕物儿吧？从化的荔枝树多得像汪洋大海，开花时节，那蜜蜂满野嘤嘤嗡嗡，忙得忘记早晚。荔枝蜜的特点是成色纯，养分多。住在温泉的人多半喜欢吃这种蜜，滋养身体。热心肠的同志送给我两瓶。一开瓶子塞儿，就有那么一股甜香；调上半杯一喝，甜香里带着股清气，很有点鲜荔枝的味儿。喝着这样的好蜜，你会觉得生活都是甜的呢。

——《荔枝蜜》

3．ün－iong的辨正练习

在方言中，发准前鼻韵ün和后鼻韵iong是容易的。但是，后鼻韵iong误念的情况又很常见。例如："永远"（yǒng yuǎn）念成yǔn yuǎn，"琼"（qióng）念成qún等。辨正练习时应记住iong韵母的字音。

（1）认读下列词语，发准iong韵母字音。

迥然 jiǒng rán	炯炯 jiǒng jiǒng	窘迫 jiǒng pò
邛崃 Qióng lái	穷匮 qióng kuì	穹庐 qióng lú
琼浆 qióng jiāng	凶煞 xiōng shà	兄长 xiōng zhǎng
匈奴 Xiōng nú	汹涌 xiōng yǒng	胸襟 xiōng jīn
雄浑 xióng hún	熊猫 xióng māo	雇佣 gù yōng
庸俗 yōng sú	拥戴 yōng dài	痈疽 yōng jū
臃肿 yōng zhǒng	雍正 yōng zhèng	甬道 yǒng dào
踊跃 yǒng yuè	永远 yǒng yuǎn	勇悍 yǒng hàn
咏怀 yǒng huái	游泳 yóu yǒng	陶俑 táo yǒng
涌流 yǒng liú	怂恿 sǒng yǒng	蚕蛹 cán yǒng
用处 yòng chù	佣钱 yòng qián	

（2）读句段，分辨每个字音的韵母。

那时做老师的并不反对我们这一活动。记得教我们数学的老师，年龄不大，个头不小，冬天里戴一顶油乎乎的破军帽，帽沿皱皱巴巴。他教我们学小数时，把0.24读成零点二十四，是过了一天又让我们读作0.24的。他常靠墙根一站，两手向自己一挥，"来"，学生们便一拥而上，好像总是挤不动他，上课铃一响，他猛地抽身而去，学生们便倒成一片。

——《挤油》

（四）前鼻韵与后鼻韵均念的特殊字
【例字】

厂（ān，chǎng）

厂₁ ān同"庵"，多用于人名。（庵ān：小草屋，佛寺。）

厂₂ chǎng工厂，厂子。

厂房 chǎng fáng	厂规 chǎng guī	厂家 chǎng jiā
厂矿 chǎng kuàng	厂商 chǎng shāng	厂子 chǎng zi
工厂 gōng chǎng	煤厂 méi chǎng	

广（ān，guǎng）

广₁ ān同"庵"，多用于人名。

广₂ guǎng （面积、范围）宽阔，多，扩大、扩充。

广播 guǎng bō	广博 guǎng bó	广场 guǎng chǎng
广度 guǎng dù	广泛 guǎng fàn	广大 guǎng dà
广告 guǎng gào	广开言路 guǎng kāi yán lù	广袤 guǎng mào
广阔 guǎng kuò	广漠 guǎng mò	

夯（bèn，hāng）

夯₁ bèn同"笨"（见于《西游记》、《红楼梦》等书）。

夯₂　hāng 砸实地基用的工具或机械，用夯砸，用力打，用力扛。

夯歌 hāng gē	夯砣 hāng tuó	木夯 mù hāng
铁夯 tiě hāng	打夯 dǎ hāng	石夯 shí hāng
夯实 hāng shí	夯土 hāng tǔ	用大板来夯 yòng dà bǎn lái hāng

槟（bīn，bīng）

槟₁　bīn 槟子。

槟子 bīn zi	槟子树 bīn zi shù	槟子果 bīn zi guǒ

槟₂　bīng "槟榔"念 bīng lang。

伧（chen，cāng）

伧₁　chen "寒伧"念 hán chen。

伧₂　cāng 粗野。

伧父 cāng fù	伧俗 cāng sú

称（chèn，chēng，chèng）

称₁　chèn　适合，相当。

称心 chèn xīn	称职 chèn zhí
对称 duì chèn	匀称 yún chèn

称₂　chēng　叫、叫做，名称，说，赞扬，测定重量，举。

称臣 chēng chén	称大 chēng dà	称兄道弟 chēng xiōng dào dì
称呼 chēng hu	称谓 chēng wèi	称号 chēng hào
简称 jiǎn chēng	俗称 sú chēng	称病 chēng bìng
称便 chēng biàn	称快 chēng kuài	称说 chēng shuō
称贺 chēng hè	称述 chēng shù	称赏 chēng shǎng
称道 chēng dào	称叹 chēng tàn	称许 chēng xǔ
称颂 chēng sòng	称赞 chēng zàn	称羡 chēng xiàn
称誉 chēng yù	称一称 chēng yi chēng	称觞祝寿 chēng shāng zhù shòu

称₃　chèng 测定物体重量的器具。

称锤 chèng chuí	称杆 chèng gǎn	称盘子 chèng pán zi
称钩 chèng gōu	称砣 chèng tuó	称星 chèng xīng

劲（jìn，jìng）

劲₁　jìn 力气，精神、情绪，神情、态度，趣味。

用劲 yòng jìn	手劲儿 shǒu jìnr	费劲儿 fèi jìnr
劲头 jìn tóu	牛劲儿 niú jìnr	冲劲儿 chòng jìnr
卖劲儿 mài jìnr	傲劲儿 ào jìnr	干劲儿 gàn jìnr
傻劲儿 shǎ jìnr	差劲儿 chā jìnr	对劲儿 duì jìnr
没劲儿 méi jìnr		

劲₂　jìng 坚强有力。

劲拔 jìng bá	劲敌 jìng dí	强劲 qiáng jìng
劲旅 jìng lǚ	遒劲 qiú jìng	雄劲 xióng jìng
刚劲 gāng jìng	苍劲 cāng jìng	疾风劲草 jí fēng jìng cǎo

胖（pán，pàng）

胖₁　pán 安泰舒适。

心广体胖 xīn guǎng tǐ pán

胖₂ pàng（人体）脂肪多，肉多（跟"瘦"相对）。

胖墩墩 pàng dūn dūn　　　胖墩儿 pàng dūnr　　　胖子 pàng zi　　　胖头鱼 pàng tóu yú

胖乎乎 pàng hū hū　　　发胖 fā pàng　　　虚胖 xū pàng　　　肥胖 féi pàng

亲（qīn，qìng）

亲₁ qīn 父母，亲生的，血统最接近的，有血统或婚姻关系的，婚姻，新妇，关系近，亲自，跟人亲近（多指国家），用嘴唇接触。

父亲 fù qīn	双亲 shuāng qīn	亲女儿 qīn nǚ er
亲生 qīn shēng	亲叔叔 qīn shū shu	亲属 qīn shǔ
亲兄弟 qīn xiōng di	亲事 qīn shì	送亲 sòng qīn
亲戚 qīn qi	结亲 jié qīn	娶亲 qǔ qīn
亲近 qīn jìn	亲密 qīn mì	亲自 qīn zì
亲身 qīn shēn	亲吻 qīn wěn	亲嘴 qīn zuǐ

亲₂ qìng 见下。

亲家 qìng jia	亲家公 qìng jia gōng	亲家母 qìng jia mǔ

附：en、in 与 eng、ing、iong代表字类推表

en 韵母

【贲】bēn 贲，pēn 喷（喷泉），pèn 喷（喷香），fèn 愤

【本】běn 本、苯，bèn 笨

【参】cēn 参（参差），chěn 碜，shēn 参（人参），shèn 渗

【岑】cén 岑、涔

【分】fēn 分（分析）、芬、吩、纷、氛、酚，fén 汾、棼，fěn 粉，fèn 分（身分）、份、忿，pén 盆

【艮】gēn 根、跟，gěn 艮（发艮），gèn 艮（姓）、茛，kěn 垦、恳，hén 痕，hěn 很、狠，hèn 恨，（"银、垠、龈"念 yín）

【门】mēn 闷（闷热），mén 门、扪、钔，mèn 闷（闷气）、焖，men 们（我们）

【壬】rén 壬、任（姓），rěn 荏，rèn 任（任务）、饪、妊、衽

【刃】rěn 忍，rèn 刃、仞、纫、韧、轫

【申】shēn 申、伸、呻、绅、砷，shén 神，shěn 审、婶，shèn 胂

【温】wēn 温、瘟，（"愠、韫、蕴"念 yùn）

【文】wén 文、纹、蚊、雯，wěn 紊，wèn 汶

【贞】zhēn 贞、侦、帧、浈、祯、桢

【珍】zhēn 珍，zhěn 诊、疹，chèn 趁

【真】zhēn 真，zhěn 缜，zhèn 镇，chēn 嗔，shèn 慎（"填"念 tián）

【甚】zhēn 斟、椹，shèn 甚、椹（同"葚"shèn）、葚（桑葚），chén 谌，rèn 葚（桑葚儿），（"堪"念 kān，"湛"念 zhàn）

【枕】zhěn 枕，chén 忱，shěn 沈

【辰】zhèn 振、赈、震，chén 辰、宸、晨，shēn 娠，shèn 蜃

eng 韵母

【朋】bēng 崩、绷（绷带）、嘣，běng 绷（绷脸），bèng 蹦、绷（绷瓷），péng 朋、棚、

硼、鹏

【盛】chéng 成、诚、城、盛（盛东西），shèng 盛（盛会）

【呈】chéng 呈、程、逞

【乘】chéng 乘（乘客），shèng 乘（史乘）、剩、嵊

【丞】chéng 丞，zhēng 蒸，zhěng 拯

【登】dēng 登、灯（燈）、噔、蹬（蹬腿），dèng 凳、澄（把水澄清）、邓（鄧）、磴、瞪，chéng 澄（澄清事实）、橙

【风】fēng 风、枫、疯，fěng 讽

【更】gēng 更（更正），gěng 埂、哽、绠、梗、鲠，gèng 更（更加），（"便"念 biàn，"粳"念 jīng，"硬"念 yìng）

【庚】gēng 庚、赓

【丰】fēng 丰、沣、封

【逢】fēng 峰、烽、锋、蜂，féng 逢、缝（缝纫），fèng 缝（缝隙），péng 蓬、篷

【奉】fèng 奉、俸，pěng 捧，（"棒"念 bàng）

【亨】hēng 亨、哼，pēng 烹

【坑】kēng 坑、吭，（"杭"念 háng，"亢、伉、抗、炕、钪"念 kàng）

【愣】léng 楞，lèng 楞、愣

【蒙】mēng 蒙（蒙骗），méng 蒙（蒙蔽）、檬、朦，měng 蒙（蒙族）、蠓

【虻】méng 虻、氓（村氓），["氓"又音 máng（流氓）]

【萌】méng 萌、盟

【孟】měng 猛、锰、蜢、艋、勐，mèng 孟

【彭】péng 彭、澎、膨、蟛

【抨】pēng 怦、砰、抨

【扔】rēng 扔，réng 仍 （"奶、乃、艿、氖"念 nǎi）

【生】shēng 生、胜、牲、笙、甥，shèng 胜（胜利）

【绳】shéng 绳、渑（古水名，在今山东），["渑"又音 miǎn（渑池）]

【誊】téng 誊、腾、滕、藤

【曾】zēng 曾（姓）、憎、增、缯，zèng 赠、甑，céng 层（層）、曾（曾经），cèng 蹭，sēng 僧

【争】zhēng 争、挣（挣扎）、峥、狰、睁、铮、筝，zhèng 诤、挣（挣脱）

【正】zhēng 正（正月）、怔（怔忡）、征、症（症结），zhěng 整，zhèng 正（正确）、怔（发怔）、症（炎症）、证、政，chéng 惩

in 韵母

【宾】bīn 宾、傧、滨、缤、槟（槟子）、镔，bìn 摈、殡、膑、鬓，pín 嫔，["槟"又音 bīng（槟榔），"兵"念 bīng]

【今】jīn 今、衿、矜（矜持），jìn 妗，qīn 衾，qín 琴、矜（古代指矛柄）、芩，yín 吟

【斤】jīn 斤，jìn 近、靳，qín 芹，xīn 忻、昕、欣、新、薪

【禁】jīn 禁（禁受）、襟，jìn 禁（禁止）、噤

【尽】jǐn 尽（尽管），jìn 尽（尽力）、烬、赆

【堇】jǐn 堇、谨、馑、瑾、槿，qín 勤，yín 鄞

【侵】jìn 浸，qǐn 寝，qīn 侵

【林】bīn 彬，lín 林、淋、琳、霖

【嶙】lín 邻（邻）、磷、嶙、遴、辚、磷、瞵、鳞、麟，lìn 膦

【凛】lǐn 凛、廪、懔、檩（"禀"念 bǐng）

【民】mín 民、岷、苠、珉，mǐn 抿、泯

【频】pín 频、颦，bīn 濒

【禽】qín 禽、擒、噙、檎

【心】xīn 心、芯（灯芯），xìn 芯（芯子），qìn 沁

【辛】xīn 辛、锌、莘（莘庄），qīn 亲["莘"又音 shēn（莘莘），"亲"又音 qìng（亲家）]

【阴】yīn 阴、荫（树荫），yìn 荫（荫凉）

ing 韵母

【丙】bǐng 丙、柄、炳，bìng 病

【并】bīng 屏（屏营），bǐng 饼、屏（屏息），bìng 并，píng瓶、屏（视屏）（"拼、姘"念 pīn，"迸"念 bèng，"骈、胼"念 pián）

【丁】dīng 丁、叮、仃、钉（图钉）、盯、疔、酊（碘酊），dǐng顶、酊（酩酊），dìng 订、钉，tīng 厅、汀

【定】dìng 定、腚、碇、锭（"淀"念 diàn）

【京】jīng 京、惊、鲸，jǐng 景、憬，yǐng 影，qíng 黥

【经】jīng 泾、茎、经，jǐng 颈，jìng 劲（劲敌）、胫、径、痉，qīng 氢、轻，（"劲"又音 jìn）

【井】jǐng 井、阱、肼（"进"念 jìn）

【竟】jìng 竟、境、镜

【敬】jǐng 儆、警，jìng 敬，qíng 擎

【灵】líng 灵、棂

【凌】líng 凌、陵、绫、菱

【令】líng 令（令狐）、伶、泠、苓、玲、瓴、铃、聆、蛉、翎、零、龄，lǐng 令（一令）、岭、领，lìng 令（命令），（"拎"念 līn，"邻"念 lín，"冷"念 lěng）

【名】míng 名、茗、铭，mǐng 酩

【冥】míng 冥、溟、暝、瞑、螟

【宁】níng 宁（宁静）、拧（拧毛巾）、咛、狞、柠，nǐng 拧（拧瓶盖），nìng 宁（宁可）、泞、拧（拧脾气）

【平】píng 平、评、苹、坪、枰、萍

【青】qīng 青、清、蜻、鲭，qíng 情、晴、氰，qǐng 请，（另有：jīng菁、晴、精，jìng 靖、静）

【倾】qīng 倾，qǐng 顷，yǐng 颖

【亭】tíng 亭、停、葶、婷

【廷】tíng 廷、庭、蜓、霆，tǐng 挺、梃、铤、艇

【星】xīng 星、惺、猩、腥，xǐng 醒，xìng 姓、性

【行】xíng 行（行走），xìng 荇（"行"又音 háng）

【幸】xìng 幸、悻

【英】yīng 英、瑛

【婴】yīng 婴、罂、樱、鹦、缨

【鹰】yīng 鹰、膺、应（应当），yìng 应（供应）

【营】yīng 莺，yíng 荧、莹、萤、营、萦、滢、潆、荥

【盈】yíng 盈、楹

【赢】yíng 赢、瀛

<h2 style="text-align:center">iong 韵母</h2>

【迥】jiōng 坰、扃，jiǒng 迥、炯

【邛】qióng 邛、筇

【蛩】qióng 蛩、銎

【凶】xiōng 凶、匈、汹、胸

【用】yōng 佣（佣工）、拥、痈，yòng 用、佣（佣金）

【甬】yǒng 甬、俑、勇、涌（涌现）、蛹、踊 ["涌"又音 chōng（河涌）]

【庸】yōng 庸、墉、慵、镛、鳙

【雍】yōng 雍、壅、臃、饔

【永】yǒng 永、咏、泳

除此之外，还有：

jiǒng 炅、窘　　　qióng 穹、琼　　　xiōng 兄、芎　　　xióng 雄、熊

二、辨正部分单、复韵母与ê、o 或复韵母 uo 的发音

（一）单韵母 e 和 ê 的发音要领

单韵母 e 是不圆唇的舌面元音，发音时，口腔半闭，舌头后缩，后舌面升至半高程度，嘴角向两旁展开；单韵母 ê 是不圆唇的舌面元音，发音时，口腔半开，舌头前伸，前舌面升至半高程度，嘴角向两旁展开。单韵母 e、ê 的发音差异主要在于发音时舌面隆起点不同。

（二）单韵母 e 发成单韵母 ê 的错读现象

重庆方言中没有单韵母"e"，普通话读韵母"e"的字，重庆话要么读韵母"ê"，要么读韵母"o"。如"客车"（kè chē）念成 kê chê，"特别"（tè bié）念成 tê bié，"河流"（hé liú）念成 huó liú，"祝贺"（zhù hè）念成 zú huò 等。常见单韵母 e 发成单韵母 ê 的字如表 3.3 所示。

表 3.3　常见单韵母 e 发成单韵母 ê 的字

例字	正确读音	方言读音
喝	hē	huō
禾、合、何、和、河、盒、颌、荷	hé	huó
贺、鹤、壑	hè	huò
车	chē	chê
革、核	gé、hé	gê、hê
客、色、特	kè、sè、tè	kê、sê、tê（tiè）
鹅、额、讹、蛾	é	ó
饿	è	ò

（三）普通话念"ɑi"、"ei"或"o"的韵母错念成单韵母 ê

普通话念"ai"、"ei"或"o"的韵母，重庆方言里，在一些音节中也错念成单韵母ê，如："白天"（bái tiān）念成 bê tiān，"黑夜"（hēi yè）念成 hê yè等，如表3.4所示。

表3.4　常见ai、ei或o错念成单韵母ê的字

例字归类	正确读音	方言读音
普通话念ai 白、柏（油）、百、拍、迫（击炮）、麦、脉（搏）、摘、宅、窄、拆	白 bái、柏 bǎi（油）、百 bǎi、拍 pāi、迫 pǎi（击炮）、麦 mài、脉 mài（搏）、摘 zhāi、宅 zhái、窄 zhǎi、拆 chāi	bê：白、柏（油）、百、拍、迫（击炮） mê：麦、脉（搏） zhê：摘、宅、窄 chê：拆
普通话念 ei 北、给、黑、勒（紧）	北 běi、给 gěi、黑 hēi、勒 lēi(紧)、贼 zéi	北 bê、给 gê、黑 hê、勒 lê（紧）、贼 zê
普通话念 o 伯（伯）、柏（林）、舶、（漂）泊、铂、（湖）泊、（压）迫、魄、脉（含情脉脉）墨、默、陌	伯、柏（林）、舶、（漂）泊、铂 bó、（湖）泊 pō、（压）迫 pò、魄 pò、脉（含情脉脉）、墨、默、陌 mò	伯、柏（林）、舶、（漂）泊、铂 bê、（湖）泊 pê、（压）迫 pê、魄 pê、脉（含情脉脉）、墨、默、陌 mê

（四）辨正练习

1. 认读下列词语，发准韵母 e、ai、ei 的字音

特色 tè sè	合格 hé gé	割舍gē shě	客车 kè chē
车辙 chē zhé	可贺 kě hè	特赦 tè shè	哥哥gē ge
折合 zhé hé	画册 huà cè	吝啬 lìn sè	差额 chā' é
建设 jiàn shè	选择 xuǎn zé	厕所 cè suǒ	噩梦è mèng
沟壑gōu hè	打嗝儿 dǎ gér	恪守 kè shǒu	动辄 dòng zhé
这儿 zhèr	清澈 qīng chè	咳嗽 ké sou	招惹 zhāo rě
干涸gān hé	惊蛰 jīng zhé	忐忑 tǎn tè	庆贺 qìng hè
疙瘩 gē da	贯彻guàn chè	贬谪 biǎn zhé	奢侈 shē chǐ
跋涉 bá shè	社稷 shè jì	颗粒 kē lì	威慑 wēi shè
瞌睡 kē shuì	弹劾 tán hé	牵掣 qiān chè	鳄鱼 è yú
毒蛇 dú shé	白鹤 bái hè		
晒台 shài tái	海带 hǎi dài	太白 tài bái	拍卖 pāi mài
该来gāi lái	钙奶gài nǎi	太矮 tài' ǎi	皑皑 ái' ái
买菜 mǎi cài	百年 bǎi nián	柏树 bǎi shù	摆弄 bǎi nòng
稗子 bài zi	猜度 cāi duó	裁决 cái jué	拆迁 chāi qiān
柴扉 chái fēi	豺狼 chái láng	呆板 dāi bǎn	歹毒 dǎi dú
怠慢 dài màn	概况gài kuàng	嗨哟 hāi yō	骸骨 hái gǔ
骇然 hài rán	慨叹 kǎi tàn	楷模 kǎi mó	癞蛤蟆 lài há ma
埋伏 mái fú	脉搏 mài bó	耐心 nài xīn	奈何 nài hé
牌坊 pái fāng	迫击炮 pǎi jī pào	塞北 Sài běi	泰然 tài rán
色子 shǎi zi	住宅 zhù zhái	狭窄 xiá zhǎi	
北非 běi fēi	肥美 féi měi	黑煤 hēi méi	卑鄙 bēi bǐ

妃嫔 fēi pín	绯红 fēi hóng	腓骨 féi gǔ	匪徒 fěi tú
诽谤 fěi bàng	菲薄 fěi bó	斐然 fěi rán	给以 gěi yǐ
嘿嘿 hēi hēi	累赘 léi zhui	磊落 lěi luò	肋骨 lèi gǔ
类别 lèi bié	擂台 lèi tái	玫瑰 méi gui	霉菌 méi jūn
妩媚 wǔ mèi	内容 nèi róng	胚芽 pēi yá	赔罪 péi zuì
危险 wēi xiǎn	帷幄 wéi wò	伪造 wěi zào	蔚蓝 wèi lán

2. 练习绕口令，注意加点字韵母的发音

（1）鸽是鸽，鹅是鹅。

　　白鸽不是白鹅，白鹅不像白鸽。

　　白鸽在蓝天展翅飞，白鹅在河里拨青波。

● e：鸽 gē、鹅 é、河 hé

（2）白奶奶，买白菜，买来白菜排开摆。

　　搬白菜，摆白菜，搬来白菜摆开晒。

● ai：白 bái、奶 nǎi、买 mǎi、菜 cài、来 lái、排 pái、开 kāi、摆 bǎi、晒 shài

（3）白杯杯，黑炭灰。杯杯掉进黑灰堆，弄得黑灰到处飞。

　　黑灰装进白杯内，白杯杯也变成黑灰灰。

● ei：杯 bēi、黑 hēi、飞 fēi、内 nèi

（4）康康口渴喝可可，科科口渴吃果果。

　　康康请科科喝自己的可可，科科请康康吃自己的果果。

3. 读句段，分辨韵母 e、ai、ei 的字音

　　小鸟给远航生活蒙上了一层浪漫色调，返航时，人们爱不释手，恋恋不舍地想把它带到异乡。可小鸟憔悴了，给水，不喝！喂肉，不吃！油亮的羽毛失去了光泽。是啊，我们有自己的祖国，小鸟也有它的归宿，人和动物都是一样啊，哪儿也不如故乡好！

　　　　　　　　　　　　　　　　　　　　　　　　　　　——《可爱的小鸟》

三、辨正几组韵母误念的字音

（一）把复韵母 uo 念成单韵母 o

1. 单韵母 o 和复韵母 uo 的声、韵配合规律

单韵母 o，只同辅音声母 b、p、m、f 构成音节，它的辅音声母与复韵母 uo 构成音节。例如："泼墨"（pō mò）、"蹉跎"（cuō tuó）。

2. 复韵母 uo 念成单韵母 o 的字音的错读现象

普通话的复韵母 uo 在一些方言里没有，这些方言中把这类字音大多念成 o 作韵母，少部分入声字念成别的韵母。如：大火（dà huǒ）念成 dà hò、"过错"（guò cuò）念成 gò cò，"开阔"（kāi kuò）念成 kāi kè。

3. 辨正练习

（1）分项训练，练习韵母 o、uo 的发音。

拨款 bō kuǎn	波澜 bō lán	玻璃 bō lí	钵盂 bō yú
剥削 bō xuē	菠菜 bō cài	播撒 bō sǎ	伯婆 bó pó

驳斥 bó chì   蓬勃 péng bó   脖颈儿 bó gěngr   博览 bó lǎn

搏杀 bó shā   薄利 bó lì   薄荷 bò he   柏林 Bó lín

黄柏 huáng bò   磅礴 páng bó   跛脚 bǒ jiǎo   簸动 bǒ dòng

簸箕 bò ji   坡度 pō dù   湖泊 hú pō   泼墨 pō mò

偏颇 piān pō   婆家 pó jia   鄱阳湖 Pó yánghú   叵测 pǒ cè

笸箩 pǒ luo   压迫 yā pò   琥珀 hǔ pò   破绽 pò zhàn

魄力 pò lì   摸底 mō dǐ   蒸馍 zhēng mó   摹仿 mó fǎng

模特儿 mó tèr   耳膜 ěr mó   摩擦 mó cā   磨蹭 mó ceng

蘑菇 mó gu   魔窟 mó kū   抹黑 mǒ hēi   末期 mò qī

没收 mò shōu   茉莉 mò lì   抹面 mò miàn   莫非 mò fēi

蓦然 mò rán   漠然 mò rán   墨迹 mò jì   默祷 mò dǎo

磨叨 mò dao   佛教 fó jiào

戳穿 chuō chuān   辍笔 chuò bǐ   蹉跎 cuō tuó   切磋 qiē cuō

撮合 cuō he   众多 zhòng duō   咄咄 duō duō   阔绰 kuò chuò

哆嗦 duō suo   测度 cè duó   躲闪 duǒ shǎn   垛子 duǒ zi

麦垛 mài duò   堕落 duò luò   跺脚 duò jiǎo   城郭 chéng guō

锅巴 guō bā   国粹 guó cuì   果敢 guǒ gǎn   裹扎 guǒ zā

过错 guò cuò   活塞 huó sāi   活捉 huó zhuō   火锅 huǒ guō

伙伴 huǒ bàn   或许 huò xǔ   货车 huò chē   获悉 huò xī

祸害 huò hài   惑乱 huò luàn   霍然 huò rán   豁达 huò dá

扩散 kuò sàn   括弧 kuò hú   廓落 kuò luò   逻辑 luó ji

锣鼓 luó gǔ   螺旋 luó xuán   裸露 luǒ lù   骆驼 luò tuo

络绎 luò yì   挪用 nuó yòng   婀娜 ē nuó   诺言 nuò yán

懦弱 nuò ruò   糯米 nuò mǐ   若何 ruò hé   偌大 ruò dà

闪烁 shǎn shuò   硕果 shuò guǒ   唆使 suō shǐ   梭镖 suō biāo

蓑衣 suō yī   索取 suǒ qǔ   琐屑 suǒ xiè   锁骨 suǒ gǔ

拜托 bài tuō   拖延 tuō yán   脱臼 tuō jiù   鸵鸟 tuó niǎo

妥协 tuǒ xié   拓荒 tuò huāng   击柝 jī tuò   肥沃 féi wò

灼热 zhuó rè   茁壮 zhuó zhuàng   卓绝 zhuó jué   着落 zhuó luò

作坊 zuō fang   作料 zuò liao   坐落 zuò luò   做活儿 zuò huór

（2）交叉训练，比较韵母 o 和 uo 的发音。

剥夺 bō duó   剥落 bō luò   剥琢 bō zhuó   薄弱 bó ruò

婆娑 pó suō   破获 pò huò   摸索 mō suǒ   摩托 mó tuō

摩挲 mó suō   没落 mò luò   佛陀 Fó tuó   唾沫 tuò mo

萝卜 luó bo   琢磨 zhuó mo   捉摸 zhuō mō   着墨 zhuó mò

活佛 huó fó   活泼 huó pō   落魄 luò pò   说破 shuō pò

（3）练习绕口令，注意加点字韵母的发音。

    朵朵和多多，用泥捏小锅。

    朵朵给锅配锅盖儿，多多给锅配锅把儿。

    朵朵和多多做的锅，有把又有盖儿。

● uo：朵 duǒ、多 duō、锅 guō、做 zuò

4. 读句段，分辨韵母 uo、o 的字音

站在高楼里面，眺望左右前后的高楼，比起在马路上翘首仰视，要从容镇静和悠闲自在得多。那方方正正伸向空中的大厦，真像古代庄严的城堡，而在它旁边矗立着的多少高楼，却像挺拔的峭岩，圆圆的宝塔，漂亮的戏台，或者启碇远航的轮船。

——《高楼远眺》

（二）把韵母 uen（un）念成韵母 en

1. 韵母 uen 与韵母 en 的声、韵配合的特殊规律

（1）b、p、m、f 四个声母，只与韵母 en 构成音节，如"奔"（bēn）、"喷"（pēn）、"门"（mén）、"分"（fēn）等；不与韵母 uen 构成音节。

（2）d、t、n、l 四个声母，只有鼻音声母 n 与韵母 en 构成音节（"嫩"nèn），其余声母不与 en 构成音节，但它们都与韵母 uen 构成音节，如："蹲"（dūn）、"吞"（tūn）、"轮"（lún）。

（3）j、q、x 三个声母，只与韵母 uen 构成音节，如："君"（jūn）、"裙"（qún）、"勋"（xūn）；不与韵母 en 构成音节。

2. 误念与缺陷

把 uen 念成 en，这种错误是丢失韵头 u 所致。如："孙子"（sūn zi） 念成 sēn zi，"存款"（cún kuǎn）念成 cén kuǎn 等。

3. 辨正练习

（1）分类训练，发准韵母 uen、en 的字音。

纯洁 chún jié	淳朴 chún pǔ	醇厚 chún hòu	蠢动 chǔn dòng
忖度 cǔn duó	绲边 gǔn biān	吨位 dūn wèi	打盹儿 dǎ dǔnr
顿挫 dùn cuò	滚烫 gǔn tàng	棍棒 gùn bàng	昏眩 hūn xuàn
魂魄 hún pò	诨号 hùn hào	昆仑 Kūn lún	鲲鹏 kūn péng
捆扎 kǔn zā	困惑 kùn huò	润泽 rùn zé	吮吸 shǔn xī
准绳 zhǔn shéng	谆谆 zhūn zhūn	遵循 zūn xún	
奔驰 bēn chí	本分 běn fèn	畚箕 běn jī	奔头儿 bèn tour
笨拙 bèn zhuō	参差 cēn cī	涔涔 cén cén	尘垢 chén gòu
沉郁 chén yù	晨曦 chén xī	氛围 fēn wéi	焚毁 fén huǐ
粉碎 fěn suì	愤懑 fèn mèn	痕迹 hén jì	狠毒 hěn dú
恳挚 kěn zhì	门诊 mén zhěn	扪心 mén xīn	嫩红 nèn hóng
喷薄 pēn bó	喷香 pèn xiāng	荏苒 rěn rǎn	妊娠 rèn shēn
森严 sēn yán	伸延 shēn yán	莘莘 shēn shēn	审阅 shěn yuè
慎重 shèn zhòng	紊乱 wěn luàn	诊脉 zhěn mài	箴言 zhēn yán

（2）交叉训练，比较韵母 uen 与 en 的发音。

春分 chūn fēn	纯真 chún zhēn	村镇 cūn zhèn	昏沉 hūn chén
论文 lùn wén	分润 fēn rùn	沉沦 chén lún	晨昏 chén hūn
温顺 wēn shùn	温存 wēn cún	人伦 rén lún	

（3）练习绕口令，注意加点字韵母的发音。

小孙端着水果盆，小芬起身忙开门。小孙谢小芬，帮他来开门。

小芬谢小孙，为大家端果盆。

- uen：孙 sūn
- en：盆 pén、芬 fēn、身 shēn、门 mén

（4）读句段，分辨韵母 uen、en 的字音。

接着又来了一头大狮子，跟庙门前的大石头狮子一模一样，也是那么大，也是那样蹲着，很威武很镇静地蹲着。可是，一转眼就变了。要想再看到那头大狮子，怎么也看不到了。

——《火烧云》

附：uen（un）韵母代表字类推表

【春】chūn 春、椿、蝽，chǔn 蠢

【纯】chún 纯、莼

【淳】chún 淳、鹑、醇

【寸】cǔn 忖，cùn 寸

【吨】dūn 吨，dǔn 趸，dùn 囤（粮囤）、沌（混沌）、炖、钝、顿

【盾】dùn 盾、遁，（"循"念 xún）

【滚】gǔn 衮、滚、磙

【棍】gǔn 绲、辊，gùn 棍

【昏】hūn 昏、阍、婚

【浑】hūn 荤（荤菜），hún 浑、珲（珲春），hùn 诨["荤"又音 xūn 荤粥]

【混】hún 馄、混（混蛋）、魂，hùn 混（混纺）

【昆】kūn 昆、琨、馄、醌、鲲

【困】kǔn 捆、阃、悃，kùn 困

【仑】lūn 抡（抡拳），lún 仑、伦、论（论语）、抡（抡材）、囵、沦、纶（涤纶）、轮，lùn 论（论点）

【闰】rùn 闰、润

【舜】shùn 舜、瞬

【孙】sūn 孙、荪、狲

【隼】sǔn 隼、榫

【屯】tún 屯（屯兵）、囤（囤积）、饨、炖，（"纯"念 chún，"肫"念 zhūn，"顿"念 dùn）

【尊】zūn 尊、遵、樽、鳟，zǔn 撙

（三）uei（ui）、ei 混念

1. 韵母 uei 与韵母 ei 的声、韵配合的特殊规律

b、p、m、f、n、l 六个声母，只与韵母 ei 构成音节，如："杯"（bēi）、"胚"（pēi）、"眉"（méi）、"飞"（fēi）、"内"（nèi）、"雷"（léi）；不与韵母 uei 构成音节。其他声母大都与韵母 uei 构成音节，这其中有少数字例外，而这些字又多是用于口语，如下：

得亏 děi kuī	给面子 gěi miàn zi	黑幕 hēi mù
嘿嘿 hēi hēi	谁人 shéi rén	贼寇 zéi kòu
乌贼 wū zéi	忒儿 tēir	

2. 复韵母 uei（ui）与 ei 的字音的混念现象

（1）把 uei 念成 ei。

这种错误是丢失韵头 u 所至。例如："虽然"（suī rán）念成 sēi rán，"最好"（zuì hǎo）念成 zèi hǎo。

（2）把 ei 念成 uei。

这种错误又是添加韵头 u 造成的。例如："雷雨"（léi yǔ）念成 luí yǔ，"内外"（nèi wài）念成 nuì wài。

3. 辨正练习

（1）分项训练，发准韵母 uei、ei 的字音。

吹拂 chuī fú	垂范 chuí fàn	锤炼 chuí liàn	催促 cuī cù
摧毁 cuī huǐ	脆弱 cuì ruò	粹白 cuì bái	队伍 duì wu
对策 duì cè	兑付 duì fù	归纳 guī nà	桂冠 guì guān
恢弘 huī hóng	辉煌 huī huáng	回眸 huí móu	会晤 huì wù
荟萃 huì cuì	贿赂 huì lù	秽气 huì qì	岿然 kuī rán
窥探 kuī tàn	馈赠 kuì zèng	愧疚 kuì jiù	锐敏 ruì mǐn
睿智 ruì zhì	麦穗 mài suì	腿脚 tuǐ jiǎo	退役 tuì yì
蜕化 tuì huà	褪色儿 tuì shǎir	追捕 zhuī bǔ	坠毁 zhuì huǐ
卑微 bēi wēi	悲恸 bēi tòng	碑帖 bēi tiè	惫倦 bèi juàn
胳臂 gē bei	飞轮 fēi lún	妃嫔 fēi pín	诽谤 fěi bàng
菲薄 fěi bó	斐然 fěi rán	累赘 léi zhui	玫瑰 méi gui
眉睫 méi jié	霉菌 méi jūn	昧心 mèi xīn	魅力 mèi lì
内涵 nèi hán	陪衬 péi chèn	逶迤 wēi yí	巍峨 wēi' é
嵬嵬 wéi wéi	卫戍 wèi shù	味蕾 wèi lěi	慰藉 wèi jiè

（2）交叉训练，比较韵母 uei 与 ei 的发音。

吹擂 chuī léi	垂危 chuí wēi	翠微 cuì wēi	瑰玮 guī wěi
鬼魅 guǐ mèi	贵妃 guì fēi	回味 huí wèi	汇费 huì fèi
会费 huì fèi	亏累 kuī lěi	魁伟 kuí wěi	傀儡 kuǐ lěi
推委 tuī wěi	颓废 tuí fèi	追肥 zhuī féi	
背晦 bèi hui	悖晦 bèi hui	肥水 féi shuǐ	翡翠 fěi cuì
泪水 lèi shuǐ	类推 lèi tuī	赔罪 péi zuì	配对 pèi duì
围嘴儿 wéi zuǐr	尾追 wěi zhuī	未遂 wèi suì	

（3）练习绕口令，注意加点字韵母的发音。

　　堆堆和翠翠，碰见小蕾蕾。

　　蕾蕾要追翠翠，堆堆要背蕾蕾。

　　堆堆背着蕾蕾，一块去追翠翠。

　　堆堆和蕾蕾，追上了翠翠。

　　堆堆和翠翠，轮流背蕾蕾。

● uei：堆 duī、翠 cuì、追 zhuī

● ei：蕾 lěi、背 bēi

（4）读句段，分辨韵母 uei、ei 的字音。

慈母泪（诗歌）

汇集起　　　　　　　　注入海洋，

天下母亲的泪，　　　　海洋定将化出

美丽的樱贝。　　　　　　抛向天空，

汇集起　　　　　　　　　天空定将撒满

天下母亲的泪，　　　　　明亮的星辉。

洒向大地，　　　　　　　让天下的慈母泪啊，

大地定将绽开　　　　　　都倾入赤子的心扉。

鲜艳的花蕾。　　　　　　孩子们——

汇集起　　　　　　　　　心地聪睿。

天下母亲的泪，

（四）把撮口呼韵母 ü 念成齐齿呼韵母 i

1. 撮口呼韵母 ü 与齐齿呼韵母 i 的发音要领及声韵组合规律

发音要领：发单元音 i，口微开，两唇呈扁平形，上下齿相对（齐齿），舌尖接触下齿背，使舌面前部隆起和硬腭前部相对，发音时，声带振动，软腭上升，关闭鼻腔道路。发单元音 u，在先发好单元音 i 的基础上，舌位不动，再慢慢地把嘴唇拢成圆形，就能发出 u 声。i 和 u 单元音的发音，舌位相同，只是唇形不同：i 音是扁平形，u 音是圆形。对比发音时认真体会。

声韵组合规律：

（1）b、p、m、f、d、t 声母与 i 或 i 开头韵母构成音节，而不能与 u 或 u 开头的韵母构成音节。

（2）齐齿呼韵母与撮口呼韵母的字音相混，只是它们均能与声母 n、l、j、q、x 构成音节。由于撮口呼韵母只与 n、l、j、q、x 构成音节，因而可以记住这些音节来区辨 n、l、j、q、x 声母与齐齿呼韵母构成的音节。

2. 撮口呼韵母 ü 念成齐齿呼韵母 i 字音的错读现象

在方言里，有的把 u 或 u 开头的撮口呼韵母的字音，念成 i 或 i 开头的齐齿呼韵母。如"去"（qù）念成 qì、"婿"（xù）念成 xì。

3. 辨正练习

（1）认读下列词语，辨正齐齿呼韵母和撮口呼韵母字音。

积极 jī jí	意义 yì yì	异样 yì yàng
女婿 nǚ xu	絮语 xù yǔ	掠取 lüè qǔ
崎岖 qí qū	恤金 xù jīn	易于 yì yú
全权 quán quán	运销 yùn xiāo	雨季 yǔ jì
援军 yuán jūn	允许 yǔn xǔ	呼吁 hū yù
寓于 yù yú	越剧 yuè jù	吁吁 xū xū
聚居 jù jū	冤屈 yuān qū	羽翼 yǔ yì
语句 yǔ jù	鸳鸯 yuān yang	疆域 jiāng yù
选区 xuǎn qū	怨言 yuàn yán	监狱 jiān yù
预约 yù yuē	军乐 jūn yuè	孕育 yùn yù
雀跃 què yuè	坚决 jiān jué	绝句 jué jù
学院 xué yuàn	雪原 xuě yuán	韵律 yùn lǜ
永远 yǒng yuǎn	女眷 nǚ juàn	隐约 yǐn yuē
预选 yù xuǎn	均匀 jūn yún	圈阅 quān yuè
严峻 yán jùn	元勋 yuán xūn	淤血 yū xuè

须臾 xū yú	玉宇 yù yǔ	渊源 yuān yuán
群居 qún jū	全局 quán jú	旋律 xuán lǜ
云雀 yún què	眩晕 xuàn yùn	迎娶 yíng qǔ
绝缘 jué yuán	军训 jūn xùn	愉悦 yú yuè
圆圈 yuán quān	勋爵 xūn jué	栩栩 xǔ xǔ
俊俏 jùn qiào	逡巡 qūn xún	驯良 xùn liáng
伛偻 yǔ lǚ	蕴藉 yùn jiè	学习 xué xí

（2）练习绕口令，注意加点字韵母的发音。

①春天里，下下雨，池塘里，养着鱼。有青鱼，有鲤鱼，青鱼、鲤鱼见到雨，

雨戏鱼，鱼戏雨，欢欢喜喜做游戏。

- 齐齿呼：里 lǐ、鲤 lǐ、戏 xì、喜 xǐ、戏 xì，天 tiān、下 xià、小 xiǎo、养 yǎng、青 qīng、有 yǒu、见 jiàn、游 yóu
- 撮口呼：雨 yǔ、鱼 yú

②小丽吃橘，小玉吃梨。小丽给小玉吃橘，小玉给小丽吃梨。

小丽吃完小玉的梨，小玉吃完小丽的橘，一块儿唱起"多、来、咪"。

- i：丽 lì、梨 lí、起 qǐ、咪 mī
- ü：玉 yù、橘 jú

（3）读句段，分辨齐齿呼韵母和撮口呼韵母的字音。

我曾见过北京什刹海拂地的绿杨，脱不了鹅黄的底子，似乎太淡了。我又曾见过杭州虎跑寺近旁高峻而深密的"绿壁"，从叠着无穷的碧草与绿叶的，那又似乎太浓了。其余呢，西湖的波太明了，秦淮河的也太暗了。可爱的，我将什么来比拟你呢？我怎么比拟得出呢？大约潭是很深的，故能蕴蓄着这样奇异的绿；仿佛蔚蓝的天融了一块在里面似的，这才这般的鲜润啊。

——《绿》

附：撮口呼韵母代表字类推表

ü 韵母

【句】jū拘、驹、枸（枸橼），jù句

【沮】jū且（"范且"，人名）、苴、狙、疽、睢，jǔ咀、沮（沮丧）、（yǔ）龃，jù沮（沮洳），（"蛆"念 qū）

【居】jū居、据、琚、椐、裾，jù剧、据、锯、踞

【局】jū锔（锔子），jú局、锔（金属元素）

【具】jū俱（姓），jù具、俱（俱全）、惧、飓、飓

【菊】jū掬、鞠，jú菊

【巨】jǔ柜（柜柳）、矩，jù巨、讵、苣（莴苣）、拒、炬、钜、距，（"苣"又音 qǔ）

【举】jǔ举、榉

【遽】jù遽、醵，（"璩、蕖"念 qú）

【区】qū区（区别）、岖、驱、躯

【去】qū祛，qù去，（"却"念 què）

【曲】qū曲（曲尺）、蛐，qǔ曲（歌曲）

【瞿】qú瞿、氍、癯、衢、蠼

【渠】qú渠、蕖、磲

【取】qǔ取、娶，qù趣

【吁】xū虚、墟、嘘（嘘气），（"觑"念qū、qù）

【婿】xū胥、xǔ糈、xù婿

【许】xǔ许、浒〔地名，又音hǔ（水浒）〕

【蓄】xù畜（畜牧）、蓄，（"畜"又念chù）

【栩】xǔ诩、栩，（"羽"念yǔ）

【恤】xù洫、恤，（"血"念xuè）

【叙】xù叙、溆

【女】nǚ女、钕

【吕】lǚ闾、榈，lǔ吕、侣、铝、稆

【屡】lǚ偻（伛偻）、屡、缕、褛

【虑】lǜ虑、滤

【绿】lǜ绿、氯

【于】yū迂、吁（象声词）、纡，yú于、盂、竽，yǔ宇、芋、吁（吁求）

【予】yú予（我），yǔ予（予以）、预、蓣

【与】yú与（同"欤"）、欤，yǔ与（与其）、屿，yù与（与会）

【余】yú余、狳

【鱼】yú鱼、渔

【臾】yú臾、谀、萸、腴、瘐

【禺】yú禺、隅、喁（喁喁）、愚，yù遇、寓

【俞】yú俞、揄、崳、逾、渝、愉、瑜、榆、觎、蝓，yù谕、喻、愈

【语】yǔ语（语言）、圄、龉，yù语

【域】yù或、域、阈、蜮，（"或"又念huò）

【欲】yù谷（吐谷浑）、峪、浴、欲、鹆、裕

üan 韵母

【娟】juān捐、涓、娟、鹃，juàn狷、绢

【卷】juān圈（圈起来），juǎn卷（卷尺）、锩，juàn卷（卷宗）、倦、桊、圈（牛圈）、眷，（"圈"又音quān，"拳、蜷、鬈"念quán，"绻"念quǎn，"券"念quàn）

【全】quán全、诠、荃、辁、铨、痊、筌、醛

【犬】quǎn犬、畎

【宣】xuān宣、萱、揎、喧、暄、煊，xuàn渲、楦、碹

【玄】xuán玄、痃，xuàn泫、炫、眩、铉

【旋】xuán旋（旋律）、漩、璇，xuàn（旋风）

【怨】yuān眢、鸳，yuàn苑、怨

【元】yuán元、芫（芫花）、园、沅，yuǎn远

【员】yuán员、圆

【援】yuán援、媛（婵媛），yuàn媛、瑗

【袁】yuán袁、猿、辕

【原】yuán 原、塬、源、螈，yuàn 愿

【缘】yuán 缘、橼（"橼"念 chuán）

üe 韵母

【厥】juē 撅、噘，jué 厥、蕨、獗、橛、蹶（一蹶不振），juě 蹶（蹶子），（"阙"念 quē、què）

【决】jué 决、诀、抉，（"炔、缺"念 quē）

【倔】jué 倔（倔强）、掘、崛

【矍】jué 矍、攫

【雪】xuě 雪、鳕

【疟】nüè 疟（疟疾）、虐

【月】yuè 月、刖、钥

ün 韵母

【均】jūn 均、钧、筠（"筠连"，地名，在四川）

【君】jūn 君，jùn 郡、捃

【裙】qún、裙、群

【熏】xūn 熏（熏陶）、薰、獯、曛、醺，xùn 徇、殉

【寻】xún 寻、荨（荨麻疹）、浔、鲟

【训】xùn 训、驯

【讯】xùn 讯、汛、迅

【云】yún 云、芸，yùn 运、酝

【匀】yún 匀、昀、筠

【晕】yūn 晕（晕厥），yùn 郓、恽、晕（晕车）

【蕴】yūn 氲，yùn 愠、韫、蕴

第四章 普通话声调及训练

第一节 声调

一、声调的性质

所谓声调是音节中具有区别意义的音高变化。它的性质主要决定于整个音节的音高变化。

这里所说的声调是不同于绝对音高的相对音高。发同一声调，不同的人绝对音高不同，例如女性和小孩的绝对音高就高于成年男子，但这并没有区别意义的作用。相对音高指的是用比较的方法确定的同一基调的音高变化形式和幅度。例如：在用普通话读"喂"字时，无论是成年人、小孩儿，还是男人、女人，皆从其最高音降到最低音，这种"降"就是其升降模式，"从最高音到最低音"是其降的幅度。虽然在实际语流中，儿童的最高音、最低音的绝对音高比成年人的要高，女子的最高音、最低音的绝对音高比男子的要高，但在发某一相同音节时，通过比较，他们的升降模式和幅度是相同的，即相对音高相同。

另外，我们还需知道：声调的高低、升降变化是逐渐滑动的，而不是跳跃式的。因此，它的过渡音是连续的、渐变的。

声调是音节发音时具有区别性功能的音高变化。它同声母、韵母一样，具有区别意义的作用，如"ma"这个音节，加上不同的声调，其表达的意义也就不同："mā妈"、"má麻"、"mǎ马"、"mà骂"。在汉语里，一个音节一般就是一个汉字，所以声调也叫字调。普通话声调可以从调值和调类两个方面去分析、认识。

（一）声调的自然属性

1. 声调是音节音高的变化形式

（1）声调的音高变化是相对音高的变化。

我们知道，音高是由频率决定的。就人们接触到的音高而言，一般有两种：一种是绝对音高，另一种是相对音高。绝对音高是用精密仪器测定出来的物理量，单位是赫兹。相对音高是用比较的方法确定的同一基调的音高变化形式和幅度。比如，一个成年人读"去"，是从他的最高音降到最低点，一个小孩读"去"也是从最高音降到最低音。小孩的最低音可能比成年人的最高音还高，但这两个人都是由高音降为低音的，音高的变化形式和升降幅度大体相同。这种音高变化形式和升降幅度就是相对音高的变化。

（2）声调主要是同元音结合，也能同浊辅音结合。

元音是响音，属于乐音成分，因而声调能同它们结合，读出高低平曲不同的调子来。普通话中的辅音绝大多数是非响音，属于噪音成分，因而声调无法同它们结合，浊辅音有响度，是半乐音成分，因而也能同声调结合。对于汉语音节来说，如果声母是清辅音，那么声调只作用于韵母；如果声母是浊辅音，声调就可以贯穿于整个音节。

2. 声调的变化是声带松紧调节的结果

由于声调主要是同音节中具有乐音性质的语音成分结合，因而能够发出声响，并借助于音节的发音来调节声带的松紧，使声调能够产生变化。发音时，如果声带放松，声带的振幅就会增大，在单位时间内声带颤动的次数相对要少，即频率低，声调自然就低；如果声带绷紧，声带的振幅就会减小，在单位时间内声带颤动的次数相对就多，即频率高，声调自然就高。

（二）声调的社会属性

1. 声调具有辨义功能

在汉语的语音系统里，声调具有区别意义的作用。在声母、韵母相同的情况下，如果声调不同，就会造成意义上的区别，如"大嫂"与"打扫"。声调的这种辨义功能是使用汉语的社会所赋予的。

2. 方言声调与普通话声调不同

在汉语社会里，由于存在着各种不同的方言，各种方言都有自己的声调体系，不仅调类不等，而且每个调类的调值也各不相同。如普通话有阴平、阳平、上声、去声 4 个调类，而汉语的各南方方言都在 5 个调类以上，最多者竟达到 10 个调类。普通话的阴平调类读高平调，而在有的方言里却读成低平调、低降调或低降升调等调型。究其原因，不过是当地语言社会在使用语言的过程中最终选择的结果。

著名语言学家赵元任先生编写的《施氏食狮史》这段文字游戏，很能够说明汉语的声调特点及其辨义功能。现抄录如下，并标上普通话声调，以供欣赏和练习：

— ＼ ／ — ∨

施氏食狮史

／ ＼ — ＼ — ＼，＼ —，＼ ／ ／ —。／ ＼ ＼ ＼ ＼ —。／，＼ ／ — ＼ ＼。＼

石室诗士施氏，嗜狮，誓食十狮。氏时时适市视狮。十时，适十狮适市。是

／，＼ — ＼ ／ ＼。＼ ＼ ／ —，＼ ∨ ＼ ／ — ＼。＼ ／ ＼ ／ — —，＼ ／ ＼。

时，适施氏适市。氏视十狮，恃矢势，使是十狮逝世。氏拾是十狮尸，适石室。

／ ＼ —，＼ ＼ ／ ＼ ／ ＼。＼ ＼ ＼，＼ ＼ ／ ＼ ／ — —。／ ＼，∨ ／ ＼ ／ — —，／

石室湿，氏使侍拭石室。石室拭，氏始试食是十狮尸。食时，始识是十狮尸，实

／ ／ — —。＼ ＼ ＼ ＼。

十石狮尸。试释是事。

二、声调的发音分析

（一）调值和调类

1. 调值

调值指声调的实际读法，即声调的高低升降变化。普通话声调有四个基本调值，即高平调、高升调、降升调、全降调。每个调值的音高情况可以用"五度标记法"加以具体描写，如图 4.1 所示。

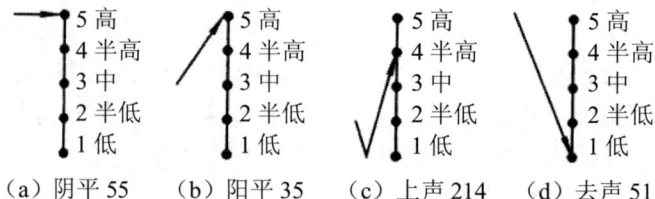

（a）阴平 55　　（b）阳平 35　　（c）上声 214　　（d）去声 51

图 4.1　五度标记法

2. 调类

调类就是声调的分类，是根据声调的实际读法（调值）归纳出来的。把调值相同的归为一个调类，这样普通话声调可归为四类，即：阴平（高平调 55）、阳平（高升调 35）、上声（降升调 214）、去声（全降调 51）。调类名称也可以用序数表示，称为第一声、第二声、第三声、第四声，简称为"四声"。

3. 调号

调号是指表示声调的符号。普通话的调号是根据普通话语音调值的升降情况制定的。调号的形状是根据"五度标记法"缩写而成的。调号简化为：阴平"—"、阳平"ˊ"、上声"ˇ"、去声"ˋ"。

（二）普通话四声的特点

普通话四声的特点是：一声高平，二声扬，三声曲折，四声降。

1. 阴平

阴平应高而平，清晰响亮。这里所说的"高"是一个相对高度，既不能过高，又不能过低，利于自己的声音表现为宜，"平"是指尾音稳住而不下降。发音时，声带一直绷得很紧，自始至终没有明显变化，保持高音。

2. 阳平

阳平要自然上扬，起音时不要用力过猛，要轻轻地由中到高。发音时，声带从不松不紧开始，逐渐绷紧，直到很紧，声音从 3 度自然升到 5 度。

3. 上声

上声曲折要到位，先降到最低然后转向上扬，注意不要产生错误音变。发音时，声带从略微紧张开始，随后松弛下来，接着又转入较紧，发出曲折调式。

4. 去声

去声要由高到底，直降到底。发音时，声带从紧开始，到完全松弛为止。

三、声调发音练习

（一）认读下列单音节字词，体会四声的调值（字前标"△"的为多音字）

哀 āi	癌 ái	矮 ǎi	爱 ài
△凹 āo	敖 áo	袄 ǎo	奥 ào
巴 bā	拔 bá	靶 bǎ	爸 bà
掰 bāi	白 bái	百 bǎi	拜 bài
包 bāo	雹 báo	饱 bǎo	报 bào
崩 bēng	甭 béng	△绷 běng	泵 bèng
逼 bī	鼻 bí	比 bǐ	闭 bì
憋 biē	蹩 bié	△瘪 biě	△别 biè
拨 bō	帛 bó	跛 bǒ	△簸 bò
逋 bū	醭 bú	补 bǔ	布 bù
猜 cāi	才 cái	彩 cǎi	菜 cài
餐 cān	残 cán	惨 cǎn	灿 càn
糙 cāo	曹 cáo	草 cǎo	△操 cào
插 chā	茶 chá	△衩 chǎ	岔 chà

搀 chān	谗 chán	产 chǎn	忏 chàn
昌 chāng	常 cháng	敞 chǎng	畅 chàng
抄 chāo	巢 cháo	炒 chǎo	耖 chào
琛 chēn	臣 chén	碜 chěn	衬 chèn
瞠 chēng	成 chéng	逞 chěng	△秤 chèng
吃 chī	池 chí	齿 chǐ	赤 chì
充 chōng	虫 chóng	宠 chǒng	△冲 chòng
抽 chōu	酬 chóu	丑 chǒu	臭 chòu
出 chū	刍 chú	储 chǔ	触 chù
川 chuān	船 chuán	喘 chuǎn	串 chuàn
疮 chuāng	床 chuáng	闯 chuǎng	怆 chuàng
疵 cī	词 cí	此 cǐ	次 cì
村 cūn	存 cún	忖 cǔn	寸 cùn
搓 cuō	痤 cuó	脞 cuǒ	挫 cuò
搭 dā	达 dá	△打 dǎ	△大 dà
刀 dāo	△叨 dáo	导 dǎo	到 dào
低 dī	迪 dí	底 dǐ	弟 dì
督 dū	毒 dú	赌 dǔ	杜 dù
多 duō	夺 duó	朵 duǒ	惰 duò
婀 ē	鹅 é	△恶 ě	厄 è
△发 fā	罚 fá	法 fǎ	珐 fà
帆 fān	凡 fán	反 fǎn	犯 fàn
方 fāng	防 fáng	仿 fǎng	放 fàng
飞 fēi	肥 féi	匪 fěi	废 fèi
纷 fēn	汾 fén	粉 fěn	份 fèn
风 fēng	逢 féng	讽 fěng	凤 fèng
肤 fū	芙 fú	甫 fǔ	讣 fù
旮 gā	噶 gá	△嘎 gǎ	尬 gà
戈 gē	隔 gé	舸 gě	△个 gè
根 gēn	哏 gén	△艮 gěn	亘 gèn
郭 guō	国 guó	果 guǒ	△过 guò
嗨 hāi	孩 hái	海 hǎi	害 hài
酣 hān	含 hán	罕 hǎn	汉 hàn
蒿 hāo	毫 háo	郝 hǎo	浩 hào
轰 hōng	弘 hóng	△哄 hǒng	讧 hòng
齁 hōu	喉 hóu	吼 hǒu	后 hòu
乎 hū	狐 hú	琥 hǔ	互 hù
欢 huān	环 huán	缓 huǎn	幻 huàn
荒 huāng	黄 huáng	恍 huǎng	△晃 huàng
灰 huī	回 huí	悔 huǐ	卉 huì

△豁 huō	活 huó	火 huǒ	或 huò
击 jī	吉 jí	脊 jǐ	计 jì
加 jiā	颊 jiá	甲 jiǎ	驾 jià
交 jiāo	△嚼 jiáo	狡 jiǎo	轿 jiào
阶 jiē	劫 jié	姐 jiě	戒 jiè
拘 jū	局 jú	举 jǔ	巨 jù
撅 juē	决 jué	△蹶 juě	倔 juè
苛 kē	△壳 ké	渴 kě	刻 kè
匡 kuāng	狂 kuáng	夼 kuǎng	眶 kuàng
亏 kuī	葵 kuí	△傀 kuǐ	愧 kuì
垃 lā	旯 lá	喇 lǎ	辣 là
啷 lāng	狼 láng	朗 lǎng	浪 làng
捞 lāo	劳 láo	老 lǎo	涝 lào
△勒 lēi	雷 léi	垒 lěi	泪 lèi
△哩 lī	厘 lí	里 lǐ	力 lì
蹽 liāo	辽 liáo	燎 liǎo	镣 liào
拎 līn	邻 lín	凛 lǐn	吝 lìn
△溜 liū	刘 liú	柳 liǔ	△遛 liù
△隆 lōng	龙 lóng	垄 lǒng	△弄 lòng
噜 lū	颅 lú	卤 lǔ	录 lù
啰 luō	罗 luó	裸 luǒ	洛 luò
妈 mā	△麻 má	马 mǎ	骂 mà
△嫚 mān	蛮 mán	满 mǎn	曼 màn
猫 māo	毛 máo	卯 mǎo	茂 mào
△蒙 mēng	虻 méng	猛 měng	孟 mèng
咪 mī	迷 mí	米 mǐ	觅 mì
喵 miāo	苗 miáo	秒 miǎo	妙 miào
摸 mō	膜 mó	△抹 mǒ	末 mò
△那 nā	拿 ná	△哪 nǎ	纳 nà
囡 nān	南 nán	蝻 nǎn	△难 nàn
孬 nāo	挠 náo	恼 nǎo	闹 nào
妮 nī	尼 ní	拟 nǐ	昵 nì
蔫 niān	鲇 nián	捻 niǎn	念 niàn
妞 niū	牛 niú	扭 niǔ	△拗 niù
拍 pāi	牌 pái	△迫 pǎi	湃 pài
抛 pāo	咆 páo	△跑 pǎo	炮 pào
抨 pēng	彭 péng	捧 pěng	碰 pèng
坯 pī	毗 pí	癖 pǐ	媲 pì
偏 piān	骈 pián	谝 piǎn	骗 piàn
剽 piāo	嫖 piáo	瞟 piǎo	票 piào

姘 pīn	频 pín	品 pǐn	聘 pìn
颇 pō	婆 pó	叵 pǒ	破 pò
扑 pū	菩 pú	普 pǔ	铺 pù
戚 qī	颀 qí	杞 qǐ	讫 qì
谦 qiān	虔 qián	遣 qiǎn	堑 qiàn
枪 qiāng	蔷 qiáng	△抢 qiǎng	呛 qiàng
锹 qiāo	樵 qiáo	巧 qiǎo	窍 qiào
△切 qiē	△茄 qié	△且 qiě	惬 qiè
侵 qīn	擒 qín	寝 qǐn	沁 qìn
倾 qīng	擎 qíng	请 qǐng	庆 qìng
蛆 qū	渠 qú	龋 qǔ	趣 qù
△圈 quān	颧 quán	畎 quǎn	券 quàn
△嚷 rāng	瓤 ráng	壤 rǎng	让 ràng
杀 shā	啥 shá	傻 shǎ	△煞 shà
艄 shāo	韶 sháo	△少 shǎo	潲 shào
赊 shē	△蛇 shé	△舍 shě	赦 shè
身 shēn	神 shén	婶 shěn	蜃 shèn
笙 shēng	绳 shéng	△省 shěng	圣 shèng
诗 shī	时 shí	矢 shǐ	△氏 shì
收 shōu	△熟 shóu	首 shǒu	瘦 shòu
叔 shū	塾 shú	暑 shǔ	戍 shù
胎 tāi	△苔 tái	△呔 tǎi	态 tài
贪 tān	昙 tán	忐 tǎn	探 tàn
涛 tāo	淘 táo	讨 tǎo	套 tào
剔 tī	啼 tí	体 tǐ	屉 tì
添 tiān	阗 tián	腆 tiǎn	掭 tiàn
△挑 tiāo	笤 tiáo	窕 tiǎo	粜 tiào
汀 tīng	庭 tíng	艇 tǐng	挺 tìng
△通 tōng	瞳 tóng	捅 tǒng	痛 tòng
偷 tōu	投 tóu	钭 tǒu	透 tòu
凸 tū	茶 tú	土 tǔ	兔 tù
推 tuī	颓 tuí	腿 tuǐ	蜕 tuì
吞 tūn	臀 tún	氽 tǔn	△褪 tùn
托 tuō	鸵 tuó	椭 tuǒ	△拓 tuò
娲 wā	娃 wá	佤 wǎ	袜 wà
碗 wān	丸 wán	惋 wǎn	腕 wàn
汪 wāng	亡 wáng	枉 wǎng	忘 wàng
危 wēi	帷 wéi	伪 wěi	魏 wèi
瘟 wēn	雯 wén	稳 wěn	汶 wèn
屋 wū	毋 wú	妩 wǔ	戊 wù

晰 xī	檄 xí	徙 xǐ	隙 xì
△鲜 xiān	咸 xián	冼 xiǎn	腺 xiàn
镶 xiāng	翔 xiáng	饷 xiǎng	△巷 xiàng
枭 xiāo	淆 xiáo	晓 xiǎo	孝 xiào
歇 xiē	偕 xié	△写 xiě	械 xiè
星 xīng	型 xíng	醒 xǐng	幸 xìng
△戌 xū	徐 xú	诩 xǔ	婿 xù
轩 xuān	漩 xuán	癣 xuǎn	绚 xuàn
薛 xuē	穴 xué	雪 xuě	△血 xuè
押 yā	衙 yá	△哑 yǎ	揠 yà
胭 yān	炎 yán	俨 yǎn	雁 yàn
殃 yāng	杨 yáng	仰 yǎng	怏 yàng
吆 yāo	肴 yáo	舀 yǎo	药 yào
△掖 yē	爷 yé	野 yě	腋 yè
揖 yī	贻 yí	倚 yǐ	役 yì
喑 yīn	吟 yín	瘾 yǐn	荫 yìn
膺 yīng	蝇 yíng	颖 yǐng	映 yìng
拥 yōng	颙 yóng	永 yǒng	△佣 yòng
幽 yōu	鱿 yóu	黝 yǒu	釉 yòu
迂 yū	鱼 yú	△雨 yǔ	狱 yù
鸳 yuān	辕 yuán	远 yuǎn	苑 yuàn
晕 yūn	匀 yún	允 yǔn	孕 yùn
簪 zān	△咱 zán	攒 zǎn	暂 zàn
糟 zāo	凿 záo	澡 zǎo	躁 zào
渣 zhā	札 zhá	眨 zhǎ	乍 zhà
摘 zhāi	宅 zhái	窄 zhǎi	寨 zhài
招 zhāo	△着 zháo	沼 zhǎo	召 zhào
遮 zhē	蛰 zhé	褶 zhě	蔗 zhè
汁 zhī	职 zhí	止 zhǐ	质 zhì
诌 zhōu	妯 zhóu	肘 zhǒu	皱 zhòu
诛 zhū	逐 zhú	瞩 zhǔ	贮 zhù
△作 zuō	昨 zuó	左 zuǒ	做 zuò

（二）普通话四声分别训练

1. 阴平声训练

（1）词语练习。

阴+阴

参观 cān guān	车间 chē jiān	冲锋 chōng fēng	村庄 cūn zhuāng
东风 dōng fēng	发生 fā shēng	飞机 fēi jī	分工 fēn gōng
功勋 gōng xūn	关心 guān xīn	机关 jī guān	交叉 jiāo chā
交通 jiāo tōng	精装 jīng zhuāng	刊登 kān dēng	吸烟 xī yān

星期 xīng qī　　　　招生 zhāo shēng　　　　中央 zhōng yāng　　　　资金 zī jīn

阴+阴+阴

八公山 Bā gōng Shān　　　　冬瓜汤 dōng guā tāng　　　　公积金 gōng jī jīn
关东烟 guān dōng yān　　　　机关枪 jī guān qiāng　　　　金沙江 Jīn shā Jiāng
空心砖 kōng xīn zhuān　　　　收音机 shōu yīn jī　　　　星期天 xīng qī tiān
拖拉机 tuō lā jī

（2）成语练习。

阴+阴+阴+阴

江山多娇 jiāng shān duō jiāo　　　　居安思危 jū'ān sī wēi
声东击西 shēng dōng jī xī　　　　贪天之功 tān tiān zhī gōng
忧心忡忡 yōu xīn chōng chōng　　　　休戚相关 xiū qī xiāng guān

（3）语句练习。

阴+阴+阴……

今天张先生搭班机飞苏州。Jīn tiān Zhāng xiān shēng dā bān jī fēi Sū zhōu。

2．阳平声训练

（1）词语练习。

阳+阳

重叠 chóng dié　　船头 chuán tóu　　和平 hé píng　　红旗 hóng qí
黄河 Huáng Hé　　怀疑 huái yí　　黎明 lí míng　　联盟 lián méng
轮流 lún liú　　麻绳 má shéng　　棉田 mián tián　　农民 nóng mín
球鞋 qiú xié　　时常 shí cháng　　陶瓷 táo cí　　停留 tíng liú
同时 tóng shí　　循环 xún huán　　言行 yán xíng　　原则 yuán zé

阳+阳+阳

陈皮梅 chén pí méi　　　　除虫菊 chú chóng jú　　　　儿童节 ér tóng jié
洪泽湖 Hóng zé Hú　　　　联合国 lián hé guó　　　　男同学 nán tóng xué
形容词 xíng róng cí　　　　遗传学 yí chuán xué
园林局 yuán lín jú　　　　颐和园 yí hé yuán

（2）成语练习。

阳+阳+阳+阳

含糊其辞 hán hú qí cí　　　　洁白无瑕 jié bái wú xiá
竭泽而渔 jié zé'ér yú　　　　名存实亡 míng cún shí wáng
人才难得 rén cái nán dé　　　　文如其人 wén rú qí rén

（3）语句练习。

阳+阳+阳……

明晨王长荣乘轮船回南宁。Míng chén Wáng Cháng róng chéng lún chuán huí Nán níng。

3．上声训练

（1）词语练习。

上+上

矮小 ǎi xiǎo　　保险 bǎo xiǎn　　本领 běn lǐng　　表姐 biǎo jiě
反省 fǎn xǐng　　改选 gǎi xuǎn　　古典 gǔ diǎn　　广场 guǎng chǎng

简短 jiǎn duǎn　　减少 jiǎn shǎo　　讲演 jiǎng yǎn　　举手 jǔ shǒu
首长 shǒu zhǎng　　洗澡 xǐ zǎo　　勇敢 yǒng gǎn　　友好 yǒu hǎo
辗转 zhǎn zhuǎn　　指导 zhǐ dǎo　　主讲 zhǔ jiǎng　　总理 zǒng lǐ

上+上+上

厂党委 chǎng dǎng wěi　　蒙古语 Měng gǔ yǔ　　孔乙己 Kǒng Yǐ Jǐ
手写体 shǒu xiě tǐ　　老保守 lǎo bǎo shǒu　　洗脸水 xǐ liǎn shuǐ
苦水井 kǔ shuǐ jǐng　　选举法 xuǎn jǔ fǎ
小拇指 xiǎo mǔ zhǐ　　展览馆 zhǎn lǎn guǎn

（2）成语练习。

上+上+上+上

尺有所短 chǐ yǒu suǒ duǎn　　老有所养 lǎo yǒu suǒ yǎng
岂有此理 qǐ yǒu cǐ lǐ　　辗转往返 zhǎn zhuǎn wǎng fǎn

（3）语句练习。

上+上+上……

晌午李小勇买水产跑拱北。Shǎng wǔ Lǐ Xiǎo yǒng mǎi shuǐ chǎn pǎo Gǒng běi。

4. 去声训练

（1）词语练习。

去+去

办事 bàn shì　　遍地 biàn dì　　大会 dà huì　　地道 dì dào
电报 diàn bào　　汉字 hàn zì　　贺信 hè xìn　　互助 hù zhù
竞赛 jìng sài　　扩大 kuò dà　　浪费 làng fèi　　陆地 lù dì
论调 lùn diào　　示范 shì fàn　　议案 yì'àn　　预告 yù gào
照相 zhào xiàng　　致谢 zhì xiè　　注意 zhù yì　　自治 zì zhì

去+去+去

备忘录 bèi wàng lù　　促进派 cù jìn pài　　预备队 yù bèi duì
对立面 duì lì miàn　　过去式 guò qù shì　　烈士墓 liè shì mù
售票处 shòu piào chù　　塑料布 sù liào bù
运动会 yùn dòng huì　　正义路 zhèng yì lù

（2）成语练习。

去+去+去+去

爱护备至 ài hù bèi zhì　　变幻莫测 biàn huàn mò cè
对症下药 duì zhèng xià yào　　见利忘义 jiàn lì wàng yì
去恶务尽 qù'è wù jìn　　万事俱备 wàn shì jù bèi

（3）语句练习。

去+去+去……

最近赵大利坐卧铺去大庆。Zuì jìn Zhào Dà lì zuò wò pù qù Dà qìng。

（三）普通话四声综合训练

1. 词语练习

阴+阳

包含 bāo hán　　编辑 biān jí　　车床 chē chuáng　　单元 dān yuán

工人 gōng rén 　　光芒 guāng máng 　　观摩 guān mó 　　忽然 hū rán
开学 kāi xué 　　批评 pī píng 　　身长 shēn cháng 　　天堂 tiān táng
通俗 tōng sú 　　心得 xīn dé 　　宣传 xuān chuán 　　腰围 yāo wéi
音节 yīn jié 　　英雄 yīng xióng 　　中国 zhōng guó 　　钻研 zuān yán

阴+上

包裹 bāo guǒ 　　兵种 bīng zhǒng 　　参考 cān kǎo 　　颠倒 diān dǎo
多少 duō shǎo 　　风景 fēng jǐng 　　钢笔 gāng bǐ 　　工厂 gōng chǎng
家属 jiā shǔ 　　浇水 jiāo shuǐ 　　开水 kāi shuǐ 　　亲手 qīn shǒu
烧火 shāo huǒ 　　思考 sī kǎo 　　推理 tuī lǐ 　　欣赏 xīn shǎng
音响 yīn xiǎng 　　针灸 zhēn jiǔ 　　真理 zhēn lǐ 　　中午 zhōng wǔ

阴+去

操练 cāo liàn 　　车辆 chē liàng 　　吃饭 chī fàn 　　冬至 dōng zhì
翻地 fān dì 　　风镜 fēng jìng 　　工具 gōng jù 　　工作 gōng zuò
光线 guāng xiàn 　　观众 guān zhòng 　　鸡蛋 jī dàn 　　机械 jī xiè
京剧 jīng jù 　　经验 jīng yàn 　　开会 kāi huì 　　侵略 qīn lüè
书架 shū jià 　　脱粒 tuō lì 　　心脏 xīn zàng 　　音乐 yīn yuè

阳+阴

茶杯 chá bēi 　　长江 Cháng Jiāng 　　长征 cháng zhēng 　　崇高 chóng gāo
船舱 chuán cāng 　　房间 fáng jiān 　　国歌 guó gē 　　红花 hóng huā
活期 huó qī 　　镰刀 lián dāo 　　棉衣 mián yī 　　农村 nóng cūn
前方 qián fāng 　　骑兵 qí bīng 　　晴天 qíng tiān 　　同乡 tóng xiāng
图钉 tú dīng 　　行星 xíng xīng 　　圆规 yuán guī 　　原因 yuán yīn

阳+上

长久 cháng jiǔ 　　锄草 chú cǎo 　　回想 huí xiǎng 　　凉水 liáng shuǐ
毛笔 máo bǐ 　　棉袄 mián' ǎo 　　谜语 mí yǔ 　　南北 nán běi
牛奶 niú nǎi 　　苹果 píng guǒ 　　平坦 píng tǎn 　　全体 quán tǐ
糖果 táng guǒ 　　团长 tuán zhǎng 　　狭窄 xiá zhǎi 　　文选 wén xuǎn
营养 yíng yǎng 　　油桶 yóu tǒng 　　鱼网 yú wǎng 　　杂草 zá cǎo

阳+去

乘客 chéng kè 　　独唱 dú chàng 　　缝纫 féng rèn 　　革命 gé mìng
合唱 hé chàng 　　胡同 hú tòng 　　劳动 láo dòng 　　楼道 lóu dào
毛裤 máo kù 　　名胜 míng shèng 　　牛肉 niú ròu 　　排队 pái duì
食物 shí wù 　　实验 shí yàn 　　图画 tú huà 　　文件 wén jiàn
学术 xué shù 　　颜色 yán sè 　　游戏 yóu xì 　　原料 yuán liào

上+阴

北方 běi fāng 　　港湾 gǎng wān 　　海军 hǎi jūn 　　火车 huǒ chē
脚跟 jiǎo gēn 　　警钟 jǐng zhōng 　　酒精 jiǔ jīng 　　卷烟 juǎn yān
垦荒 kěn huāng 　　老师 lǎo shī 　　马鞍 mǎ' ān 　　史诗 shǐ shī
首先 shǒu xiān 　　水箱 shuǐ xiāng 　　体操 tǐ cāo 　　小说 xiǎo shuō
许多 xǔ duō 　　雨衣 yǔ yī 　　指标 zhǐ biāo 　　准星 zhǔn xīng

上+阳

打球 dǎ qiú	党员 dǎng yuán	导游 dǎo yóu	改革 gǎi gé
古文 gǔ wén	果园 guǒ yuán	讲台 jiǎng tái	考察 kǎo chá
朗读 lǎng dú	冷藏 lěng cáng	鲤鱼 lǐ yú	岭南 Lǐng nán
旅行 lǚ xíng	每年 měi nián	鸟笼 niǎo lóng	女鞋 nǚ xié
坦白 tǎn bái	铁锤 tiě chuí	雪人 xuě rén	祖国 zǔ guó

上+去

打破 dǎ pò	典范 diǎn fàn	懂事 dǒng shì	感谢 gǎn xiè
稿件 gǎo jiàn	巩固 gǒng gù	广大 guǎng dà	诡辩 guǐ biàn
悔过 huǐ guò	砍树 kǎn shù	款待 kuǎn dài	柳树 liǔ shù
纽扣 niǔ kòu	努力 nǔ lì	手杖 shǒu zhàng	讨论 tǎo lùn
挑战 tiǎo zhàn	统治 tǒng zhì	土地 tǔ dì	妥善 tuǒ shàn

去+阴

步枪 bù qiāng	菜汤 cài tāng	大家 dà jiā	电灯 diàn dēng
辣椒 là jiāo	类推 lèi tuī	列车 liè chē	陆军 lù jūn
气功 qì gōng	日光 rì guāng	兽医 shòu yī	特征 tè zhēng
卫星 wèi xīng	细胞 xì bāo	信箱 xìn xiāng	杏花 xìng huā
药方 yào fāng	印刷 yìn shuā	月刊 yuè kān	治安 zhì'ān

去+阳

菜园 cài yuán	大楼 dà lóu	地图 dì tú	共同 gòng tóng
挂牌 guà pái	会谈 huì tán	季节 jì jié	价格 jià gé
教材 jiào cái	近年 jìn nián	课堂 kè táng	麦苗 mài miáo
命名 mìng míng	辟谣 pì yáo	汽油 qì yóu	事实 shì shí
药丸 yào wán	政权 zhèng quán	种植 zhòng zhí	皱纹 zhòu wén

去+上

办法 bàn fǎ	报纸 bào zhǐ	大脑 dà nǎo	稻草 dào cǎo
地理 dì lǐ	电影 diàn yǐng	队长 duì zhǎng	汉语 hàn yǔ
蜡染 là rǎn	历史 lì shǐ	面粉 miàn fěn	木桶 mù tǒng
入伍 rù wǔ	特写 tè xiě	跳舞 tiào wǔ	戏曲 xì qǔ
玉米 yù mǐ	制止 zhì zhǐ	字典 zì diǎn	字母 zì mǔ

2. 成语练习

阴+阳+上+去（四声顺序）

飞禽走兽 fēi qín zǒu shòu	风调雨顺 fēng tiáo yǔ shùn
光明磊落 guāng míng lěi luò	花红柳绿 huā hóng liǔ lǜ
精神百倍 jīng shén bǎi bèi	山明水秀 shān míng shuǐ xiù
身强体壮 shēn qiáng tǐ zhuàng	心直口快 xīn zhí kǒu kuài
心明眼亮 xīn míng yǎn liàng	英明果断 yīng míng guǒ duàn

去+上+阳+阴（四声逆序）

大好河山 dà hǎo hé shān	大有文章 dà yǒu wén zhāng
刻骨铭心 kè gǔ míng xīn	妙手回春 miào shǒu huí chūn

逆水行舟 nì shuǐ xíng zhōu　　　破釜沉舟 pò fǔ chén zhōu

热火朝天 rè huǒ cháo tiān　　　　万古留芳 wàn gǔ liú fāng

耀武扬威 yào wǔ yáng wēi　　　　字里行间 zì lǐ háng jiān

3. 诗歌练习

望天门山　李白　　WÀNG TIĀN MÉN SHĀN　LǏ BÁI

天门中断楚江开，　　Tiān mén zhōng duàn Chǔ Jiāng kāi,

碧水东流至此回。　　Bì shuǐ dōng liú zhì cǐ huí。

两岸青山相对出，　　Liǎng àn qīng shān xiāng duì chū,

孤帆一片日边来。　　Gū fān yí piàn rì biān lái。

十一月四日风雨大作　陆游　　SHÍ YĪ YUÈ SÌ RÌ FĒNG YǓ DÀ ZUÒ　LÙ YÓU

僵卧孤村不自哀，　　Jiāng wò gū cūn bú zì āi,

尚思为国戍轮台。　　Shàng sī wèi guó shù Lún tái。

夜阑卧听风吹雨，　　Yè lán wò tīng fēng chuī yǔ,

铁马冰河入梦来。　　Tié mǎ bīng hé rù mèng lái。

第二节　声调的辨正

一、误读与缺陷

普通话声调虽然只有"四声"，但由于各方言声调与普通话声调间有许多差别，并对其干扰，要念准普通话的"四声"还是有一定难度。据比较，普通话的"四声"的调值与方言声调都存在着误念的情况，以重庆话为例，声调调形、调势基本正确，但调值明显偏低或偏高，特别是四声的相对高点或低点明显不一致，均判为声调读音缺陷。这类缺陷一般是成系统的。

重庆话的声调调域窄、降调多，而且没有升调，所以重庆话从整体上来说，不如普通话那样高扬、响亮。受方言声调的影响，重庆人在说普通话时，声调调值往往不够准确。下面我们分别对此作一些具体的分析与说明。

（一）阴平调不高或不平

普通话阴平 55 调的特点是"高而平"，重庆话的阴平调虽然也是高平调，但却没达到普通话 5 度的音高，有念成 44 的，调值明显偏低；或者是起调是 5 度，而收调是 4 度，念成了 45，调势存在下滑的趋势；或者起调是 5 度，但很短促。重庆人说普通话，尤其当阴平字处于去声字前面时，更能感觉到调值偏低，而且也使后面去声调值的起点显得过高，造成明显的声调缺陷。除此之外，在连续的语流中，重庆人说普通话的阴平调形往往不"平"，显得飘忽不稳。当阴平字处在词语开头时，调形略微上飘，有点像 45 调；而处在词语末尾时，实际听感又觉得调形有点往下飘，像 54 调或 43 调。为克服起调偏低，音高不稳等方言习惯，读普通话阴平调时，应注意起调要高，并在发音结束之前，一直保持高度不变。可选一些阴平字连阴平字、或处于去声字前面及处于其他字后面的词语，如"新疆、欢呼、餐厅、关心、争先"和"欢庆、师范、包办、温度、丰富"和"农村、简单"等来念，念的时候一定要把两个阴平字都念得一样高、一样平，不要往上或往下飘；把去声前面的阴平 55 调的高度和去声 51 调的起点高度统一起来，不要把音高念低；把处于词语末尾的阴平调高念平，不要向下飘。

（二）阳平调上升不够，或不升反降

普通话阳平是 35 调，而重庆话却是 21 调，一升一降，两者差距较大，调形完全不同。所以阳平调的发音，对重庆人来说是个难点，也很容易暴露出方音。常见的问题有：起点低，不是从 3 度音高起调，而是从 2 度甚至 1 度起调，把调值念成 24 或 13；或者起点虽不低但上升高度不够，相当于微升调 34 调；有些人念阳平调时调值略带曲折、拐弯，相当于 325 调等。重庆人学习普通话的第二声，一是要注意"直上扬，升到头"，控制好声带的松紧，中间不要拐弯；二是注意调值的终点应达到最高度，和阴平调一样高，最后的上扬幅度可以稍稍夸张些，这样才可避免重庆方言阳平调值下降的习惯影响。可选一些阳平字加阴平字的词语，如"文章、财金、还乡、前方、寒暄、蹒跚、明珠、云天"等来念，念的时候稍慢一些，利用 55 调的高度来体会 35 调值的准确走向。

（三）上声调降不到位或收不到位

普通话上声是 214 调，先降后升。不光音长最长，调值中 1 度低音的时长也较长。重庆话的上声是 42 调，是半降调。重庆人在发普通话上声时出现的调值偏差主要表现有：

（1）上声调虽读成了曲折调，但起头略高，相当于 324。

（2）降不到最低点 1 度，没有突出上声调的基本特点"降到底"便匆匆上扬，曲折短促，甚至缺少曲折，从听感上判别与阳平相近。

训练时，应注意起点不宜高，降调阶段声带完全放松，时值稍长，最后的升调阶段要收紧声带，快速拉到一定的高度。整个发音过程应注意调值完整准确，时长饱满。可选一些阳平字加上声字的词语，如"财产、国土、河谷、瞒哄、民警、模仿、赔款、前脚、溶解、神往"等来念，念的时候要对比阳平调的"升到头"和上声调的"降到底"这两个不同的、鲜明的调值走向，把"直升调"和"降转调"完全分清楚，并把各自的调值念准确。

（四）念去声起音高于 5 度，或降不到位

普通话去声是全降调，调值 51，重庆话虽也有降调，但都属于半降调。如阳平 21 调，上声 42 调。然而受方言影响，在声调缺陷比较明显的人群中，去声一般容易念成 53 调或 42 调。去声发音的要领是要注意起点的高度，应与阴平的高度齐平，音节末尾声带应放松，达到最低点。可选一些阴平字加去声字或阳平字加去声字的词语，如"山地、塌陷、污垢、积蓄、拉练"和"沿线、局面、时运、琴键、陶醉"等来念，念的时候一要利用 55 调或 35 调终点的 5 度音高来作为去声 51 调的起点音高，二要体会从最高度完全降下来到最低度的听觉感受，克服念半降调的毛病。

每个人都有自己相对固定的调域和音高形式，只有始终保持四声音高标准的相对平衡和统一，才能做到调值的准确与到位，听感上也才会觉得自然、和谐。

重庆话和普通话声调的对应关系如下表所示。

例字	普通话调类	普通话调形	重庆话调类	重庆话调形	普通话调值	重庆话调值
坚	阴	平	阴	平	55	45、54、44
强	阳	升	阳	降	35	21、24、13
巩	上	曲	上	降	214	42、324
固	去	降	去	曲	51	53、42

二、声调辨正训练

（一）注意普通话平、升、曲、降四种调形的区别

1. 地名练习

阴+阴

安徽 Ān huī	郴州 Chēn zhōu	丹东 Dān dōng	江苏 Jiāng sū
开封 Kāi fēng	山西 Shān xī	天津 Tiān jīn	新疆 Xīn jiāng

阴+阳

金华 Jīn huá	昆明 Kūn míng	番禺 Pān yú	三明 Sān míng
襄樊 Xiāng fán	宣城 Xuān chéng	烟台 Yān tái	鹰潭 Yīng tán

阴+上

东莞 Dōng guǎn	拉孜 Lā zǐ	青岛 Qīng dǎo	青海 Qīng hǎi
天水 Tiān shuǐ	乌海 Wū hǎi	香港 Xiāng gǎng	珠海 Zhū hǎi

阴+去

安庆 Ān qìng	哈密 Hā mì	焦作 Jiāo zuò	商洛 Shāng luò
深圳 Shēn zhèn	通化 Tōng huà	张掖 Zhāng yè	遵义 Zūn yì

阳+阴

长春 Cháng chūn	成都 Chéng dū	邯郸 Hán dān	南昌 Nán chāng
宁波 Níng bō	韶关 Sháo guān	台湾 Tái wān	延边 Yán biān

阳+阳

常德 Cháng dé	合肥 Hé féi	黄石 Huáng shí	吉林 Jí lín
辽宁 Liáo níng	龙岩 Lóng yán	芜湖 Wú hú	阳泉 Yáng quán

阳+上

噶尔 Gá' ěr	衡水 Héng shuǐ	侯马 Hóu mǎ	淮北 Huái' běi
吉首 Jí shǒu	娄底 Lóu dǐ	盘锦 Pán jǐn	蛇口 Shé kǒu

阳+去

长治 Cháng zhì	重庆 Chóng qìng	福建 fú jiàn	灵璧 Líng bì
宁夏 Níng xià	十堰 Shí yàn	绥化 Suí huà	阳朔 Yáng shuò

上+阴

宝鸡 Bǎo jī	北京 Běi jīng	本溪 Běn xī	广州 Guǎng zhōu
九江 Jiǔ jiāng	陕西 Shǎn xī	武威 Wǔ wēi	枣庄 Zǎo zhuāng

上+阳

阜阳 Fǔ yáng	海南 Hǎi nán	济南 Jǐ nán	济宁 Jǐ níng
景洪 Jǐng hóng	酒泉 Jiǔ quán	吕梁 Lǚ liáng	沈阳 Shěn yáng

上+上

北海 Běi hǎi	拱北 Gǒng běi	海口 Hǎi kǒu	铁岭 Tiě lǐng

上+去

保定 Bǎo dìng	抚顺 Fǔ shùn	武汉 Wǔ hàn	颖上 Yǐng shàng

去+阴

赤峰 Chì fēng	赣州 Gàn zhōu	汉中 Hàn zhōng	六安 Liù' ān

绍兴 Shào xīng　　宿迁 Sù qiān　　　湛江 Zhàn jiāng　　浙江 Zhè jiāng

去+阳

澳门 Ào mén　　　桂林 Guì lín　　　贵阳 Guì yáng　　太湖 Tài hú

太原 Tài yuán　　渭南 Wèi nán　　　厦门 Xià mén　　玉林 Yù lín

去+上

大理 Dà lǐ　　　　定远 Dìng yuǎn　　鹤岗 Hè gǎng　　界首 Jiè shǒu

丽水 Lì shuǐ　　　内蒙 Nèi měng　　上海 Shàng hǎi　　孝感 Xiào gǎn

2. 成语练习

（1）四声顺序。

阴+阳+上+去

兵强马壮 bīng qiáng mǎ zhuàng　　　花团锦簇 huā tuán jǐn cù

经年累月 jīng nián lěi yuè　　　　　千锤百炼 qiān chuí bǎi liàn

山盟海誓 shān méng hǎi shì　　　　深谋远虑 shēn móu yuǎn lǜ

英雄好汉 yīng xióng hǎo hàn　　　　中流砥柱 zhōng liú dǐ zhù

（2）四声逆序。

去+上+阳+阴

背井离乡 bèi jǐng lí xiāng　　　　大显神通 dà xiǎn shén tōng

地广人稀 dì guǎng rén xī　　　　去伪存真 qù wěi cún zhēn

视死如归 shì sǐ rú guī　　　　　四海为家 sì hǎi wéi jiā

异曲同工 yì qǔ tóng gōng　　　　万里长征 wàn lǐ cháng zhēng

（3）两两同调。

阴+阴+阳+阳

丰衣足食 fēng yī zú shí　　　　姗姗来迟 shān shān lái chí

师出无名 shī chū wú míng　　　先声夺人 xiān shēng duó rén

阴+阴+上+上

刀山火海 dāo shān huǒ hǎi　　　高瞻远瞩 gāo zhān yuǎn zhǔ

欢欣鼓舞 huān xīn gǔ wǔ　　　忠心耿耿 zhōng xīn gěng gěng

阴+阴+去+去

冲锋陷阵 chōng fēng xiàn zhèn　　风餐露宿 fēng cān lù sù

天经地义 tiān jīng dì yì　　　尊师重教 zūn shī zhòng jiào

阳+阳+阴+阴

蚕食鲸吞 cán shí jīng tūn　　　和盘托出 hé pán tuō chū

如临深渊 rú lín shēn yuān　　　言为心声 yán wéi xīn shēng

阳+阳+上+上

绝无仅有 jué wú jǐn yóu　　　良辰美景 liáng chén měi jǐng

模棱两可 mó léng liǎng kě　　徒劳往返 tú láo wǎng fǎn

阳+阳+去+去

沉鱼落雁 chén yú luò yàn　　　回肠荡气 huí cháng dàng qì

全神贯注 quán shén guàn zhù　　仁人志士 rén rén zhì shì

上+上+阳+阳

老马识途 lǎo mǎ shí tú　　　　　　小巧玲珑 xiǎo qiǎo líng lóng

勇往直前 yǒng wǎng zhí qián　　　以理服人 yǐ lǐ fú rén

上+上+去+去

忍辱负重 rěn rǔ fù zhòng　　　　　引颈受戮 yǐn jǐng shòu lù

走马赴任 zǒu mǎ fù rèn　　　　　　左辅右弼 zuǒ fǔ yòu bì

去+去+阴+阴

入木三分 rù mù sān fēn　　　　　　事必躬亲 shì bì gōng qīn

万象更新 wàn xiàng gēng xīn　　　郁郁葱葱 yù yù cōng cōng

去+去+阳+阳

气势磅礴 qì shì páng bó　　　　　　义不容辞 yì bù róng cí

仗义执言 zhàng yì zhí yán　　　　　壮志凌云 zhuàng zhì líng yún

去+去+上+上

负债累累 fù zhài lěi lěi　　　　　　近在咫尺 jìn zài zhǐ chǐ

历历可数 lì lì kě shǔ　　　　　　　血债累累 xuè zhài lěi lěi

（4）四声交错。

阴+阳+去+上

天长地久 tiān cháng dì jiǔ　　　　虚怀若谷 xū huái ruò gǔ

阴+上+阳+去

先睹为快 xiān dǔ wéi kuài　　　　　心领神会 xīn lǐng shén huì

阴+上+去+阳

花好月圆 huā hǎo yuè yuán　　　　挥洒自如 huī sǎ zì rú

阴+去+上+阳

车载斗量 chē zài dǒu liáng　　　　孤陋寡闻 gū lòu guǎ wén

箪食瓢饮 dān sì piáo yǐn　　　　　挥汗如雨 huī hàn rú yǔ

阳+阴+上+去

集思广益 jí sī guǎng yì　　　　　　人声鼎沸 rén shēng dǐng fèi

阳+阴+去+上

眉飞色舞 méi fēi sè wǔ　　　　　　无伤大雅 wú shāng dà yǎ

阳+上+阴+去

别有天地 bié yǒu tiān dì　　　　　桴鼓相应 fú gǔ xiāng yìng

阳+去+阴+上

梁上君子 liáng shàng jūn zǐ　　　明目张胆 míng mù zhāng dǎn

阳+去+上+阴

革故鼎新 gé gù dǐng xīn　　　　　排难解纷 pái nàn jiě fēn

上+阴+阳+去

九霄云外 jiǔ xiāo yún wài　　　　普天同庆 pǔ tiān tóng qìng

上+阴+去+阳

耳聪目明 ěr cōng mù míng　　　　感激涕零 gǎn jī tì líng

上+阳+阴+去

感同身受 gǎn tóng shēn shòu 　　举足轻重 jǔ zú qīng zhòng

上+阳+去+阴

等闲视之 děng xián shì zhī 　　粉白黛黑 fěn bái dài hēi

上+去+阴+阳

苦尽甘来 kǔ jìn gān lái 　　语重心长 yǔ zhòng xīn cháng

上+去+阳+阴

虎背熊腰 hǔ bèi xióng yāo 　　马到成功 mǎ dào chéng gōng

去+阴+阳+上

不堪回首 bù kān huí shǒu 　　卧薪尝胆 wò xīn cháng dǎn

去+阴+上+阳

不拘小节 bù jū xiǎo jié 　　困知勉行 kùn zhī miǎn xíng

去+阳+上+阴

抱残守缺 bào cán shǒu quē 　　画龙点睛 huà lóng diǎn jīng

去+阳+阴+上

浩如烟海 hào rú yān hǎi 　　岁寒三友 suì hán sān yǒu

去+上+阴+阳

瑞雪丰年 ruì xuě fēng nián 　　万紫千红 wàn zǐ qiān hóng

（二）对比辨音练习

保证 bǎo zhèng —— 包拯 Bāo Zhěng 　　编制 biān zhì —— 贬值 biǎn zhí

美丽 měi lì —— 魅力 mèi lì 　　方向 fāng xiàng —— 芳香 fāng xiāng

自私 zì sī —— 子嗣 zǐ sì 　　瓷窑 cí yáo —— 次要 cì yào

四季 sì jì —— 司机 sī jī 　　东方 dōng fāng —— 洞房 dòng fáng

同志 tóng zhì —— 统治 tǒng zhì 　　突然 tū rán —— 徒然 tú rán

年级 nián jí —— 年纪 nián jì 　　老是 lǎo shì —— 老师 lǎo shī

制止 zhì zhǐ —— 直至 zhí zhì 　　支持 zhī chí —— 智齿 zhì chǐ

迟到 chí dào —— 赤道 chì dào 　　失事 shī shì —— 实施 shí shī

讲解 jiǎng jiě —— 疆界 jiāng jiè 　　结晶 jié jīng —— 捷径 jié jìng

交换 jiāo huàn —— 叫唤 jiào huàn 　　紧急 jǐn jí —— 晋级 jìn jí

经济 jīng jì —— 竞技 jìng jì 　　千秋 qiān qiū —— 铅球 qiān qiú

齐全 qí quán —— 弃权 qì quán 　　学业 xué yè —— 血液 xuè yè

干净 gān jìng —— 干警 gàn jǐng 　　国际 guó jì —— 国籍 guó jí

可以 kě yǐ —— 刻意 kè yì 　　花费 huā fèi —— 化肥 huà féi

（三）读句段，分辨每个字词

　　每天，不管是鸡鸣晓月，日丽中天，还是月华泻地，小桥都印下串串足迹，洒落串串汗珠。那是乡亲为了追求多棱的希望，兑现美好的遐想，弯弯的小桥，不时荡过轻吟低唱，不时露出舒心的笑容。

——《家乡的桥》

<h1 style="text-align:center">第三节　古入声字</h1>

一、古入声字的认识

入声，是古代汉语中一个调类的名称。古代汉语的字调也分四类，即平声、上声、去声、入声。古代汉语的其余三类声调与普通话的声调也不是一一对应的。由古代汉语的"四调"发展到普通话的"四声"，其变化要点是："平"分阴阳，"入"派四声，"上"到上去，"去"归去声，即平声在普通话里一部分念阴平，一部分念阳平；入声分派到了普通话的四声里。

常用古入声字有 700 多个，归入去声的最多，有 300 多个，占古入声字的 40%，30% 的古入声派到普通话的阳平，有 200 多个，20% 的古入声派到了普通话的阴平，有 100 多个，10% 的古入声派入普通话的上声，只有 50 多个；古代汉语的上声，在普通话里一部分念上声，一部分念去声；古代汉语的去声，在普通话里也念去声。普通话没有入声，而各大方言区几乎都有入声，即使没有入声的地方，古入声的归入与普通话也不尽相同。

二、古入声字的特点

（1）古入声字中无鼻韵母字。

（2）古入声字中有这样一种现象，某一声旁（偏旁）的形声字，一般都是入声字，例外的数量不多，因此，可以利用汉字偏旁进行辨识。

三、辨正练习

（一）认读下列字词，掌握古入声字

【白】白 伯 泊 帛 迫 柏 铂 粕 魄 箔 舶（"怕、帕"例外）

白菜 bái cài	伯父 bó fù	大伯子 dà bǎi zi
泊位 bó wèi	湖泊 hú pō	帛画 bó huà
压迫 yā pò	迫击炮 pǎi jī pào	拍打 pāi dǎ
柏树 bǎi shù	柏林 Bó lín	铂金 bó jīn
糟粕 zāo pò	魄力 pò lì	落魄 luò pò
锡箔 xī bó	船舶 chuán bó	

【百】百 佰 陌

百万 bǎi wàn	佰 bǎi	陌生 mò shēng

【毕】毕 哔 筚

毕业 bì yè	哔叽 bì jī	蓬筚增辉 péng bì zēng huī

【必】必 泌 宓 秘 密 蜜（"瑟"例外）

必然 bì rán	分泌 fēn mì	泌阳 Bì yáng
宓 mì	秘密 mì mì	秘鲁 Bì lǔ
密度 mì dù	蜜蜂 mì fēng	

【别】别 捌

分别 fēn bié	别扭 biè niu	捌 bā

【勃】勃 饽 脖 葧 渤（"悖"例外）

蓬勃 péng bó   饽饽 bō bo   脖颈儿 bó gěngr

荸荠 bí qí   渤海 Bó hǎi

【薄】薄 礴

薄饼 báo bǐng   厚薄 hòu bó   薄荷 bò he

磅礴 páng bó

【撤】撤 澈 辙

撤退 chè tuì   明澈 míng chè   覆辙 fù zhé

【出】出 绌 黜 咄 拙 茁 屈 掘 崛 倔 窟（"础"例外）

出息 chū xi   相形见绌 xiāng xíng jiàn chù

黜退 chù tuì   咄咄逼人 duō duō bī rén

拙见 zhuō jiàn   茁壮 zhuó zhuàng   屈从 qū cóng

掘土 jué tǔ   崛起 jué qǐ   倔强 jué jiàng

倔头倔脑 juè tóu juè nǎo   窟窿 kū long

【狄】狄 荻 逖

狄 dí   荻 dí   逖 tì

【滴】滴 嫡 镝 摘

滴水 dī shuǐ   嫡传 dí chuán   镝 dī

鸣镝 míng dí   摘要 zhāi yào

【蝶】谍 喋 堞 碟 蝶 牒 叶

谍报 dié bào   喋血 dié xuè   堞墙 dié qiáng

碟子 dié zi   蝴蝶 hú dié   通牒 tōng dié

叶子 yè zi   叶韵 xié yùn

【萼】萼 愕 腭 颚 鹗 鄂 鳄 谔 锷

花萼 huā' è   愕然 è rán   硬腭 yìng'è

上颚 shàng'è   鹗 è   鄂博 è bó

鳄鱼 è yú   谔谔 è' è   锷 è

【发】发 拨 泼（"废"例外）

发奋 fā fèn   发型 fà xíng   拨弄 bō nòng   泼辣 pō là

【伐】伐 阀 筏

讨伐 tǎo fá   军阀 jūn fá   木筏 mù fá

【法】法 砝 珐

方法 fāng fǎ   砝码 fǎ mǎ   珐琅 fà láng

【复】复 腹 蝮 馥 覆 愎

复核 fù hé   腹膜 fù mó   蝮蛇 fù shé

馥郁 fù yù   覆没 fù mò   刚愎 gāng bì

【各】各 胳 格 骼 貉 烙 酪 络 骆 赂 略 铬 阁 搁 客 额 喀 洛 落（"路"例外）

各自 gè zì   各 gě   胳膊 gē bo

胳肢窝 gā zhi wō   胳肢 gé zhi   格调 gé diào

格登 gē dēng   骨骼 gǔ gé   恪守 kè shǒu

貉绒 háo róng   貉 hé   烙印 lào yìn

炮烙 pào luò   奶酪 nǎi lào   络子 lào zi

络纱 luò shā   骆驼 luò tuo   贿赂 huì lù

战略 zhàn lüè   铬 gè   阁楼 gé lóu

搁浅 gē qiǎn   搁得住 gē de zhù   客观 kè guān

名额 míng' é   喀嚓 kā chā   洛阳 Luò yáng

落实 luò shí   落枕 lào zhěn

落下 là xià   大大落落 dà da luō luō

【骨】骨 猾 滑

骨髓 gǔ suǐ   骨朵儿 gū duor   狡猾 jiǎo huá   滑稽 huá jī

【谷】谷 俗 浴 欲 却 ("裕"例外)

谷物 gǔ wù   吐谷浑 tǔ yù hún   俗语 sú yǔ

沐浴 mù yù   欲望 yù wàng   却步 què bù

【合】合 盒 颌 鸽 蛤 答 洽 恰 给 拾 ("哈、龛"例外)

合格 hé gé   合 gě   饭盒 fàn hé

下颌 xià hé   颌 gé   鸽子 gē zi

蛤蟆 há má   蛤蚧 gé jiè   答辩 dá biàn

答理 dā li   洽商 qià shāng   恰巧 qià qiǎo

给以 gěi yǐ   给予 jǐ yǔ   拾掇 shí duo

拾级 shè jí

【搭】搭 褡 瘩 塔

搭讪 dā shàn   褡裢 dā lian   瘩背 dá bèi

宝塔 bǎo tǎ   圪塔 gē da

【郭】郭 椁 廓

城郭 chéng guō   棺椁 guān guǒ   轮廓 lún kuò

【盍】盍 阖 磕 瞌 嗑

盍 hé   阖家 hé jiā   磕打 kē da

瞌睡 kē shuì   嗑瓜子儿 kè guā zir 唠嗑儿 lào kēr

【曷】曷 喝 褐 渴 葛 揭 竭 碣 羯 蝎 歇 谒 遏

曷 hé   喝酒 hē jiǔ   喝彩 hè cǎi

褐色 hè sè   渴求 kě qiú   葛藤 gé téng

葛 gě   揭露 jiē lù   枯竭 kū jié

墓碣 mù jié   羯羊 jié yáng   蝎子 xiē zi

歇息 xiē xi   谒见 yè jiàn   遏制 è zhì

【黑】黑 墨 默

黑暗 hēi' àn   墨迹 mò jì   幽默 yōu mò

【或】或 国（國）域 蜮

或者 huò zhě   祖国 zǔ guó   疆域 jiāng yù   鬼蜮 guǐ yù

【霍】霍 藿

霍然 huò rán   藿 huò

【及】及 汲 级 极 圾 岌 芨 吸

及时 jí shí　　　　　　　汲取 jí qǔ　　　　　　　级别 jí bié

极限 jí xiàn　　　　　　　垃圾 lā jī　　　　　　　岌岌 jí jí

白芨 bái jī　　　　　　　呼吸 hū xī

【吉】吉 髻 洁 结 诘 秸 桔

吉祥 jí xiáng　　　　　　发髻 fà jì　　　　　　　洁净 jié jìng

结盟 jié méng　　　　　　结实 jiē shi　　　　　　诘难 jié nàn

秸秆 jiē gǎn　　　　　　桔梗 jié gěng

【即】即 唧 鲫

立即 lì jí　　　　　　　唧咕 jī gu　　　　　　　鲫鱼 jì yú

【藉】藉 籍

狼藉 láng jí　　　　　　慰藉 wèi jiè　　　　　　籍贯 jí guàn

【缉】缉 辑 楫 揖

缉毒 jī dú　　　　　　　缉边儿 qī biānr　　　　辑录 jí lù

舟楫 zhōu jí　　　　　　作揖 zuō yī

【夹】夹 浃 荚 蛱 侠 峡 狭 硖 挟

夹带 jiā dài　　　　　　夹被 jiá bèi　　　　　　夹肢窝 gā zhī wō

汗流浃背 hàn liú jiā bèi　豆荚 dòu jiá　　　　　　蛱蝶 jiá dié

侠客 xiá kè　　　　　　峡谷 xiá gǔ　　　　　　狭隘 xiá' ài

硖石 xiá shí　　　　　　挟持 xié chí

【甲】甲 钾 胛 岬 匣 狎 押 鸭 闸

甲壳 jiǎ qiào　　　　　　钾肥 jiǎ féi　　　　　　肩胛骨 jiān jiǎ gǔ

岬角 jiǎ jiǎo　　　　　　木匣 mù xiá　　　　　　狎昵 xiá nì

押送 yā sòng　　　　　　鸭绒 yā róng　　　　　　闸门 zhá mén

【角】角 桷 确 斛

角落 jiǎo luò　　　　　　旦角儿 dàn juér　　　　桷 jué

确凿 què záo　　　　　　斛 hú

【节】节 疖 栉

节操 jié cāo　　　节骨眼 jiē gu yǎn　　　疖子 jiē zi　　　　栉比 zhì bǐ

【菊】菊 鞠 掬

菊花 jú huā　　　　　　鞠躬 jū gōng　　　　　笑容可掬 xiào róng kě jū

【厥】厥 撅 噘 蕨 獗 蹶 ("鳜"例外)

昏厥 hūn jué　　　　　撅 (噘) 嘴 juē zuǐ　　　蕨类植物 jué lèi zhí wù

猖獗 chāng jué　　　　一蹶不振 yī jué bù zhèn　蹶子 juě zi

【乐】乐 烁 铄 栎 砾

快乐 kuài lè　　　乐曲 yuè qǔ　　　闪烁 shǎn shuò　　　砾石 lì shí

麻栎 má lì　　　　栎阳 Yuè yáng　　　铄石流金 shuò shí liú jīn

【力】力 历 沥 雳 勒 肋

力量 lì liàng　　　　历史 lì shǐ　　　　　沥涝 lì lào

霹雳 pī lì　　　　　勒索 lè suǒ　　　　　勒死 lēi sǐ

肋骨 lèi gǔ　　　　肋 lē

【栗】栗 溧 傈

栗子 lì zi　　　　　　　溧水 lì shuǐ　　　　　　傈僳族 lì sù zú

【列】列 咧 洌 冽 烈 裂 例

列举 liè jǔ　　　　　　　咧咧 liē liē　　　　　　　咧嘴 liě zuǐ

酒洌 jiǔ liè　　　　　　　凛冽 lín liè　　　　　　　烈焰 liè yàn

裂着怀 liě zhe huái　　　裂痕 liè hén　　　　　　　例假 lì jià

【录】录 渌 绿 禄 碌 氯 剥

录取 lù qǔ　　　　　　　渌水 Lù shuǐ　　　　　　绿林 lù lín

绿卡 lǜ kǎ　　　　　　　禄位 lù wèi　　　　　　　庸碌 yōng lù

氯纶 lǜ lún　　　　　　　剥削 bō xuē　　　　　　　剥皮 bāo pí

【陆】陆（陸） 睦

陆续 lù xù　　　　　　　陆 liù　　　　　　　　　　和睦 hé mù

【鹿】鹿 漉 麓 辘

鹿茸 lù róng　　　漉网 lù wǎng　　　山麓 shān lù　　　辘轳 lù lú

【末】末 抹 沫 袜

末期 mò qī　　　　　　　抹布 mā bù　　　　　　　抹煞 mǒ shā

抹面 mò miàn　　　　　　唾沫 tuò mo　　　　　　　沫子 mò zi

袜套 wà tào

【木】木 沐

木头 mù tou　　　　　　沐浴 mù yù

【聂】聂 嗫 蹑 镊 摄 慑

聂 niè　　　　　　　　　嗫嚅 niè rú　　　　　　　蹑踪 niè zōng

镊子 niè zi　　　　　　　摄氏 shè shì　　　　　　　威慑 wēi shè

【疟】疟 疟

虐待 nüè dài　　　　　　疟疾 nüè ji　　　　　　　疟子 yào zi

【七】七 柒 切 窃 砌 彻

七绝 qī jué　　　　　　　柒 qī　　　　　　　　　　切除 qiē chú

切脉 qiè mài　　　　　　盗窃 dào qiè　　　　　　　沏茶 qī chá

堆砌 duī qì　　　　　　　砌末 qiè mò　　　　　　　彻底 chè dǐ

【漆】漆 膝

漆匠 qī jiàng　　　　　　膝盖 xī gài

【妻】妻 接

妻妾 qī qiè　　　　　　　接触 jiē chù

【惬】惬 箧

惬意 qiè yì　　　　　　　书箧 shū qiè

【乞】乞 讫 迄 屹 疙 圪 纥 吃

乞丐 qǐ gài　　　　　　　起讫 qǐ qì　　　　　　　　迄今 qì jīn

屹然 yì rán　　　　　　　屹 gē　　　　　　　　　　疙瘩 gē da

圪 gē　　　　　　　　　　纥 gē　　　　　　　　　　吃亏 chī kuī

【勺】勺 的 约 芍 构 妁 灼 酌 药（"豹、钓"例外）

勺子 sháo zi   的士 dí shì   目的 mù dì

约定 yuē dìng   约一斤肉 yāo yī jīn ròu   芍药 sháo yào

杓 biāo   媒妁 méi shuò   灼热 zhuó rè

斟酌 zhēn zhuó   药方 yào fāng

【舌】舌 敌 适 刮 括 活 阔（"舍、活"例外）

舌头 shé tou   敌忾 dí kài   适宜 shì yí

刮削 guā xiāo   挺括 tǐng guā   括弧 kuò hú

活泼 huó po   阔绰 kuò chuò

【失】失 秩 跌 迭 铁 佚 轶

失败 shī bài   秩序 zhì xù   跌宕 diē dàng   迭起 dié qǐ

铁锨 tiě xiān   佚 yì   轶事 yì shì

【十】十 什 汁

十全 shí quán   什么 shén me   什物 shí wù   汁水 zhī shuǐ

【石】石 拓 硕 柘 斫

石榴 shí liu   一石 yī dàn   拓荒 tuò huāng   拓本 tà běn

硕果 shuò guǒ   柘 zhè   斫 zhuó

【叔】叔 淑 菽 寂 督

叔伯 shū bai   淑女 shū nǚ   菽粟 shū sù

寂寞 jì mò   督导 dū dǎo

【蜀】蜀 触（觸）烛 浊 镯

蜀绣 shǔ xiù   触发 chù fā   独立 dú lì

蜡烛 là zhú   污浊 wū zhuó   手镯 shǒu zhuó

【孰】孰 熟 塾

孰 shú   熟悉 shú xī   熟 shóu   私塾 sī shú

【属】属 嘱 瞩

属性 shǔ xìng   属望 zhǔ wàng   嘱托 zhǔ tuō   瞩目 zhǔ mù

【宿】宿 蓿 缩

宿舍 sù shè   一宿 yī xiǔ   星宿 xīng xiù

苜蓿 mù xu   缩影 suō yǐng   缩砂密 sù shā mì

【塌】塌 遢 榻 蹋

塌陷 tā xiàn   邋遢 lā tā   榻车 tà chē   蹋 tà

【沓】沓 踏

杂沓 zá tà   一沓纸 yī dá zhǐ   踏实 tā shi   踏板 tà bǎn

【屋】屋 握 渥 龌 幄 喔

屋脊 wū jǐ   掌握 zhǎng wò   优渥 yōu wò

龌龊 wò chuò   帷幄 wéi wò   喔 wō

【勿】勿 物 忽 囫 惚 唿（"吻、刎"例外）

勿 wù   物品 wù pǐn   忽然 hū rán

囫囵 hú lún   恍惚 huǎng hū   唿扇 hū shan

【畜】畜 蓄 搐

畜生 chù sheng　　　畜牧 xù mù　　　　　　储蓄 chǔ xù　　　　　　抽搐 chōu chù

【夕】夕 汐 矽

夕阳 xī yáng　　　　　　潮汐 cháo xī　　　　　　矽钢 xī gāng

【悉】悉 蟋

悉心 xī xīn　　　　　　蟋蟀 xī shuài

【息】息 熄 媳

消息 xiāo xi　　　　　　熄灭 xī miè　　　　　　媳妇 xí fù

【析】析 晰 淅 蜥

剖析 pōu xī　　　明晰 míng xī　　　淅沥 xī lì　　　蜥蜴 xī yì

【哲】折 哲 蜇 浙（"逝、誓"例外）

折腾 zhē teng　　　　　折服 zhé fú　　　　　折本 shé běn

哲理 zhé lǐ　　　　　海蜇 hǎi zhé　　　　　浙江 Zhè jiāng

【学】学 觉

学生 xué sheng　　　　　睡觉 shuì jiào　　　　　觉悟 jué wù

【血】血 恤

鲜血 xiān xuè　　　　　血淋淋 xiě lín lín　　　　抚恤 fǔ xù

【薛】薛 孽 蘖

薛 xuē　　　　　　　罪孽 zuì niè　　　　　蘖枝 niè zhī

【译】译 驿 绎 泽 择 释 铎

翻译 fān yì　　　　　驿站 yì zhàn　　　　　演绎 yǎn yì

沼泽 zhǎo zé　　　　　选择 xuǎn zé　　　　　择菜 zhái cài

解释 jiě shì　　　　　木铎 mù duó

【亦】亦 弈 奕 迹

亦然 yì rán　　　对弈 duì yì　　　奕奕 yì yì　　　事迹 shì jì

【役】役 疫

徭役 yáo yì　　　　　瘟疫 wēn yì

【益】益 溢 缢（"隘、谥"例外）

益处 yì chu　　　　　洋溢 yáng yì　　　　　自缢 zì yì

【聿】聿 律 笔（筆）

聿 yù　　　　　　　纪律 jì lǜ　　　　　笔杆儿 bǐ gǎnr

【越】越 钺

越轨 yuè guǐ　　　　　钺 yuè

【匝】匝 咂

匝地 zā dì　　　　　咂嘴 zā zuǐ　　　　　砸碎 zá suì

【则】则 侧 厕 测 铡

准则 zhǔn zé　　　　　侧面 cè miàn　　　　　侧 zè

侧棱 zhāi leng　　　　厕所 cè suǒ　　　　　恻隐 cè yǐn

测量 cè liáng　　　　　铡刀 zhá dāo

【直】直 值 殖 植 置

直接 zhí jiē　　　　　值得 zhí dé　　　　　殖民 zhí mín

骨殖gǔ shi　　　　　　植物 zhí wù　　　　　　搁置gē zhì

【执】执 挚 蛰

执拗 zhí niù　　　　　　挚友 zhì yǒu　　　　　　惊蛰 jīng zhé

【只】只 织 职 帜 炽 识 积（"咫"例外）

只身 zhī shēn　　　　只管 zhǐ guǎn　　　　　织锦 zhī jǐn

职责 zhí zé　　　　　　旗帜 qí zhì　　　　　　炽热 chì rè

识别 shí bié　　　　　标识 biāo zhì　　　　　积极 jī jí

【足】足 促 捉 龌

足球 zú qiú　　　催促 cuī cù　　　　捉弄 zhuō nòng　　　龌龊 wò chuò

【竹】竹 筑 笃

竹笋 zhú sǔn　　　筑堤 zhù dī　　　　笃厚 dǔ hòu

【族】族 镞 簇 嗾

民族 mín zú　　　箭镞 jiàn zú　　　　簇拥 cù yōng　　　嗾使 sǒu shǐ

【月】月 钥

月亮 yuè liang　　　钥 yuè　　　　　钥匙 yào shi

（二）四字词语训练，分辨古入声字的声调

因噎废食、铜墙铁壁、磕头作揖、惊天霹雳、成绩突出、最终目的、偏僻寂静、销声匿迹、竭泽而渔、破绽百出、七零八落、若即若离、束手无策、约定俗成、疾恶如仇、独出心裁、削足适履、全军覆没、惜墨如金、以身作则、孤独寂寞、物极必反、昭然若揭、罪大恶极、贴壁而行、日月如梭、卑躬屈膝、蹑手蹑足、揭竿而起、两肋插刀

（三）读句段，分辨下列古入声字的读音

（1）这只小鸭特爱喝蜜汁、米粥，不吃谷粒儿。

（2）麦克一获悉锡剧新剧目就立刻撒腿跑来相告。

（3）寒冬腊月，北风从室壁裂隙呼叫而入，霎时屋内冷气彻骨。

（4）脚手架高高矗立在建筑工地上。

（5）几只喜鹊欢跃屋脊，唧唧喳喳叫个不歇，或许有客人远来。

（6）这孩子才六岁，写字还缺撇少捺，就爱上了踢足球。

（7）郝叔今天刷墙抹桌椅，晒湿褥，喂鸽子，秩序井然。

（四）古入声字的普通话读音练习

1. 词语练习

阴+阴

剥削 bō xuē　　　激发 jī fā　　　揭发 jié fā　　　拍击 pāi jī

切割 qiē gē　　　漆黑 qī hēi　　　突出 tū chū　　　压缩 yā suō

阴+阳

撮合 cuō hé　　　发达 fā dá　　　积极 jī jí　　　七十 qī shí

曲折 qū zhé　　　缺乏 quē fá　　　说服 shuō fú　　　挖掘 wā jué

阴+上

八百 bā bǎi　　　插曲 chā qǔ　　　出血 chū xiě　　　积雪 jī xuě

夹角 jiā jiǎo　　　屋脊 wū jǐ　　　歇脚 xiē jiǎo　　　鸭蹼 yā pǔ

阴+去

督促 dū cù　黑墨 hēi mò　忽略 hū lüè　激烈 jī liè
接触 jiē chù　拍摄 pāi shè　脱落 tuō luò　霹雳 pī lì

阳+阴

服贴 fú tiē　杰出 jié chū　节约 jié yuē　橘汁 jú zhī
十一 shí yī　熟悉 shú xī　袭击 xí jī　学说 xué shuō

阳+阳

隔膜 gé mó　国籍 guó jí　及格 jí gé　洁白 jié bái
结核 jié hé　习俗 xí sú　折叠 zhé dié　哲学 zhé xué

阳+上

蹩脚 bié jiǎo　佛塔 fó tǎ　伏法 fú fǎ　滑雪 huá xuě
峡谷 xiá gǔ　狭窄 xiá zhǎi　执笔 zhí bǐ　直属 zhí shǔ

阳+去

跋涉 bá shè　答复 dá fù　德育 dé yù　的确 dí què
独立 dú lì　决策 jué cè　协作 xié zuò　植物 zhí wù

上+阴

北约 Běi Yuē　抹煞 mǒ shā　索逼 suǒ bī　嘱托 zhǔ tuō

上+阳

百合 bǎi hé　北伐 běi fá　笔直 bǐ zhí　骨骼 gǔ gé
甲级 jiǎ jí　角膜 jiǎo mó　匹敌 pǐ dí　朴实 pǔ shí

上+上

瘪谷 biě gǔ　胛骨 jiǎ gǔ　铁塔 tiě tǎ　咫尺 zhǐ chǐ

上+去

笔墨 bǐ mò　法律 fǎ lù　角落 jiǎo luò　撇捺 piě nà

去+阴

扼杀 è shā　划一 huà yī　勒逼 lè bī　述说 shù shuō
特约 tè yuē　血压 xuè yā　益发 yì fā　窒息 zhì xī

去+阳

恶毒 è dú　克服 kè fú　蜡烛 là zhú　六十 liù shí
列席 liè xí　掠夺 lüè duó　密集 mì jí　祝福 zhù fú

去+上

彻骨 chè gǔ　发卡 fà qiǎ　勒索 lè suǒ　烈属 liè shǔ
落脚 luò jiǎo　译笔 yì bǐ　乐曲 yuè qǔ　作法 zuò fǎ

去+去

碧绿 bì lǜ　毕业 bì yè　寂寞 jì mò　脉络 mài luò
默契 mò qì　木刻 mù kè　沐浴 mù yù　束缚 shù fù

2. 诗歌练习

咏雪 吴均
微风摇庭树，
细雪下帘隙。

YǑNG XUĚ　WÚ JŪN
Wēi fēng yáo tíng shù,
Xì xuě xià lián xì.

紫空如雾转，　　　　　　　　Yíng kōng rú wù zhuàn,

凝阶似花积。　　　　　　　　Níng jiē sì huā jī.

不见杨柳春，　　　　　　　　Bú jiàn yáng liǔ chūn,

徒见桂枝白。　　　　　　　　Tú jiàn guì zhī bái.

零泪无人道，　　　　　　　　Líng lèi wú rén dào,

相思空何益。　　　　　　　　Xiāng sī kōng hé yì.

声声慢　李清照　　　　　　SHĒNG SHĒNG　MÀN　LǏ QĪNG ZHÀO

寻寻觅觅，　　　　　　　　　Xún xún mì mì,

冷冷清清，　　　　　　　　　Lěng lěng qīng qīng,

凄凄惨惨戚戚。　　　　　　　Qī qī cǎn cǎn qī qī.

乍暖还寒时候，　　　　　　　Zhà nuǎn hái hán shí hou,

最难将息。　　　　　　　　　Zuì nán jiāng xī.

三杯两盏淡酒，　　　　　　　Sān bēi liǎng zhǎn dàn jiǔ,

怎敌它晚来风急。　　　　　　Zěn dī tā wǎn lái fēng jí.

雁过也，　　　　　　　　　　Yàn guò yě,

正伤心，　　　　　　　　　　Zhèng shāng xīn,

却是旧时相识。　　　　　　　Què shì jiù shí xiāng shí.

满地黄花堆积，　　　　　　　Mǎn dì huáng huā duī jī,

憔悴损，　　　　　　　　　　Qiáo cuì sǔn,

如今有谁堪摘？　　　　　　　Rú jīn yóu shuí kān zhāi?

守着窗儿，　　　　　　　　　Shǒu zhe chuāng' ér,

独自怎生得黑！　　　　　　　Dú zì zěn shēng dé hēi!

梧桐更兼细雨，　　　　　　　Wú tóng gèng jiān xì yǔ,

到黄昏点点滴滴。　　　　　　Dāo huáng hūn diǎn diǎn dī dī.

这次第，　　　　　　　　　　Zhè cì dì,

怎一个愁字了得！　　　　　　Zěn yī gè chóu zì liǎo dé!

第五章 音节训练

第一节 认识音节

音节是语音的基本结构单位，是听觉上最容易分辨出来的语音单位，也是一次发出的最自然的语音单位。

一、音节的分类

音节根据它的结构形式分两大类，即一般音节和特殊音节。

一般音节：指声母、韵母、声调都全的音节，如"rén"（人）。

特殊音节：指声、韵、调不齐的音节，如零声母音节。

（一）零声母

韵母自成音节时，没有声母。如"安全"的"安"（ān），"凶恶"的"恶"（è）等。

（二）m、n、ng 三个辅音自成音节

这三个辅音自成音节主要存在于口语中，表示感叹、应答等。如：呣（ḿ、m̀），嗯（ń、ň、ǹ或ńg、ňg、ǹg）

二、音节的结构

音节一般由声母、韵母和声调三个部分组成，其中韵母又含韵头（介音）、韵腹（主要元音）和韵尾三个部分。但有以下几种特殊情况，如表 5.1 所示。

表 5.1　音节结构分析示例表

例字	音节	音节的组成部分					声调
		声母	韵母				
			韵头（介音）	韵腹（主要元音）	韵尾		
					元音	辅音	
一	yī			i			阴平
无	wú			u			阳平
呕	ǒu			o	u		上声
要	yào		i	ɑ	o		去声
娃	wá		u	ɑ			阳平
缺	quē	q	ü	ê			阴平
须	xū	x		ü			阴平
想	xiāng	x	i	ɑ		ng	上声
河	hé	h		e			阳平

续表

例字	音节	音节的组成部分					声调
		声母	韵母				
			韵头（介音）	韵腹（主要元音）	韵尾		
					元音	辅音	
嘴	zuǐ	z	u	ê	i		上声
唇	chún	ch	u	e		n	阳平
日	rì	r		-i（后）			去声
子	zi	z		-i（前）			轻声
儿	ér			er			阳平

三、音节的特点

根据普通话音节的结构分析，普通话音节具有五个特点。

（一）声母由辅音充当

充当声母的都是辅音，在韵母的前头。零声母音节，即无声母音节，它有三种情况：

（1）声母部分无任何字母，如"呕"（ǒu）。

（2）声母部分加写了 y、w，如"一"（yī），"无"（wú）。

（3）改复韵母的韵头 i、u 为 y、w，如"要"（yào）、"娃"（wá）。

（二）韵母主要由元音充当

韵腹由 10 个单元音充当，韵头只由元音 i、u、ü充当，韵尾由元音 i、u（含 ao、iao 韵尾 o）和辅音 n、ng 充当。

（三）每个音节都有一定的声调

每一个音节都有一定的声调，即阴平、阳平、上声、去声和轻声。

（四）一个音节音素为 1~4 个

每个音节至少有一个音素，最多有四个音素，多数音节由两、三个音素构成。在音节中，元音占优势，不仅有单元音，还有复元音，而辅音不能两个或两个以上连在一起，只是单个地出现在音节的开头、结尾或自成音节（嗯ń）。

（五）音节不能缺少韵腹和声调

音节可以同时具有声母、韵母（韵头、韵腹、韵尾）和声调，也可以没有辅音声母和韵母的韵头、韵尾，但音节不能缺少韵腹（口语中极个别的辅音音节无韵腹）和声调。

第二节　音节辨正

一、音节的错读现象

（一）受方言语音的影响，错读普通话音节的声母、韵母和声调。如前面指出的边鼻不分、平翘不分、前后鼻韵不分和古入声字调类的误读等。

（二）声母、韵母配合不符合普通话声韵组合规律。如：四川话把复韵母 uo 念成 o，例如"火"（huǒ）念成 hǒ 等；武汉话把翘舌音 zh、ch、sh 念成舌面音 j、q、x，把韵母 u 念成ü，由此武汉话把普通话 zh 组声母与韵母 u 相组合的音节，念成了 j 组声母与韵母ü相拼的音节，例："主"（zhǔ）念成 jǔ，"书"（shū）念成 xū 等。

（三）音节的读音缺陷十分严重。在字词念读和说话过程中，前面所述的语音缺陷都容易成系统性暴露出来。声母中发音部位不准，发音方法有误，如：翘舌声母 zh、ch、sh、r 的发音位置过于靠前或靠后，鼻音声母 n 发音微弱；韵母中发音的口形、舌位不到位，鼻韵尾 n 虚化而发元音的鼻化音，如：甜（tián）念成 tiɑ；声调中不仅调形、调势不明显，还有调值明显偏低或偏高，四声调值的相对高点和低点不一致。另外，音节的音变有误差。

二、普通话声、韵组合规律

普通话声母和韵母的组合是有规律的，掌握普通话声、韵的一些基本规律，对于认识普通话语音的系统，分清普通话音节同方言音节的异同是十分有益的。普通话声、韵组合关系的总体情况见如表 5.2 所示。

表 5.2　普通话声韵组合关系综述简表

声韵关系　　韵母 声母	开口呼	齐齿呼	合口呼	撮口呼
b、p、m	+	+	(u)	
f	+		(u)	
d、t	+	+	+	
n、l	+	+	+	+
g、k、h zh、ch、sh r、z、c、s	+		+	
j、q、x		+		+
零声母	+	+	+	+

注：表中符号"+"表示某一横行的声母和某一竖行的韵母有组合关系；字母"u"表示这一横行中的声母只与"u"韵母能组合音节，不与其他合口呼韵母发生关系。

从"综述简表"中可以看出：

第一，开口呼的韵母除了不与声母 j、q、x 相组合音节外，其余所有的声母都能与开口呼相拼。

第二，合口呼的韵母不与声母 j、q、x 相组合音节，b、p、m、f 只能与 u 韵母组合音节，其余声母均能与合口呼相拼。

第三，齐齿呼的韵母没有组合关系的声母有：f（唇齿音），g、k、h（舌根音），z、c、s（舌尖前音），zh、ch、sh、r（舌尖后音）。

第四，撮口呼的韵母只与声母 n、l 和 j、q、x（舌面音）有组合关系。

第五，声母 n、l 与四呼的韵母有组合关系。

以上表中所示能组合的是指声母能与某类韵母相组合，并不是指这类声母能与某类韵母的所有韵母均能相组合。例如：n、l 与四呼韵母有组合关系，但并非全有组合关系，它们与合口呼中的 ua、uai、uen、uang 等韵母就没有组合关系。因此，还必须掌握《普通话音节拼合总表》。为了便于寻找声、韵的组合规律，现将《普通话音节拼合总表》分解成《开口呼音节表》、《齐齿呼音节表》、《合口呼音节表》和《撮口呼音节表》进行具体阐述，如表 5.3 至表 5.6 所示。

表 5.3　开口呼音节表

	a	o	e	-i	er	ai	ei	ao	ou	an	en	ang	eng
零	a	o	e		er	ai	ei	ao	ou	an	en	ang	eng
b	ba	bo				bai	bei	bao		ban	ben	bang	beng
p	pa	po				pai	pei	pao	pou	pan	pen	pang	peng
m	ma	mo	me			mai	mei	mao	mou	man	men	mang	meng
f	fa	fo					fei		fou	fan	fen	fang	feng
d	da		de			dai		dao	dou	dan	den	dang	deng
t	ta		te			tai		tao	tou	tan		tang	teng
n	na		ne			nai	nei	nao		nan	nen	nang	neng
l	la		le			lai	lei	lao	lou	lan		lang	leng
g	ga		ge			gai	gei	gao	gou	gan	gen	gang	geng
k	ka		ke			kai		kao	kou	kan	ken	kang	keng
h	ha		he			hai	hei	hao	hou	han	hen	hang	heng
zh	zha		zhe	zhi		zhai	zhei	zhao	zhou	zhan	zhen	zhang	zheng
ch	cha		che	chi		chai		chao	chou	chan	chen	chang	cheng
sh	sha		she	shi		shai	shei	shao	shou	shan	shen	shang	sheng
r			re	ri				rao	rou	ran	ren	rang	reng
z	za		ze	zi		zai	zei	zao	zou	zan	zen	zang	zeng
c	ca		ce	ci		cai		cao	cou	can	cen	cang	ceng
s	sa		se	si		sai		sao	sou	san	sen	sang	seng

注：①横行按不同韵母排列，竖行按不同的声母排列。采用汉语拼音注音，拼写按照《汉语拼音方案》规则。表中"零"表示"零声母"。（下同）

②me（么）本是 mo，在轻音节时弱化为 me，括号"（　）"标出，列入表格备用。

③zhei 是"这"的口语；shei 是"谁"的口语，已常代替 shui，括号"（　）"标出，列入表格备用。

④ê 音节只在语气词中表现，未列入。

从"开口呼音节表"可以看出：

第一，声母 j、q、x 不同开口呼韵母相拼。

第二，舌尖元音属于开口呼音节，只同舌尖前音声母 z、c、s 和舌尖后音声母 zh、ch、sh、r 相拼。

第三，er 独立自成音节，不和任何声母相拼。

第四，舌尖中音声母 d、t、n、l 不拼韵母 en（nen"嫩"，den"扽"视为例外）。

第五，韵母 eng 除代表一个极不常用的"鞥"外，不独立成音节。ê 独立成音节只用于语气词中，一般出现在韵母 ie、üe 中。

第六，单韵母 o 只与声母 b、p、m、f 组合成音节。

表 5.4　齐齿呼音节表

	i	ia	ie	iao	iou	ian	in	iang	ing
零	yi	ya	ye	yao	you	yan	yin	yang	ying
b	bi		bie	biao		bian	bin		bing
p	pi		pie	piao		pian	pin		ping
m	mi		mie	miao	miu	mian	min		ming
d	di		die	diao	diu	dian			ding
t	ti		tie	tiao		tian			ting
n	ni		nie	niao	niu	nian	nin	niang	ning
l	li	lia	lie	liao	liu	lian	lin	liang	ling
j	ji	jia	jie	jiao	jiu	jian	jin	jiang	jing
q	qi	qia	qie	qiao	qiu	qian	qin	qiang	qing
x	xi	xia	xie	xiao	xiu	xian	xin	xiang	xing

注：从"齐齿呼音节表"可以看出：

第一，齐齿呼韵母不同声母舌尖前音 z、c、s 和舌尖后音 zh、ch、sh、r 以及舌面后音 g、k、h 和唇齿音 f 相拼。

第二，韵母 ia、iang 不同声母双唇音 b、p、m 和舌尖中音 d、t 相拼，韵母 ia 还不同声母 n 相拼。

第三，声母 d、t 不同韵母 in 相拼，b、p、t 不同韵母 iou 相拼。

表 5.5　合口呼音节表

	u	ua	uo	uai	uei	uan	uen	uang	ueng	ong（o 发 u 音）
零	wu	wa	wo	wai	wei	wan	wen	wang	weng	
b	bu									
p	pu									
m	mu									
f	fu									
d	du		duo		dui	duan	dun			dong
t	tu		tuo		tui	tuan	tun			tong
n	nu		nuo			nuan				nong
l	lu		luo			luan	lun			long
g	gu	gua	guo	guai	gui	guan	gun	guang		gong
k	ku	kua	kuo	kuai	kui	kuan	kun	kuang		kong
h	hu	hua	huo	huai	hui	huan	hun	huang		hong
zh	zhu	zhua	zhuo	zhuai	zhui	zhuan	zhun	zhuang		zhong
ch	chu		chuo	chuai	chui	chuan	chun	chuang		chong
sh	shu	shua	shuo	shuai	shui	shuan	shun	shuang		

续表

r	ru	ruo	rui	ruan	run			rong
z	zu	zuo	zui	zuan	zun			zong
c	cu	cuo	cui	cuan	cun			cong
s	su	suo	sui	suan	sun			song

注：从"合口呼音节表"可以看出：

第一，合口呼韵母不同舌面前音声母 j、q、x 相拼。

第二，双唇音声母 b、p、m 和唇齿音声母 f 只同韵母 u 相拼。

第三，舌尖中音声母 d、t、n、l 不同韵母 ua、uai、uang 相拼。

第四，声母 n、l 只同韵母 ei 相拼，不同韵母 uei 相拼。而声母 d、t 只同韵母 ui 相拼，不同韵母 ei 相拼。（dei 只有一个"得"字）

第五，舌尖前音声母 z、c、s 不同韵母 ua、uai、uang 相拼。

第六，ong 属于合口呼，一定要与辅音声母相拼，不能独立成音节；ueng 则只能独立成音节，不同任何辅音声母相拼。

表 5.6　撮口呼音节表

	ü	üe	üan	ün	iong[yŋ]
零	yu	yue	yuan	yun	yong
n	nü	nüe			
l	lü	lüe			
j	ju	jue	juan	jun	jiong
q	qu	que	quan	qun	qiong
x	xu	xue	xuan	xun	xiong

注：iong 按实有字母列入此表，它的实际读音为[yŋ]。

从"撮口呼音节表"可以看出：

第一，辅音声母同撮口呼韵母相拼的只有 j、q、x、n、l。

第二，声母 n、l 只同韵母 ü、üe 相拼，不同韵母 üan、ün、iong 相拼。

第三，iong 属于撮口呼韵母。

三、辨正练习

（一）按普通话读音，认读下列单音节字词

播 bō	鳔 biào	傍 bàng	殡 bìn	磅 bàng
濒 bīn	铺 pù	纰 pī	剖 pōu	滂 pāng
泡 pào	扪 mén	帆 fān	坊 fāng	藩 fān
吨 dūn	导 dǎo	盹 dǔn	档 dàng	逗 dòu
涛 tāo	听 tīng	挠 náo	琅 láng	敛 liǎn
偻 lóu	篱 lí	量 liàng	岗 gǎng	亘 gèn
估 gū	杆 gān	佝 gōu	慷 kāng	慨 kǎi
眶 kuàng	块 kuài	桦 huà	浣 huàn	纪 jì
较 jiào	茎 jīng	境 jìng	究 jiū	沮 jǔ
俱 jù	灸 jiǔ	企 qǐ	绮 qǐ	嵌 qiàn

镪 qiāng　　　掮 qián　　　携 xié　　　驯 xùn　　　徇 xùn

肖 xiāo　　　炫 xuàn　　　惩 chéng　　　豉 chǐ　　　侈 chǐ

储 chǔ　　　刍 chú　　　倡 chàng　　　雏 chú　　　厦 shà

蜃 shèn　　　绕 rào　　　蠕 rú　　　刃 rèn　　　韧 rèn

奢 shē　　　诊 zhěn　　　脂 zhī　　　奘 zàng　　　糙 cāo

枞 cōng　　　绥 suí　　　艘 sōu　　　嫂 sǎo　　　胺 ān

凹 āo　　　荫 yìn　　　蝇 yíng　　　蔷 qiáng　　　薇 wēi

微 wēi　　　蚁 yǐ　　　研 yán　　　腕 wàn　　　紊 wěn

拥 yōng　　　庸 yōng　　　泳 yǒng　　　吟 yín　　　咏 yǒng

陨 yǔn　　　酝 yùn　　　酿 niàng　　　翅 chì　　　霉 méi

（二）按普通话读音，认读下列双音节词语。

针砭 zhēn biān　　　捕捉 bǔ zhuō　　　簸箕 bò ji

颠簸 diān bǒ　　　摈弃 bìn qì　　　媲美 pì měi

剽窃 piāo qiè　　　酩酊 mǐng dǐng　　　俘虏 fú lǔ

堤坝 dī bà　　　提高 tí gāo　　　提防 dī fang

舞蹈 wǔ dǎo　　　探讨 tàn tǎo　　　酿酒 niàng jiǔ

打捞 dǎ lāo　　　车辆 chē liàng　　　谰言 lán yán

勾当 gòu dang　　　粗犷 cū guǎng　　　门框 mén kuàng

魁伟 kuí wěi　　　横行 héng xíng　　　蛮横 mán hèng

侥幸 jiǎo xìng　　　粳稻 jīng dào　　　咀嚼 jǔ jué

病菌 bìng jūn　　　香菌 xiāng jùn　　　请假 qǐng jià

假冒 jiǎ mào　　　亲家 qìng jia　　　和煦 hé xù

殉职 xùn zhí　　　眩晕 xuàn yùn　　　盛饭 chéng fàn

振奋 zhèn fèn　　　广场 guǎng chǎng　　　场院 cháng yuàn

创伤 chuāng shāng　　　创举 chuàng jǔ　　　妊娠 rèn shēn

孺子 rú zǐ　　　缝纫 féng rèn　　　刊载 kān zǎi

运载 yùn zài　　　炎热 yán rè　　　危害 wēi hài

伪造 wěi zào　　　蜿蜒 wān yán　　　雇佣 gù yōng

佣金 yòng jīn　　　喷洒 pēn sǎ　　　喷香 pèn xiāng

（三）练习绕口令，发准每个字音

学好声韵辨四声，阴阳上去要分明。

部位方法须找准，开齐合撮属口形。

"双唇"班抱必百波，"抵舌"当地斗德丁。

"舌根"高狗工耕故，"舌面"机结教坚精。

"翘舌"主争真正照，"平舌"资责早在增。

"擦音"发翻尽分复，"送气"查柴产彻争。

"合口"忽午枯胡除，"开口"河坡歌安称。

"嘴撮"虚学寻徐剧，"齐齿"衣优摇业英。

"抵颚"恩音烟弯稳，"穿鼻"昂迎中佣生。

咬紧字头归字尾，不难达到纯和清。

（四）读句段，分辨每个音节的发音

爸爸等于给我一个谜语，这谜语比课本上的"日历挂在墙壁，一天撕去一页，使我心里着急"和"一寸光阴一寸金，寸金难买寸光阴"还让我感到可怕；也比作文本上的"光阴似箭，日月如梭"更让我觉得有一种说不出的滋味。

——《和时间赛跑》

附：《普通话水平测试用普通话词语表》易读错词语

（一）声调易读错词语

卑鄙 bēi bǐ	乘车 chéng chē	惩罚 chéng fá	从容 cóng róng
悼念 dào niàn	框架 kuàng jià	比较 bǐ jiào	骨髓 gǔ suǐ
号召 hào zhào	暂时 zàn shí	穴道 xué dào	夹道 jiā dào
保持 bǎo chí	本领 běn lǐng	彼此 bǐ cǐ	编辑 biān jí
处于 chǔ yú	并且 bìng qiě	捕捞 bǔ lāo	参与 cān yù
阐明 chǎn míng	颤抖 chàn dǒu	成绩 chéng jì	崇拜 chóng bài
挫折 cuò zhé	答案 dá' àn	档案 dàng' àn	逮捕 dài bǔ
讽刺 fěng cì	俘虏 fú lǔ	抚摸 fǔ mō	感慨 gǎn kǎi
高涨 gāo zhǎng	铁轨 tiě guǐ	罕见 hǎn jiàn	痕迹 hén jì
呼吁 hū yù	湖泊 hú pō	疾病 jí bìng	即使 jí shǐ
既然 jì rán	刊登 kān dēng	题目 tí mù	渴望 kě wàng
连接 lián jiē	蚂蚁 mǎ yǐ	勉强 miǎn qiǎng	面积 miàn jī
模拟 mó nǐ	偶尔 ǒu' ěr	胚胎 pēi tāi	气氛 qì fēn
奇迹 qí jì	曲折 qū zhé	然而 rán' ér	燃烧 rán shāo
仍然 réng rán	儒家 rú jiā	稍微 shāo wēi	设置 shè zhì
适宜 shì yí	书籍 shū jí	脱离 tuō lí	危险 wēi xiǎn
侮辱 wǔ rǔ	狭窄 xiá zhǎi	冶金 yě jīn	胸脯 xiōng pú
雪白 xuě bái	研究 yán jiū	兴奋 xīng fèn	相互 xiāng hù
已经 yǐ jīng	抑制 yì zhì	医疗 yī liáo	拥有 yōng yǒu
涌现 yǒng xiàn	友谊 yǒu yì	与其 yǔ qí	约束 yuē shù
诊断 zhěn duàn	安逸 ān yì	按捺 àn nà	盎然 àng rán
白桦 bái huà	褒贬 bāo biǎn	撇开 piē kāi	撇捺 piě nà
琢磨 zuó mo	背脊 bèi jǐ	笨拙 bèn zhuō	迸发 bèng fā
笔迹 bǐ jì	编纂 biān zuǎn	摒弃 bìng qì	冰雹 bīng báo
病菌 bìng jūn	布匹 bù pǐ	裁军 cái jūn	惨死 cǎn sǐ
嘈杂 cáo zá	巢穴 cháo xué	沉吟 chén yín	驰骋 chí chěng
崇敬 chóng jìng	揣摩 chuǎi mó	怀揣 huái chuāi	低洼 dī wā
创口 chuāng kǒu	篡改 cuàn gǎi	结婚 jié hūn	灯塔 dēng tǎ
叮嘱 dīng zhǔ	跌落 diē luò	订正 dìng zhèng	颠簸 diān bǒ
豆浆 dòu jiāng	船桨 chuán jiǎng	笃信 dǔ xìn	扼要 è yào
帆船 fān chuán	繁衍 fán yǎn	梵文 fàn wén	绯闻 fēi wén
氛围 fēn wéi	焚烧 fén shāo	风靡 fēng mǐ	附和 fù hè

杆菌 gǎn jūn	秆子 gān zi	鱼竿 yú gān	戈壁 gē bì
供销 gōng xiāo	公仆 gōng pú	勾当 gòu dàng	呵斥 hē chì
恍然 huǎng rán	幌子 huǎng zi	谎言 huǎng yán	讥讽 jī fěng
嫉妒 jí dù	混沌 hùn dùn	浑浊 hún zhuó	混浊 hùn zhuó
棘手 jí shǒu	给养 jǐ yǎng	肩胛 jiān jiǎ	缄默 jiān mò
舰艇 jiàn tǐng	矫健 jiǎo jiàn	秸秆 jiē gǎn	劫持 jié chí
皎洁 jiǎo jié	脚趾 jiǎo zhǐ	精髓 jīng suǐ	拘泥 jū nì
矩形 jǔ xíng	颈椎 jǐng zhuī	窘迫 jiǒng pò	纠葛 jiū gé
倔强 jué jiàng	慷慨 kāng kǎi	苛求 kē qiú	渴求 kě qiú
棱角 léng jiǎo	懒散 lǎn sǎn	理应 lǐ yīng	涟漪 lián yī
脸颊 liǎn jiá	潦倒 liáo dǎo	镣铐 liào kào	流失 liú shī
流逝 liú shì	蛮横 mán hèng	谩骂 màn mà	闷热 mēn rè
泯灭 mǐn miè	拟人 nǐ rén	宁愿 nìng yuàn	诽谤 fěi bàng
镊子 niè zi	谄媚 chǎn mèi	鞭笞 biān chī	血泊 xuè pō
载重 zài zhòng	针砭 zhēn biān	缄默 jiān mò	挣揣 zhèng chuài
心扉 xīn fēi	沼泽 zhǎo zé	剽窃 piāo qiè	杳然 yǎo rán
黝黑 yǒu hēi	轻佻 qīng tiāo	揩油 kāi yóu	匪穴 fěi xué
倨傲 jù'ào	稍息 shào xī	呕吐 ǒu tù	请贴 qǐng tiě
窥视 kuī shì	颔联 hàn lián	炫耀 xuàn yào	荫凉 yìn liáng
阴凉 yīn liáng	哄抢 hōng qiǎng	哄骗 hǒng piàn	起哄 qǐ hòng
佣金 yòng jīn	女佣 nǚ yōng	晕船 yùn chuán	构杞 gǒu qǐ
窈窕 yǎo tiǎo	炮制 páo zhì	漂白 piǎo bái	瞥见 piē jiàn
估计 gū jì	篇章 piān zhāng	歧视 qí shì	绮丽 qǐ lì
谦逊 qiān xùn	虔诚 qián chéng	翘首 qiáo shǒu	悄然 qiǎo rán
翘望 qiáo wàng	顷刻 qǐng kè	权衡 quán héng	撒谎 sā huǎng
山峦 shān luán	深邃 shēn suì	倏然 shū rán	树冠 shù guān
水獭 shuǐ tǎ	伺机 sì jī	怂恿 sǒng yǒng	搜刮 sōu guā
逃窜 táo cuàn	剔除 tī chú	题词 tí cí	桅杆 wéi gān
畏缩 wèi suō	萎缩 wěi suō	肖像 xiào xiàng	袖珍 xiù zhēn
炫耀 xuàn yào	皮靴 pí xuē	俨然 yǎn rán	糟蹋 zāo tà
拯救 zhěng jiù	诸侯 zhū hóu	纵横 zòng héng	混淆 hùn xiáo
憧憬 chōng jǐng	绚丽 xuàn lì	喷香 pèn xiāng	鳏夫 guān fū
根茎 gēn jīng	分外 fèn wài	床榻 chuáng tà	眩晕 xuàn yùn
渲染 xuàn rǎn	询问 xún wèn	讯问 xùn wèn	徇私 xùn sī
作坊 zuō fang	组织 zǔ zhī	租金 zū jīn	蜚声 fēi shēng
北京 Běi jīng	没有 méi yǒu	住持 zhù chí	脂肪 zhī fang
咄咄 duō duō	哈达 hǎ dá	华山 Huà shān	可汗 kè hán
教室 jiào shì	背包 bèi bāo	投奔 tóu bèn	菲薄 fěi bó
干瘪 gān biě	瘪三 biē sān	答应 dā ying	芳菲 fāng fēi

恶心 ě xīn	颠倒 diān dǎo	耽搁 dān ge	供认 gòng rèn
反倒 fǎn dào	供给 gōng jǐ	山谷 shān gǔ	龟裂 jūn liè
号呼 háo hū	绷脸 běng liǎn	劈叉 pǐ chà	叉腰 chā yāo
冲床 chòng chuáng	执拗 zhí niù	济南 jǐ nán	自个儿 zì gěr
晃眼 huǎng yǎn	豁口 huō kǒu	结构 jié gòu	太监 tài jiàn
登载 dēng zǎi	瓜葛 guā gé	症结 zhēng jié	中肯 zhòng kěn
拮据 jié jū	坎坷 kǎn kě	笼罩 lǒng zhào	猫腰 máo yāo
启蒙 qǐ méng	蒙古 měng gǔ	撒种 sǎ zhǒng	散漫 sǎn màn
属于 shǔ yú	瞩望 zhǔ wàng	刷白 shuà bái	遂心 suì xīn
鲜见 xiǎn jiàn	踏步 tà bù	压轴 yā zhòu	旋转 xuán zhuàn
舌苔 shé tāi	恪守 kè shǒu	字帖 zì tiè	妥帖 tuǒ tiē
呕吐 ǒu tù	应用 yìng yòng	赠与 zèng yǔ	诸葛 zhū gě
虚晃 xū huǎng	几乎 jī hū	夹缝 jiā fèng	强求 qiǎng qiú
横财 hèng cái	糊弄 hù nong	尽管 jǐn guǎn	眼泡 yǎn pāo
几何 jǐ hé	照片 zhào piàn	切题 qiè tí	曲调 qǔ diào
腥臊 xīng sāo	煞白 shà bái	胡同 hú tòng	应届 yìng jiè
与会 yù huì	缝隙 fèng xì	只身 zhī shēn	只管 zhǐ guǎn
请柬 qǐng jiǎn	妩媚 wǔ mèi	轶事 yì shì	蹩脚 bié jiǎo
妇孺 fù rú	诤友 zhèng yǒu	尽快 jǐn kuài	汩汩 gǔ gǔ
瑰丽 guī lì	刿予 guì zi	亨通 hēng tōng	莴苣 wō jù
无赖 wú lài	狗獾 gǒu huān	惶恐 huáng kǒng	幌子 huǎng zi
讳言 huì yán	教诲 jiào huì	毋庸 wú yōng	昏眩 hūn xuàn
贫瘠 pín jí	佳节 jiā jié	嘉奖 jiā jiǎng	分析 fēn xī
侥幸 jiǎo xìng	台阶 tái jiē	泾渭 jīng wèi	迥然 jiǒng rán
负疚 fù jiù	袭击 xí jī	盘踞 pán jù	浚河 jùn hé
亢奋 kàng fèn	懵懂 měng dǒng	匡缪 kuāng miù	诓人 kuāng rén
迁徙 qiān xǐ	青睐 qīng lài	凛冽 lǐn liè	弥补 mí bǔ
牛腩 niú nǎn	蹑足 niè zú	宁静 níng jìng	狞笑 níng xiào
驽马 nú mǎ	弩箭 nǔ jiàn	滂沱 páng tuó	苔藓 tái xiǎn
刨除 páo chú	纰漏 pī lòu	癖好 pǐ hào	仪器 yí qì
维护 wéi hù	骈文 pián wén	沏茶 qī chá	违约 wéi yuē
修葺 xiū qì	迄今 qì jīn	惟一 wéi yī	砌墙 qì qiáng
谴词 qiǎn cí	呛人 qiàng rén	祛除 qū chú	濡染 rú rǎn
被褥 bèi rù	丧服 sāng fú	飒爽 sà shuǎng	介绍 jiè shào
奢侈 shē chǐ	侍候 shì hòu	剔除 tī chú	颐养 yí yǎng
倚靠 yǐ kào	容易 róng yì	雍容 yōng róng	迂回 yū huí
昭示 zhāo shì	舆论 yú lùn	咂嘴 zā zuǐ	仄声 zè shēng
憎恨 zēng hèn	札记 zhá jì	召集 zhào jí	遮挡 zhē dǎng
症候 zhèng hòu	旗帜 qí zhì	质量 zhì liàng	接踵 jiē zhǒng

恣意 zì yì　　　佝偻 gōu lóu　　　谙熟 ān shú　　　夹袄 jiá ǎo
匕首 bǐ shǒu　　　秕谷 bǐ gǔ　　　翻译 fān yì　　　孵化 fū huà
束缚 shù fù　　　敷衍 fū yǎn　　　跛脚 bǒ jiǎo　　　查缉 chá jī
沉闷 chén mèn　　　唇膏 chún gāo　　　成殓 chéng liàn　　　逞能 chěng néng
嗤笑 chī xiào　　　传播 chuán bō　　　戳穿 chuō chuān　　　辞藻 cí zǎo
拊手 fǔ shǒu　　　窜改 cuàn gǎi　　　殚力 dān lì　　　裤裆 kù dāng
跌宕 diē dàng　　　悼唁 dào yàn　　　踮脚 diǎn jiǎo　　　仰视 yǎng shì
繁缛 fán rù

（二）声母易读错词语

孢子 bāo zǐ　　　粗糙 cū cāo　　　分泌 fēn mì　　　腐朽 fǔ xiǔ
机械 jī xiè　　　畸形 jī xíng　　　纤维 xiān wéi　　　秩序 zhì xù
贮存 zhù cún　　　姿势 zī shì　　　包庇 bāo bì　　　濒临 bīn lín
怅惘 chàng wǎng　　　打颤 dǎ zhàn　　　堤坝 dī bà　　　提防 dī fáng
对峙 duì zhì　　　发酵 fā jiào　　　巷道 hàng dào　　　寒颤 hán zhàn
哭泣 kū qì　　　湖畔 hú pàn　　　漂泊 piāo bó　　　扁舟 piān zhōu
活泼 huó po　　　泥淖 ní nào　　　狙击 jū jī　　　媲美 pì měi
鞭挞 biān tà　　　膀胱 páng guāng　　　粗犷 cū guǎng　　　悚然 sǒng rán
恫吓 dòng hè　　　赚钱 zhuàn qián　　　冗长 rǒng cháng　　　朔月 shuò yuè
气馁 qì něi　　　奇葩 qí pā　　　膝盖 xī gài　　　膏肓 gāo huāng
押解 yā jiè　　　市侩 shì kuài　　　愆期 qiān qī　　　毗邻 pí lín
坍塌 tān tā　　　丰稔 fēng rěn　　　色子 shǎi zi　　　擦拭 cā shì
挈带 qiè dài　　　妊娠 rèn shēn　　　真谛 zhēn dì　　　妃嫔 fēi pín
高亢 gāo kàng　　　角逐 jué zhú　　　自诩 zì xǔ　　　偏颇 piān pō
霎时 shà shí　　　石笋 shí sǔn　　　戏谑 xì xuè　　　荫庇 yìn bì
甬道 yǒng dào　　　糟粕 zāo pò　　　证券 zhèng quàn　　　桎梏 zhì gù
贮备 zhù bèi　　　粽子 zòng zi　　　功勋 gōng xūn　　　损失 sǔn shī
伫立 zhù lì　　　麻痹 má bì　　　裨益 bì yì　　　波浪 bō làng
刹那 chà nà　　　单于 chán yú　　　赔偿 péi cháng　　　惆怅 chóu chàng
琛宝 chēn bǎo　　　嗔怒 chēn nù　　　炽热 chì rè　　　禅让 shàn ràng
赡养 shàn yǎng　　　似的 shì de　　　翩跹 piān xiān　　　长吁 cháng xū
蓄养 xù yǎng　　　屹立 yì lì　　　老妪 lǎo yù　　　宝藏 bǎo zàng
胡诌 hú zhōu　　　骤雨 zhòu yǔ　　　姓晁 xìng cháo　　　汤匙 tāng chí
侗族 dòng zú　　　同胞 tóng bāo　　　蓓蕾 bèi lěi　　　开辟 kāi pì
复辟 fù bì　　　整饬 zhěng chì　　　阔绰 kuò chuò　　　回纥 huí hé
淙淙 cóng cóng　　　簇拥 cù yōng　　　皲裂 cūn liè　　　傣族 dǎi zú
缔结 dì jié　　　歼灭 jiān miè　　　老趼 lǎo jiǎn　　　秘鲁 Bì lǔ
伺候 cì hou　　　眼睑 yǎn jiǎn　　　菁华 jīng huá　　　沮丧 jǔ sàng
鸟瞰 niǎo kàn　　　铿锵 kēng qiāng　　　乜斜 miē xié　　　虐待 nüè dài
湃 péng pài　　　蹒跚 pān shān　　　苗圃 miáo pǔ　　　蹊跷 qī qiāo

菜畦 cài qí	按洽 jiē qià	悭吝 qiān lìn	掮客 qián kè
憔悴 qiáo cuì	引擎 yǐn qíng	龋齿 qǔ chǐ	小觑 xiǎo qù
缫丝 sāo sī	稽留 jī liú	稽首 qǐ shǒu	溃败 kuì bài
弄堂 lòng táng	屏除 bǐng chú	徜徉 cháng yáng	瓜蔓 guā wàn
轧钢 zhá gāng	粘贴 zhān tiē	岿然 kuī rán	哺育 bǔ yù
翱翔 áo xiáng	悲恸 bēi tòng	贲门 bēn mén	崩坍 bēng tān
鱼鳔 yú biào	摈弃 bìn qì	豺狼 chái láng	犯怵 fàn chù
疮痍 chuāng yí	疵点 cī diǎn	淳朴 chún pǔ	痤疮 cuó chuāng
邸宅 dǐ zhái	诋毁 dǐ huǐ	谛听 dì tīng	缔造 dì zào
豢养 huàn yǎng	打诨 dǎ hùn	奇数 jī shù	幡然 fān rán
讣告 fù gào	撼动 hàn dòng	恍然 huǎng rán	犄角 jī jiǎo
亟待 jí dài	校对 jiào duì	下颌 xià hé	譬如 pì rú
蜷曲 quán qū			

（三）韵母易读错词语

沉着 chén zhuó	成熟 chéng shú	飞跃 fēi yuè	角色 jué sè
咳嗽 ké sou	模样 mú yàng	奴隶 nú lì	努力 nǔ lì
钥匙 yào shi	宾客 bīn kè	沉没 chén mò	称职 chèn zhí
刚劲 gāng jìng	核对 hé duì	开凿 kāi záo	露骨 lù gǔ
裸露 luǒ lù	蓦然 mò rán	暖和 nuǎn huo	肋骨 lèi gǔ
刁悍 diāo hàn	埋怨 mán yuàn	寒碜 hán chen	雕镂 diāo juān
曲轴 qū zhóu	慰藉 wèi jiè	相称 xiāng chèn	爪牙 zhǎo yá
着落 zhuó luò	着想 zhuó xiǎng	着眼 zhuó yǎn	阻塞 zǔ sè
手癣 shǒu xuǎn	金钗 jīn chāi	咯血 kǎ xiě	勒索 lè suǒ
脉搏 mài bó	抹布 mā bù	呜咽 wū yè	殷勤 yīn qín
攒聚 cuán jù	猜度 cāi duó	舷窗 xián chuāng	挟制 xié zhì
携手 xié shǒu	酗酒 xù jiǔ	摘取 zhāi qǔ	砧板 zhēn bǎn
投掷 tóu zhì	浸渍 jìn zì	柏树 bǎi shù	河蚌 hé bàng
剥皮 bāo pí	薄饼 báo bǐng	薄弱 bó ruò	只得 zhǐ dé
罢黜 bà chù	句读 jù dòu	呵欠 hē qiàn	徘徊 pái huái
咀嚼 jǔ jué	贿赂 huì lù	撩起 liáo qǐ	愤懑 fèn mèn
木讷 mù nè	嫩芽 nèn yá	隐匿 yǐn nì	玩弄 wán nòng
抨击 pēng jī	披衣 pī yī	土坯 tǔ pī	解剖 jiě pōu
亲家 qìng jia	洗涮 xǐ shuàn	游说 yóu shuì	悖逆 bèi nì
河浜 hé bāng	碑拓 bēi tà	省略 shěng lüè	宠物 chǒng wù
醇香 chún xiāng	磋商 cuō shāng	水泵 shuǐ bèng	弹劾 tán hé
脉脉 mò mò	拓本 tà běn	拓荒 tuò huāng	粤菜 yuè cài
堆积 duī jī			

（四）声母和韵母都易读错词语

粳米 jīng mǐ	给以 gěi yǐ	供给 gōng jǐ	湍流 tuān liú

狭隘 xiá ài 　啜泣 chuò qì 　绰号 chuò hào 　涤纶 dí lún
干涸 gān hé 　皈依 guī yī 　横亘 héng gèn 　赧然 nǎn rán
惬意 qiè yì 　思忖 sī cǔn 　绦虫 tāo chōng 　提携 tí xié
阴霾 yīn mái 　造诣 zào yì 　灼热 zhuó rè 　岑寂 cén jì
瞠目 chēng mù 　凹陷 āo xiàn 　翁媪 wēng' ǎo 　怆然 chuàng rán
辍学 chuò xué 　佝偻 gōu lóu 　鳜鱼 guì yú 　引吭 yǐn háng
怯懦 qiè nuò 　薅草 hāo cǎo 　抓阄 zhuā jiū 　喟然 kuì rán
仓廪 cāng lǐn 　联袂 lián mèi 　分娩 fēn miǎn 　酝酿 yùn niàng
浚河 jùn hé 　遗赠 yí zèng 　绰约 chuò yuē 　殒灭 yǔn miè
瀑布 pù bù 　小憩 xiǎo qì 　关卡 guān qiǎ 　天堑 tiān qiàn
嵌入 qiàn rù 　地壳 dì qiào 　慑服 shè fú 　摄影 shè yǐng
舐犊 shì dú 　枢纽 shū niǔ 　涎水 xián shuǐ 　叶韵 xié yùn
星宿 xīng xiù 　殷红 yān hóng 　赝品 yàn pǐn 　疟子 yào zi
笑靥 xiào yè 　谒见 yè jiàn 　摇曳 yáo yè 　游弋 yóu yì
无垠 wú yín 　须臾 xū yú 　彼绽 pò zhàn 　陟山 zhì shān
惴惴 zhuì zhuì 　谆谆 zhūn zhūn 　郴州 Chēn zhōu 　乳臭 rǔ xiù
咖喱 gā lí 　吮吸 shǔn xī 　粟类 sù lèi 　鬼祟 guǐ suì
倜傥 tì tǎng 　殄灭 tiǎn miè 　迢迢 tiáo tiáo 　荼毒 tú dú
斡旋 wò xuán 　可恶 kě wù 　捭阖 bǎi hé 　采撷 cǎi xié
丛冢 cóng zhǒng 　蹙额 cù' é 　迭出 dié chū 　讹人 é rén
丰腴 fēng yú 　蛊惑 gǔ huò 　纶巾 guān jīn 　蚝油 háo yóu
脚踝 jiǎo huái 　抉择 jué zé 　阒然 qù rán 　夙愿 sù yuàn
椭圆 tuǒ yuán 　文苑 wén yuàn 　陨落 yǔn luò

（五）轻读重读两可词语

白天 bái tiān 　报酬 bào chóu 　别人 bié rén 　玻璃 bō li
长处 cháng chù 　成分 chéng fèn 　诚实 chéng shí 　出来 chū lái
出去 chū qù 　刺激 cì jī 　聪明 cōng míng 　答复 dá fù
底下 dǐ xià 　地下 dì xià 　懂得 dǒng dé 　多少 duō shǎo
对不起 duì bù qǐ 　反正 fǎn zhèng 　分量 fèn liàng 　父亲 fù qīn
干净 gān jìng 　感激 gǎn jī 　跟前 gēn qián 　公平 gōng ping
工人 gōng rén 　费用 fèi yòng 　固执 gù zhí 　过来 guò lái
过去 guò qù 　好处 hǎo chù 　喉咙 hóu lóng 　后面 hòu miàn
花费 huā fèi 　回来 huí lái 　回去 huí qù 　机会 jī huì
家具 jiā jù 　价钱 jià qián 　讲究 jiǎng jiū 　进来 jìn lái
进去 jìn qù 　觉得 jué dé 　会计 kuài jì 　来不及 lái bù jí
力量 lì liang 　里面 lǐ miàn 　里边 lǐ biān 　老人家 lǎo rén jiā
了不起 liǎo bù qǐ 　逻辑 luó ji 　毛病 máo bìng 　棉花 mián huā
摸索 mō suǒ 　母亲 mǔ qīn 　哪里 nǎ lǐ 　佩服 pèi fú
菩萨 pú sà 　葡萄 pú táo 　妻子 qī zǐ 　起来 qǐ lái

气氛 qì fēn	前景 qián jǐng	情形 qíng xíng	情绪 qíng xù
任务 rèn wù	容易 róng yì	上来 shàng lái	上面 shàng miàn
上去 shàng qù	身份 shēn fèn	神气 shén qì	舍不得 shě bù dé
使得 shǐ dé	势力 shì lì	熟悉 shú xī	说法 shuō fǎ
太阳 tài yáng	态度 tài dù	听见 tīng jiàn	外边 wài biān
外面 wài miàn	味道 wèi dao	西瓜 xī guā	下边 xià biān
下面 xià miàn	下来 xià lái	下去 xià qù	显得 xiǎn dé
想法 xiǎng fǎ	小姐 xiǎo jiě	小心 xiǎo xīn	晓得 xiǎo de
心里 xīn lǐ	新鲜 xīn xiān	烟囱 yān cōng	摇晃 yáo huàng
夜里 yè lǐ	已经 yǐ jīng	意见 yì jiàn	意识 yì shí
因为 yīn wéi	应付 yìng fù	用处 yóng chù	右边 yòu biān
愿意 yuàn yì	早晨 zǎo chén	照顾 zhào gù	折磨 zhé mó
这里 zhè lǐ	值得 zhí dé	主人 zhǔ rén	嘱咐 zhǔ fù
资格 zī gé	左边 zuǒ biān	把手 bǎ shǒu	摆布 bǎi bù
摆弄 bǎi nòng	摆设 bǎi shè	褒贬 bāo biǎn	报应 bào yìng
北边 běi biān	本钱 běn qián	鼻涕 bí tì	别致 bié zhì
尺寸 chǐ cùn	吃不消 chī bù xiāo	抽屉 chōu tì	搭讪 dā shàn
当铺 dàng pù	得罪 dé zuì	点缀 diǎn zhuì	打交道 dǎ jiāo dào
惦记 diàn jì	东边 dōng biān	短处 duǎn chù	翻腾 fān téng
分寸 fēn cùn	大不了 dà bù liǎo	风水 fēng shuǐ	扶手 fú shǒu
服侍 fú shì	斧头 fǔ tóu	干粮 gān liáng	告示 gào shì
公家 gōng jiā	功劳 gōng láo	恭维 gōng wéi	勾当 gòu dàng
估量 gū liáng	害处 hài chù	行家 háng jiā	和气 hé qì
荷包 hé bāo	滑稽 huá jī	荒唐 huāng táng	黄瓜 huáng guā
恍惚 huǎng hū	晦气 huì qì	火气 huǒ qì	伙食 huǒ shí
祸害 huò hài	忌讳 jì huì	缰绳 jiāng shéng	禁不住 jīn bu zhù
近视 jìn shì	看不起 kàn bù qǐ	考究 kǎo jiū	苦头 kǔ tóu
魁梧 kuí wú	拉拢 lā lǒng	牢骚 láo sāo	冷清 lěng qīng
伶俐 líng lì	琉璃 liú lí	露水 lù shuǐ	埋伏 mái fú
卖弄 mài nong	玫瑰 méi guī	眉目 méi mù	门面 mén miàn
免得 miǎn dé	牡丹 mǔ dān	难处 nán chù	泥鳅 ní qiū
挪动 nuó dòng	喷嚏 pēn tì	牌坊 pái fāng	碰见 pèng jiàn
排场 pái chǎng	琵琶 pí pā	篇幅 piān fú	撇开 piē kāi
泼辣 pō là	破绽 pò zhàn	敲打 qiāo dǎ	俏皮 qiào pí
瞧见 qiáo jiàn	亲事 qīn shì	轻巧 qīng qiǎo	洒脱 sǎ tuō
神仙 shén xiān	生日 shēng rì	尸首 shī shǒu	手巾 shǒu jīn
算盘 suàn pán	孙女 sūn nǚ	太监 tài jiàn	提拔 tí bá
体谅 tǐ liàng	体面 tǐ miàn	替换 tì huàn	通融 tōng róng
透亮 tòu liàng	徒弟 tú dì	围裙 wéi qún	喜鹊 xǐ què

薪水 xīn shuǐ	修行 xiū xíng	义气 yì qì	益处 yì chù
樱桃 yīng táo	鸳鸯 yuān yāng	月季 yuè jì	匀称 yún chèn
糟蹋 zāo tà	渣滓 zhā zǐ	照应 zhào yìng	阵势 zhèn shì
证人 zhèng rén	侄女 zhí nǔ	指头 zhǐ tou（或 zhí tou）	
志气 zhì qì	周到 zhōu dào	住处 zhù chù	座位 zuò wèi

注：①"不"嵌在词语中间时，既可以读轻声也可以读原有的调值。

②趋向动词"来、去"处在动词的末尾时，既可以读轻声也可以读原有的调值。

③方位词"里、面、边、上、下"，既可以读轻声也可以读原有的调值。

④可轻读、可重读的这些词语，有的读轻、读重意义上没有什么差异，有的读轻读重在意义上有一定的区别。

第六章　语流音变

这里所讲的语流音变是一种共时现象，是在同一个历史横断面上发生的。由于人们在运用语言进行交际时，总是一个音接一个音地说，各个语音成分连续不断，形成了长短不等的一段语流，而语流内的一连串语音成分紧密相连，随着发音部位和发音方法的不断改变，有时难免互相影响，产生明显的变化。这种语音变化就叫做"共时语流音变"。

语流音变在语流中的主要作用是产生协调感，方便人们口语表达。语流音变一般都有较强的规律性，但这种规律性只适用于特定的语言和特定的时代。各种语言和方言都有自己特殊的语流音变规律。这里只研究普通话中的几种突出的语流音变现象。

语流音变在书写上没有任何改变，即书写标原调，说话说变调。这类音变最常见的有：上声的变调、去声的变调、"一、不、啊"的变调和重叠形容词的变调。

第一节　上声和去声变调

上声的变调，就是通常所说的"三声"的变调，去声的变调，就是"四声"的变调。它们在具体的语言环境中，因受其他音节的影响，在朗读和说话过程中发生了一定的音变。

一、上声变调

（一）上声念原调的一般规律

1. 单念时，念原调

上声单念时，不受其他音节影响，念原调。例如："请"（qǐng）、"敏"（mǐn）、"角"（jiǎo）等。

2. 用在词末和句末时，念原调

上声的音变主要是受后一个音节的影响而发生音变，因此，词末和句末的上声后没有其他音节而不受影响，念原调。例如："乐曲"（qǔ）、"凉爽"（shuǎng），"学生们就常常冻了手脚"（jiǎo）等。

3. 句中的逻辑停顿，念原调

句中的逻辑停顿，仍不受后一个音节的影响，念原调。例如："我想，这就是人们为什么把及时的大雪（xuě）称为'瑞雪'的道理吧。"

（二）上声变调的基本规律

1. 上声＋上声→阳平＋上声

两个上声音节相连，前一个上声音节的调值由原来的降升调（214）变成近乎阳平的高升调，调值约为34。例如："短跑"、"粉笔"、"骨髓"等。

2. 上声＋非上声→半上＋非上声

上声音节位于非上声音节（阴平、阳平、去声和轻声）前，上声音节的调值由原来的降升调（214）变成只降不升的低降调（21），丢掉了本来还要升上去的后半段（14），变成了半上声（通常称作半上）。其中"上声＋轻声"里，轻声原调为上声音节，这类词中有一部分前面上声变成近乎阳平，如"小姐、打手、哪里、想想"等，所念调值为"近乎阳平+轻声（34+31）"；另一部分念"半上＋轻声（21+44）"，如"耳朵、奶奶、马虎、椅子"等。

3．三个上声音节相连的变调

三个上声音节相连，由于三音节词语内部组合的结构层次不同，上声的变调也不同。具体情况如表 6.1 所示。

表 6.1　三个上声音节相连的变调

音节组合形式	音节变调形式	调值	例词
（上声+上声）+上声	阳平+阳平+上声	34+34+214	选举法、展览馆、马尾草
上声+（上声+上声）	半上+阳平+上声	21+34+214	好领导、米老鼠、老厂长
上声+上声+上声	阳平+阳平+上声	34+34+214	水土火、软懒散、缓减免

4．多个上声音节相连的变调

多个上声音节相连，根据其意义，按照它的内部组合的结构层次划分成两个音节或三个音节一组。再按两个上声或三个上声音节相连的变调规律进行变调，然后再把分组处相连的音节按两音节的上声变调规律变调，如表 6.2 所示。

表 6.2　多个上声音节相连的变调

例词	岂有此理
原调	qǐ yǒu cǐ lǐ
分组	qǐ yǒu/cǐ lǐ
第一次变调	qí yǒu/cí lǐ
第二次变调	qí yǒu（半上）　cí lǐ

二、去声的变调

去声在非去声前不变调。如："特征"（tè zhēng）、"混合"（hùn hé）、"系统"（xì tǒng）等。

去声的变调只限于两个去声音节连用在一起时，前一个去声发生音变，即去声前的去声发生变调，调值由 51 变为 53。例如："正确"（zhèng què），原调值为 51+51，音变的调值为 53+51。还有类似变调的词有："电话"（diàn huà）、"物质"（wù zhì）、"辩论"（biàn lùn）等。

三、变调练习

（一）认读下列词语，掌握上声变调的规律

上声＋阴平

摆脱 bǎi tuō	捕捉 bǔ zhuō	秉公 bǐn gōng
草签 cǎo qiān	敞开 chǎng kāi	喘息 chuǎn xī
倒塌 dǎo tā	点播 diǎn bō	纺织 fǎng zhī
俯冲 fǔ chōng	鼓吹 gǔ chuī	海关 hǎi guān
假山 jiǎ shān	奖金 jiǎng jīn	警钟 jǐng zhōng

上声＋阳平

处罚 chǔ fá	歹毒 dǎi dú	倒霉 dǎo méi

顶棚 dǐng péng　　躲藏 duǒ cáng　　反驳 fǎn bó

仿佛 fǎng fú　　腐蚀 fǔ shí　　改良 gǎi liáng

拱桥 gǒng qiáo　　果园 guǒ yuán　　狠毒 hěn dú

缓和 huǎn hé　　甲鱼 jiǎ yú　　简洁 jiǎn jié

上声＋去声

宠爱 chǒng' ài　　处分 chǔ fèn　　闯荡 chuǎng dàng

捣蛋 dǎo dàn　　等待 děng dài　　抵触 dǐ chù

斗笠 dǒu lì　　堵塞 dǔ sè　　躲避 duǒ bì

访问 fǎng wèn　　粉碎 fěn suì　　腐败 fǔ bài

抚恤 fǔ xù　　稿件 gǎo jiàn　　鼓励 gǔ lì

上声＋轻声

打算 dǎ suan　　底下 dǐ xia　　点心 diǎn xin

反正 fǎn zheng　　伙计 huǒ ji　　考究 kǎo jiu

买卖 mǎi mai　　老爷 lǎo ye　　枕头 zhěn tou

姐姐 jiě jie　　姥姥 lǎo lao　　傻子 shǎ zi

晌午 shǎng wu　　找补 zhǎo bu　　手里 shǒu li

嘴里 zuǐ li　　想起 xiǎng qi　　走走 zǒu zou

上声＋上声

躲闪 duǒ shǎn　　抚养 fǔ yǎng　　港口 gǎng kǒu

古老 gǔ lǎo　　海港 hǎi gǎng　　给养 jǐ yǎng

剪彩 jiǎn cǎi　　俭朴 jiǎn pǔ　　绞索 jiǎo suǒ

礼品 lǐ pǐn　　懒散 lǎn sǎn　　苦恼 kǔ nǎo

拷打 kǎo dǎ　　咯血 kǎ xiě　　警犬 jǐng quǎn

品种少 pǐn zhǒng shǎo　　狗尾草 gǒu wěi cǎo　　纸老虎 zhǐ lǎo hǔ

李表姐 lǐ biǎo jiě　　孔乙己 Kǒng Yǐ jǐ　　手写体 shǒu xiě tǐ

早午晚 zǎo wǔ wǎn　　软懒散 ruǎn lǎn sǎn　　洗脸手 xǐ liǎn shǒu

很苦恼 hěn kǔ nǎo

（二）认读下列词语，掌握去声连读的音变规律

按照 àn zhào　　伴奏 bàn zòu　　倍数 bèi shù

富裕 fù yù　　烈士 liè shì　　慢性 màn xìng

宁愿 nìng yuàn　　聘任 pìn rèn　　恰当 qià dàng

热烈 rè liè　　设计 shè jì　　岁月 suì yuè

痛恨 tòng hèn　　血液 xuè yè　　幼稚 yòu zhì

载重 zài zhòng　　致敬 zhì jìng　　顿挫 dùn cuò

（三）读句段，掌握下列上声和去声的音变规律

　　瞧，它多美丽，娇巧的小嘴，啄理着绿色的羽毛，鸭子样的扁脚，呈现出春草的鹅黄。水手们把它带到舱里，给它"搭铺"，让它在船上安家落户。每天，把分到的一塑料筒淡水匀给它喝，把从祖国带来的鲜美的鱼肉分给它吃，天长日久，小鸟和水手的感情日趋笃厚。清晨，当第一束阳光射进舷窗时，它便敞开美丽的歌喉，唱啊唱，嘤嘤有韵，宛如春水淙淙。人类给它以生命，它毫不吝啬地把自己的艺术青春奉献给了哺育它的人。可能都是这样？艺术家们的青春只会献给尊敬他们的人。

——《可爱的小鸟》

第二节　"一、不、啊"的音变

"一、不、啊"在朗读和说话过程中音变现象特殊灵活，变化规律比较复杂。

一、"一、不"的音变规律

"一、不"在音变中有一些相同之处，如单念和出现在词末或句末时均不变调，而在去声前均念阳平，在非去声前念去声等。"一、不"的变调规律如表6.3和表6.4所示。

表6.3　"一"的音变情况概述表

出现情况	变调（实际读法）	例词（句）
单念	念原调（55）	一
作为序数用	念原调（55）	第一、一楼、一级
用在词末或句末	念原调（55）	统一、唯一 这个数不过总数的千分之一
用在去声前	念阳平（35）	一块、一句、一对
用在非去声前	念去声（51）	一只、一生、一般 一盘、一同、一时 一晃、一起、一早
嵌在动词重叠中	念次轻声	笑一笑、谈一谈

表6.4　"不"的音变情况概述表

出现情况	变调（实际读法）	例词（句）
单念	念原调（51）	不
用在词末或句末	念原调（51）	我不，要不，这事全由你办。
用在去声前	念阳平（35）	不是、不用、不论、不懈
用在非去声前	念去声（51）	不安、不甘、不屈、不堪 不能、不来、不良、不如 不好、不敢、不走、不仅
嵌在动词形容词重叠中	念次轻声	来不来、做不做 高不高、好不好
用在动词形容词后作补语	念次轻声	用不着、吃不好

二、"啊"的音变规律

"啊"在语境中，因表意的不同，普通话中的读音也有多种，念阴平、阳平、上声、去声和轻声均有。"啊"在句中所表现的语法词性有叹词和语气词。

（一）叹词"啊"的音变规律

叹词"啊"一般独立成句或其后附有他的语气词，往往出现在中心句前，规律如表6.5所示。

表6.5 叹词"啊"的音变规律表

	词性	读音	意义	例句
啊	叹词	ā	表示惊异或赞叹	啊！真美！
	叹词	á	表示追问	啊？你说什么？
	叹词	ǎ	表示惊疑	啊？这是怎么回事儿？
	叹词	à	表示应诺（音较短）	啊，好吧。
			表示明白过来（音较长）	啊，原来如此！
			表示惊异或赞叹（音较长）	啊，伟大的祖国！

（二）语气词"啊"的音变规律

"啊"的音变一般指语气词"啊"的读音变化。它用于句末或句中停顿处，由于受它前面音节最末一个音素的影响，常常产生种种语音上的变化。这种变化反映在书面上，有写成"呀、哇、哪"的，也仍有写成"啊"的。"啊"的这种音变规律可以概述如表6.6所示。

表6.6 语气词"啊"的音变规律表

"啊"前音节的末尾因素	"啊"的发音和写法		例句
a、ê、i、ü	a→ya	呀	景色真美啊！
o、e	a→ya	呀	多厉害的老太婆啊！
u（含ao、iao中o）	a→wa	哇	你真幸福啊！
n	a→na	哪	觉得它离自己好近啊。
ng	a→nga	啊	你真行啊。
-i（后）、er	a→ra	啊	同志啊。
-i（前）	a→「za」	啊	第一次啊。

注：①"啊"前音节的末尾音素：指"啊"的前面一个音节中韵母的最后一个音素。如"真美啊"中"美"（měi）的韵母最后音素是i；"真行啊"中"行"（xíng）的最后一个音素是ng。

②[z]是国际音标，其读音与国际音标读音相同。

③ng行、-i（后）行、-i（前）行中"啊"的音变所写的相应汉字为"啊"，但实际读不是a，只因为没有找到相应的语气词来代替。

三、变调练习

（一）认读下列词语，掌握"一、不"变调的规律

一帆风顺 yī fān fēng shùn   一鸣惊人 yī míng jīng rén

一鼓作气 yī gǔ zuò qì   一发千钧 yī fà qiān jūn

一五一十 yī wǔ yī shí   一模一样 yī mú yī yàng

一板一眼 yī bǎn yī yǎn   一时一刻 yī shí yī kè

不知所措 bù zhī suǒ cuò   不寒而栗 bù hán ér lì

不可思议 bù kě sī yì   不动声色 bù dòng shēng sè

不屈不挠 bù qū bù náo	不折不扣 bù zhé bù kòu
不伦不类 bù lún bù lèi	不偏不倚 bù piān bù yǐ
一尘不染 yī chén bù rǎn	一成不变 yī chéng bù biàn
一毛不拔 yī máo bù bá	一丝不苟 yī sī bù gǒu
不可一世 bù ké yī shì	不名一文 bù míng yī wén
不赞一词 bù zàn yī cí	不拘一格 bù jū yī gé

（二）读句段，掌握语气词"啊"的音变规律

动物园里的动物可真多啊（ya），什么熊猫啊（wa），斑马啊（ya），大象啊（nga），蛇啊（ya），狮子啊（[z]a），老虎啊（wa），水禽啊（na），狐狸啊（ya），猴儿啊（ra），什么都有，快带孩子看看去吧！

第三节　重叠形容词的变调

形容词的重叠形式有多种：单音节形容词重叠，即 ÀÀ（ÀÀ 儿）式；多音节形容词重叠，其重叠形式有 ÀBB 和 ÀÀBB 式。无论哪种重叠形式都有音变的情况。

一、单音节形容词重叠

单音节形容词重叠，如果重叠部分不儿化，则保持原调不变；如果重叠部分儿化，即 ÀÀ 儿式。不管原来是什么调，重叠部分一律变成阴平。如："好好儿"要念成 hǎo hāor，"慢慢儿"要念成 màn mānr。

二、多音节形容词重叠——ÀBB 式

形容词 ÀBB 式重叠词，多数词重叠部分不变调，但有一部分词重叠部分要变调，不管原来重叠部分是什么调，一律变成阴平。如："火辣辣"要念成 huǒ lā lā，"软绵绵"要念成 ruǎn miān miān，"灰蒙蒙"要念成 huī mēng mēng。

三、多音节形容词重叠——ÀÀBB 式

形容词 ÀÀBB 式重叠词，有一部分词第一个音节重叠部分轻读，后一个音节及其重叠部分变成阴平。如：

高高兴兴 gāo gāo xìng xìng → gāo gao xīng xīng
老老实实 lǎo lǎo shí shí → lǎo lao shī shī

四、变调练习

（一）认读下列词语，掌握形容词的音变规律（书写形式按原调标出）

ÀÀ 儿式

快快儿的 kuài kuàir de	长长儿的 cháng chángr de
圆圆儿的 yuán yuánr de	软软儿的 ruǎn ruǎnr de
紧紧儿的 jǐn jǐnr de	平平儿的 píng píngr de
甜甜儿的 tián tiánr de	厚厚儿的 hòu hòur de
胖胖儿的 pàng pàngr de	红红儿的 hóng hóngr de

ÀBB 式

词语	读音	叠词原音
白晃晃	bái huāng huāng	huǎng或 huàng
白蒙蒙	bái mēng mēng	
碧油油	bì yōu yōu	yóu
沉甸甸	chén diān diān	diàn
骨碌碌	gū lū lū	lù
汗淋淋	hàn līn līn	lín
黑洞洞	hēi dōng dōng	dòng
黑糊糊	hēi hū hū	
黑蒙蒙	hēi mēng mēng	
黑油油	hēi yōu yōu	yóu
黄澄澄	huáng dēng dēng	dèng或 chéng
灰蒙蒙	huī mēng mēng	
火辣辣	huǒ lā lā	là
金晃晃	jīn huāng huāng	huǎng或 huàng
金煌煌	jīn huāng huāng	huáng
紧绷绷	jǐn bēng bēng	
蓝盈盈	lán yīng yīng	yíng
懒洋洋	lǎn yāng yāng	yáng
亮堂堂	liàng tāng tāng	táng
绿茸茸	lǜ rōng rōng	róng
绿莹莹	lǜ yīng yīng	yíng
绿油油	lǜ yōu yōu	yóu
乱蓬蓬	luàn pēng pēng	péng
乱腾腾	luàn tēng tēng	téng
满当当	mǎn dāng dāng	
慢腾腾	màn tēng tēng	téng
毛茸茸	máo rōng rōng	róng
明晃晃	míng huāng huāng	huǎng或 huàng
闹嚷嚷	nào rāng rāng	
清凌凌	qīng līng līng	líng
热辣辣	rè lā lā	là
热腾腾	rè tēng tēng	téng
软绵绵	ruǎn miān miān	mián
湿淋淋	shī līn līn	lín 或 lìn
湿漉漉	shī lū lū	lù

词语	读音	叠词原音
水淋淋	shuǐ līn līn	lín 或 lìn
乌油油	wū yōu yōu	yóu
雾茫茫	wù māng māng	máng
响当当	xiǎng dāng dāng	
笑吟吟	xiào yīn yīn	yín
血糊糊	xiě hū hū	
血淋淋	xiě līn līn	lín 或 lìn
羞答答	xiū dā dā	
直瞪瞪	zhí dēng dēng	dèng
直溜溜	zhí liū liū	

注：上表中未标明叠音词原音的，系该字本有其读音，只不过这个字是多音字。

ÀÀBB 式

巴巴结结 bā ba jiē jiē　　　　　大大落落 dà da luō luō

疙疙瘩瘩 gē ge dā dā　　　　　鼓鼓囊囊 gǔ gu nāng nāng

马马虎虎 mǎ ma hū hū　　　　　满满当当 mǎn man dāng dāng

慢慢腾腾 màn man tēng tēng　　　神神道道 shēn shen dāo dāo

陆陆续续 lù lu xū xū　　　　　　明明白白 míng ming bāi bāi

漂漂亮亮 piào piao liāng liāng　　别别扭扭 biè bie niū niū

热热闹闹 rè re nāo nāo　　　　　规规矩矩 guī gui jū jū

孤孤零零 gū gu līng līng　　　　干干净净 gān gan jīng jīng

（二）读句段，掌握重叠形容词的音变规律

大雪整整下了一夜。今天早晨，天放晴了。太阳出来了，推开门一看，嗬！好大的雪啊！山川、河流、树木、房屋，全都罩上了一层厚厚的雪，万里江山，变成了粉妆玉砌的世界。落光了叶子的柳树上挂满了毛茸茸亮晶晶的银条儿；而那些冬夏常青的松树和柏树上，则挂满了蓬松松沉甸甸的雪球儿。一阵风吹来，树枝轻轻地摇晃，美丽的银条儿和雪球儿簌簌地落下来，玉屑似的雪末儿随风飘扬，映着清晨的阳光，显出一道道五光十色的彩虹。

——《第一场雪》

第四节　轻声

一、轻声的认识

普通话的每一个音节都有它的声调，可是在词和句子里许多音节常常失去原来的声调而读成一个较轻、较短的调子，这就是轻声。如"奶奶"（nǎi nai）、"木头"（mù tou）。轻声与一般声调一样有区别意义和词性的作用。例如："兄弟"念 xiōng dì，它的意思是指"哥哥和弟弟"；念 xiōng di，它的意思是指"弟弟"。"练习"念 liàn xí 时，是动词；念 liàn xi 时，是名词。

二、轻声的性质

轻声是一种特殊的变调现象，它失去了原有声调的调值，又重新构成自身特有的音高形式，听觉上显得轻短模糊。因此，轻声的性质与一般的声调很不相同。一般声调的性质主要决定于音高，轻声则主要决定于音强。轻声的特点是：发音时用力特别小，音强特别弱。除此之外，音长变短，音色也有某些变化。

轻声音节的读音不能独立存在，它附在其他之后，在书写形式上不标调号，但它有调值。轻声的调值不是固定的，而是依靠它前一个音节的声调来确定的，因而其调值有多种情况，下面以轻声"子、姐"为例进行分析，如表 6.7 所示。

表 6.7　例词分析

四声与轻声的组合形式		例词	注音	轻声调值
阴平+轻声		桌子	zhuō zi	31
阳平+轻声		帘子	lián zi	31
上声+	轻声（"上声"或"非上声"）	椅子	yǐ zi	44
	轻声（部分上声）	小姐	xiǎo jie	31
去声+轻声		凳子	dèng zi	21

从上表可以看出，轻声"子、姐"的调值是不完全一样的。确定轻声调值的基本规律是：阴平、阳平、去声后面的轻声，念短促的低降调，大体可以描写为 31 或 21；上声后面的轻声念短促的半高平调，大体可以描写为 44，其中轻声原调为上声音节中的一部分轻声词语，前面上声变调近乎阳平，后面的轻声念法与阳平后面的轻声念法一样，调值可以描写为 31。

认读下列词语，注意体会轻声音节的调值

风筝 fēng zheng	抽屉 chōu ti	哆嗦 duō suo
人们 rén men	南边 nán bian	馒头 mán tou
本钱 běn qian	打扮 dǎ ban	耳朵 ěr duo
报酬 bào chou	伺候 cì hou	客气 kè qi

三、常念轻声的音节

（一）名词的后缀"子、头"

鸽子 gē zi	孩子 hái zi	瓶子 píng zi
脑子 nǎo zi	婶子 shěn zi	日子 rì zi
风头 fēng tou	石头 shí tou	苦头 kǔ tou
镐头 gǎo tou	兆头 zhào tou	赚头 zhuàn tou

说明：作名词后缀的"子、头"才念轻声，即"子、头"失去它们的实在意义，只起名词的标志。而具有实在意义的语素"子、头"，它们不念轻声。如："男子"（nán zǐ）、"女子"（nǔ zǐ）、"孔子"（kǒng zǐ）、"人头"（rén tóu）、"口头"（kǒu tóu）、"眉头"（méi tóu）。再如"砖头"的"头"，作词缀时念 zhuān tou，指完整的砖；不作词缀时念 zhuān tóu，指不完整的砖。

（二）部分方位词或词素——"上、里、边、面、头"

桌上 zhuō shang	晚上 wǎn shang	树上 shù shang

家里 jiā li	夜里 yè li	暗地里àn dì li
东边 dōng bian	上边 shàng bian	左边 zuǒ bian
下面 xià mian	前面 qián mian	外面 wài mian
上头 shàng tou	后头 hòu tou	里头 lǐ tou

说明：①不一定所有的方位词都念轻声，如："北边"（béi biān）、"这里"（zhè lǐ）。

②方位词念轻声，当它不作方位词而作名词时，不念轻声。如："脸面"（liǎn miàn）、"桌面"（zhuō miàn）、"走边"（zǒu biān）。

（三）结构助词"的、地、得"，动态助词"着、了、过"和语气助词"吗、呢、吧"等

广阔的原野guǎng kuò de yuán yé	我的 wǒ de
拿纸扇的 ná zhǐ shàn de	健壮的身体 jiàn zhuàng de shēn tǐ
讲得好 jiǎng de hǎo	跑着、笑着 pǎo zhe、xiào zhe
吃过饭 chī guo fàn	天晴了 tiān qíng le
好吗？ hǎo ma？	东西呢？ dōng xi ne？
来吧。 lái ba。	

说明：这些助词不作动词作其他词时不念轻声。如"目的"（mù dì）、"的士"（dí shì）、"值得"（zhí dé）、"走过"（zǒu guò）、"明了"（míng liǎo）等。

（四）附加在人的名词性词语和人称代词之后表示复数的助词"们"

人们 rén men	女士们 nǔ shì men	我们 wǒ men

（五）量词"个"

一个 yī ge	两个 liǎng ge	四个 sì ge

（六）叠音的或重叠式的名词、拟声词和动词等的末音节

弟弟 dì di	兜兜 dōu dou	蛐蛐 qū qu
套套 tào tao	头头儿 tóu tour	猩猩 xīng xing
吵吵 chāo chao	嘎嘎 gā ga	咧咧 liè lie
哈哈 hā ha	哗哗 huā hua	琤琤 chēng cheng
说说 shuō shuo	听听 tīng ting	想想 xiǎng xiang
试试 shì shi	嚷嚷 rāng rang	叨叨 dāo dao

（七）嵌在重叠动词中间的"一、不"和在重叠形容词中间的"不"

看一看 kàn yi kàn	想一想 xiǎng yi xiǎng
去不去 qù bu qù	做不做 zuò bu zuò
好不好 hǎo bu hǎo	艳不艳 yàn bu yàn

说明：插入"一、不"的重叠词，后一个音节不念轻声、念原调。

（八）表示趋向动词

拿来 ná lai	走过来 zǒu guo lai	站起来 zhàn qi lai

（九）中心词与趋向补语、形容词补语之间插入的"得、不"

看得出 kàn de chū	讲得来 jiǎng de lái
想不到 xiǎng bu dào	说不出 shuō bu chū
想得妙 xiǎng de miào	做得漂亮 zuò de piào liang
写不好 xié bu hǎo	摆不平 bǎi bu píng

说明：插入了"得、不"的补语中的趋向动词不念轻声。

（十）一些双音节词的第二个音节

眼睛 yǎn jing　　　　学生 xué sheng　　　　柴火 chái huo

明白 míng bai　　　　打听 dǎ ting　　　　溜达 liū da

四、辨正练习

（一）认读下列常用必读双音节轻声词

这些词条选自《普通话水平测试用必读轻声词语表》。《普通话水平测试用必读轻声词语表》共收轻声词548条，其中"子"尾词207条，非"子"尾词341条。

爱人 ài ren　　案子 àn zi　　巴掌 bā zhang　　把子 bǎ zi　　把子 bà zi

爸爸 bà ba　　白净 bái jing　　班子 bān zi　　板子 bǎn zi　　帮手 bāng shou

梆子 bāng zi　　膀子 bǎng zi　　棒槌 bàng chui　　棒子 bàng zi　　包袱 bāo fu

包涵 bāo han　　包子 bāo zi　　豹子 bào zi　　杯子 bēi zi　　被子 bèi zi

本事 běn shi　　本子 běn zi　　鼻子 bí zi　　比方 bǐ fang　　鞭子 biān zi

扁担 biǎn dan　　辫子 biàn zi　　别扭 biè niu　　饼子 bǐng zi　　拨弄 bō nong

脖子 bó zi　　簸箕 bò ji　　补丁 bǔ ding　　不由得 bù yóu de　　不在乎 bù zài hu

步子 bù zi　　部分 bù fen　　裁缝 cái feng　　财主 cái zhu　　苍蝇 cāng ying

差事 chāi shi　　柴火 chái huo　　肠子 cháng zi　　厂子 chǎng zi　　场子 chǎng zi

车子 chē zi　　称呼 chēng hu　　池子 chí zi　　尺子 chǐ zi　　虫子 chóng zi

绸子 chóu zi　　除了 chú le　　锄头 chú tou　　畜生 chù sheng　　窗户 chuāng hu

窗子 chuāng zi　　锤子 chuí zi　　刺猬 cì wei　　凑合 còu he　　村子 cūn zi

耷拉 dā la　　答应 dā ying　　打扮 dǎ ban　　打点 dǎ dian　　打发 dǎ fa

打量 dǎ liang　　打算 dǎ suan　　打听 dǎ ting　　大方 dà fang　　大爷 dà ye

大夫 dài fu　　带子 dài zi　　袋子 dài zi　　耽搁 dān ge　　耽误 dān wu

单子 dān zi　　胆子 dǎn zi　　担子 dàn zi　　刀子 dāo zi　　道士 dào shi

稻子 dào zi　　灯笼 dēng long　　提防 dī fang　　笛子 dí zi　　底子 dǐ zi

地道 dì dao　　地方 dì fang　　弟弟 dì di　　弟兄 dì xiong　　点心 diǎn xin

调子 diào zi　　钉子 dīng zi　　东家 dōng jia　　东西 dōng xi　　动静 dòng jing

动弹 dòng tan　　豆腐 dòu fu　　豆子 dòu zi　　嘟囔 dū nang　　肚子 dǔ zi

肚子 dù zi　　缎子 duàn zi　　对付 duì fu　　对头 duì tou　　队伍 duì wu

多么 duō me　　蛾子 é zi　　儿子 ér zi　　耳朵 ěr duo　　贩子 fàn zi

房子 fáng zi　　份子 fèn zi　　风筝 fēng zheng　　疯子 fēng zi　　福气 fú qi

斧子 fǔ zi　　盖子 gài zi　　甘蔗 gān zhe　　杆子 gān zi　　杆子 gǎn zi

干事 gàn shi　　杠子 gàng zi　　高粱 gāo liang　　膏药 gāo yao　　稿子 gǎo zi

告诉 gào su　　疙瘩 gē da　　哥哥 gē ge　　胳膊 gē bo　　鸽子 gē zi

格子 gé zi　　个子 gè zi　　根子 gēn zi　　跟头 gēn tou　　工夫 gōng fu

弓子 gōng zi　　公公 gōng gong　　功夫 gōng fu　　钩子 gōu zi　　姑姑 gū gu

姑娘 gū niang　　谷子 gǔ zi　　骨头 gǔ tou　　故事 gù shi　　寡妇 guǎ fu

褂子 guà zi　　怪物 guài wu　　关系 guān xi　　官司 guān si　　罐头 guàn tou

罐子 guàn zi　　规矩 guī ju　　闺女 guī nü　　鬼子 guǐ zi　　柜子 guì zi

棍子 gùn zi　　锅子 guō zi　　果子 guǒ zi　　蛤蟆 há ma　　孩子 hái zi

含糊 hán hu	汉子 hàn zi	行当 háng dang	合同 hé tong	和尚 hé shang
核桃 hé tao	盒子 hé zi	红火 hóng huo	猴子 hóu zi	后头 hòu tou
厚道 hòu dao	狐狸 hú li	胡琴 hú qin	糊涂 hú tu	皇上 huáng shang
幌子 huǎng zi	胡萝卜 hú luó bo	活泼 huó po	火候 huǒ hou	伙计 huǒ ji
护士 hù shi	机灵 jī ling	脊梁 jǐ liang	记号 jì hao	记性 jì xing
夹子 jiā zi	家伙 jiā huo	架势 jià shi	架子 jià zi	嫁妆 jià zhuang
尖子 jiān zi	茧子 jiǎn zi	剪子 jiǎn zi	见识 jiàn shi	毽子 jiàn zi
将就 jiāng jiu	交情 jiāo qing	饺子 jiǎo zi	叫唤 jiào huan	轿子 jiào zi
结实 jiē shi	街坊 jiē fang	姐夫 jiě fu	姐姐 jiě jie	戒指 jiè zhi
金子 jīn zi	精神 jīng shen	镜子 jìng zi	舅舅 jiù jiu	橘子 jú zi
句子 jù zi	卷子 juàn zi	咳嗽 ké sou	客气 kè qi	空子 kòng zi
口袋 kǒu dai	口子 kǒu zi	扣子 kòu zi	窟窿 kū long	裤子 kù zi
快活 kuài huo	筷子 kuài zi	框子 kuàng zi	困难 kùn nan	阔气 kuò qi
喇叭 lǎ ba	喇嘛 lǎ ma	篮子 lán zi	懒得 lǎn de	浪头 làng tou
老婆 lǎo po	老实 lǎo shi	老太太 lǎo tài tai	老头子 lǎo tóu zi	老爷 lǎo ye
老子 lǎo zi	姥姥 lǎo lao	累赘 léi zhui	篱笆 lí ba	里头 lǐ tou
力气 lì qi	厉害 lì hai	利落 lì luo	利索 lì suo	例子 lì zi
栗子 lì zi	痢疾 lì ji	连累 lián lei	帘子 lián zi	凉快 liáng kuai
粮食 liáng shi	两口子 liǎng kǒu zi	料子 liào zi	林子 lín zi	翎子 líng zi
领子 lǐng zi	溜达 liū da	聋子 lóng zi	笼子 lóng zi	炉子 lú zi
路子 lù zi	轮子 lún zi	萝卜 luó bo	骡子 luó zi	骆驼 luò tuo
妈妈 mā ma	麻烦 má fan	麻利 má li	麻子 má zi	马虎 mǎ hu
码头 mǎ tou	买卖 mǎi mai	麦子 mài zi	馒头 mán tou	忙活 máng huo
冒失 mào shi	帽子 mào zi	眉毛 méi mao	媒人 méi ren	妹妹 mèi mei
门道 mén dao	眯缝 mī feng	迷糊 mí hu	面子 miàn zi	苗条 miáo tiao
苗头 miáo tou	名堂 míng tang	名字 míng zi	明白 míng bai	蘑菇 mó gu
模糊 mó hu	木匠 mù jiang	木头 mù tou	那么 nà me	奶奶 nǎi nai
难为 nán wei	脑袋 nǎo dài	脑子 nǎo zi	能耐 néng nai	你们 nǐ men
念叨 niàn dao	念头 niàn tou	娘家 niáng jia	镊子 niè zi	奴才 nú cai
女婿 nǚ xu	暖和 nuǎn huo	疟疾 nüè ji	拍子 pāi zi	牌楼 pái lou
牌子 pái zi	盘算 pán suan	盘子 pán zi	胖子 pàng zi	狍子 páo zi
盆子 pén zi	朋友 péng you	棚子 péng zi	脾气 pí qi	皮子 pí zi
痞子 pǐ zi	屁股 pì gu	片子 piān zi	便宜 pián yi	骗子 piàn zi
票子 piào zi	漂亮 piào liang	瓶子 píng zi	婆家 pó jia	婆婆 pó po
铺盖 pù gai	欺负 qī fu	旗子 qí zi	前头 qián tou	钳子 qián zi
茄子 qié zi	亲戚 qīn qi	勤快 qín kuai	清楚 qīng chu	亲家 qìng jia
曲子 qǔ zi	圈子 quān zi	拳头 quán tou	裙子 qún zi	热闹 rè nào
人家 rén jia	人们 rén men	认识 rèn shi	日子 rì zi	褥子 rù zi
塞子 sāi zi	嗓子 sǎng zi	嫂子 sǎo zi	扫帚 sào zhou	沙子 shā zi
傻子 shǎ zi	扇子 shàn zi	商量 shāng liang	上司 shàng si	上头 shàng tou

烧饼 shāo bing　　勺子 sháo zi　　少爷 shào ye　　哨子 shào zi　　舌头 shé tou
身子 shēn zi　　什么 shén me　　婶子 shěn zi　　生意 shēng yi　　牲口 shēng kou
绳子 shéng zi　　师父 shī fu　　师傅 shī fu　　虱子 shī zi　　狮子 shī zi
石匠 shí jiang　　石榴 shí liu　　石头 shí tou　　时候 shí hou　　实在 shí zai
拾掇 shí duo　　使唤 shǐ huan　　世故 shì gu　　似的 shì de　　事情 shì qing
柿子 shì zi　　收成 shōu cheng　　收拾 shōu shi　　首饰 shǒu shi　　叔叔 shū shu
梳子 shū zi　　舒服 shū fu　　舒坦 shū tan　　疏忽 shū hu　　爽快 shuǎng kuai
思量 sī liang　　算计 suàn ji　　岁数 suì shu　　孙子 sūn zi　　他们 tā men
它们 tā men　　她们 tā men　　台子 tái zi　　太太 tài tai　　摊子 tān zi
坛子 tán zi　　毯子 tǎn zi　　桃子 táo zi　　特务 tè wu　　梯子 tī zi
蹄子 tí zi　　挑剔 tiāo ti　　挑子 tiāo zi　　条子 tiáo zi　　跳蚤 tiào zao
铁匠 tiě jiang　　亭子 tíng zi　　头发 tóu fa　　头子 tóu zi　　兔子 tù zi
妥当 tuǒ dang　　唾沫 tuò mo　　挖苦 wā ku　　娃娃 wá wa　　袜子 wà zi
晚上 wǎn shang　　尾巴 wéi ba　　委屈 wéi qu　　为了 wèi le　　位置 wèi zhi
位子 wèi zi　　蚊子 wén zi　　稳当 wén dang　　我们 wǒ men　　屋子 wū zi
稀罕 xī han　　席子 xí zi　　媳妇 xí fu　　喜欢 xǐ huan　　瞎子 xiā zi
匣子 xiá zi　　下巴 xià ba　　吓唬 xià hu　　先生 xiān sheng　　乡下 xiāng xia
箱子 xiāng zi　　相声 xiàng sheng　　消息 xiāo xi　　小伙子 xiǎo huǒ zi　小气 xiǎo qi
小子 xiǎo zi　　笑话 xiào hua　　谢谢 xiè xie　　心思 xīn si　　星星 xīng xing
猩猩 xīng xing　　行李 xíng li　　性子 xìng zi　　兄弟 xiōng di　　休息 xiū xi
秀才 xiù cai　　秀气 xiù qi　　袖子 xiù zi　　靴子 xuē zi　　学生 xué sheng
学问 xué wen　　丫头 yā tou　　鸭子 yā zi　　衙门 yá men　　哑巴 yǎ ba
胭脂 yān zhi　　烟筒 yān tong　　眼睛 yǎn jing　　燕子 yàn zi　　秧歌 yāng ge
养活 yǎng huo　　样子 yàng zi　　吆喝 yāo he　　妖精 yāo jing　　钥匙 yào shi
椰子 yē zi　　爷爷 yé ye　　叶子 yè zi　　一辈子 yī bèi zi　　衣服 yī fu
衣裳 yī shang　　椅子 yǐ zi　　意思 yì si　　银子 yín zi　　影子 yǐng zi
应酬 yìng chou　　柚子 yòu zi　　冤枉 yuān wang　　院子 yuàn zi　　月饼 yuè bing
月亮 yuè liang　　云彩 yún cai　　运气 yùn qi　　在乎 zài hu　　咱们 zán men
早上 zǎo shang　　怎么 zěn me　　扎实 zhā shi　　眨巴 zhǎ ba　　栅栏 zhà lan
宅子 zhái zi　　寨子 zhài zi　　张罗 zhāng luo　　丈夫 zhàng fu　　帐篷 zhàng peng
丈人 zhàng ren　　帐子 zhàng zi　　招呼 zhāo hu　　招牌 zhāo pai　　折腾 zhē teng
这个 zhè ge　　这么 zhè me　　枕头 zhén tou　　镇子 zhèn zi　　芝麻 zhī ma
知识 zhī shi　　侄子 zhí zi　　指甲 zhǐ jia　　指头 zhǐ tou　　种子 zhǒng zi
珠子 zhū zi　　竹子 zhú zi　　主意 zhǔ yi　　主子 zhǔ zi　　柱子 zhù zi
爪子 zhuǎ zi　　转悠 zhuàn you　　庄稼 zhuāng jia　　庄子 zhuāng zi　　壮实 zhuàng shi
状元 zhuàng yuan　　锥子 zhuī zi　　桌子 zhuō zi　　字号 zì hao　　自在 zì zai
粽子 zòng zi　　祖宗 zǔ zong　　嘴巴 zuǐ ba　　作坊 zuō fang　　琢磨 zuó mo

（二）读句段，分辨文中的轻声词

　　我上小学的时候，日子过得很苦。学校是一座小土庙，破破烂烂的，冬天里四面进风，学生们就常常冻了手脚。寒冷的早晨我们读着书，窗外亮亮的阳光一照，我们就急切地盼着下课了。铃声一响，学生们蜂拥而出，跑进干冷的阳光里，站在教室前，跺跺脚，脚暖了，就沿墙根一字排开，中间站个大个，两边人数相等，一齐往中间挤，咬牙，弓腿，喊号子，挤掉了帽子是顾不及捡的，绷断了线做的腰带，也只能硬撑着，一来二去，身体就暖和起来，甚至冒出汗来。这种游戏，我们叫"挤油"，天天要做的。

——《挤油》

第五节　儿化

一、儿化和儿化韵的认识

普通话的儿化现象主要由词尾"儿"变化而来。词尾"儿"本是一个独立的音节，由于口语中处于轻读的地位，长期与前面的音节流利地连读而产生音变。"儿"（er）失去了独立性，"化"到前一个音节上，只保持一个卷舌动作，使两个音节融合成一个音节，而引起前一个音节的韵母发生音变。这种语音现象称为"儿化"。例如：　"鲜花儿"（xiān huār）、"聊天儿"（liáo tiānr）。这种带有儿化的音节称为儿化音节，如"huār"、"tiānr"。儿化音节中带有卷舌色彩的韵母称作儿化韵，如上例的"uar"、"ianr"。

儿化，从书面上看，是用两个汉字书写的，但儿化音节是一个，如：画儿→huàr。因此，念读时就不要念成两个音节，　即 huà'ér，而是在音节"huà"的末尾加上一个卷舌动作，使韵母 ua 带上卷舌音色彩。

二、儿化韵的音变规律

儿化韵的音变条件取决于韵腹元音是否便于发生卷舌动作，即取决于要儿化的音节韵母的最末一个音素是否同卷舌的动作相冲突，是否妨碍卷舌。因此，儿化韵音变的总规律是：同卷舌动作不冲突，不妨碍卷舌，儿化时韵母不发生变化；同卷舌动作相冲突，妨碍卷舌，儿化时韵母读音发生变化。

（一）儿化韵无音变

韵母末尾音素为a、o、e、ê、u（含韵母ao、iao中o）的音节，儿化时韵母读音无多大变化。例如：

打杂儿 dǎ zár	月牙儿 yuè yár	泪花儿 lèi huār
围脖儿 wéi bór	大伙儿 dà huǒr	被窝儿 bèi wōr
挨个儿 āi gèr	饱嗝儿 bǎo gér	
字帖儿 zì tiěr	锅贴儿 guō tiēr	旦角儿 dàn juér
碎步儿 suì bùr	年头儿 nián tóur	拈阄儿 niān jiūr
口哨儿 kǒu shàor	豆角儿 dòu jiǎor	眼角儿 yǎn jiǎor

（二）儿化韵有音变

有些韵尾音素与卷舌动作相冲突，妨碍卷舌，因而带有这些韵尾音素的音节儿化时，其韵母读音要发生变化。这些变化归纳起来有三种情况：一是增加一个舌面、央、中、不圆唇元音 e[ə]；二是丢失韵尾音素；三是变舌尖前元音（-i）和舌尖后元音（-i）为舌面、央、中、不圆唇元音 e[ə]。

1. 儿化时增加元音 e[ə]

当 i、ü 作韵腹且又是音节的最后一个音素时，儿化时，在念读中，要在 i 或 ü 后加念舌面、央、中、不圆唇元音 e[ə]，然后再卷舌。例如：

i:er	抽屉儿 chōu tìr	玩意儿 wán yìr
	揭底儿 jiē dǐr	针鼻儿 zhēn bír
ü:er	小曲儿 xiǎo qǔr	蛐蛐儿 qū qur
	毛驴儿 máo lúr	没趣儿 méi qùr

2. 儿化时丢失韵尾音素

韵尾 i、n、ng，由于它们的发音妨碍卷舌，因此儿化时常常丢失韵尾 i、n、ng，在它们前面的主要元音基础上卷舌。如果音节韵母是 in、ing、ün，丢失了 n、ng 的韵腹 i、ü，儿化时又要增加舌面、央、中、不圆唇元音 e[ə]。例如：

ai+er→ar	小孩儿 xiǎo háir	名牌儿 míng páir
uai+er→uar	一块儿 yī kuàir	糖块儿 táng kuàir
ei+er→er	滋味儿 zī wèir	刀背儿 dāo bèir
uei+er→uer	墨水儿 mò shuǐr	走味儿 zǒu wèir
an+er→ar	白干儿 bái gānr	脸蛋儿 liǎn dànr
ian+er→iar	心眼儿 xīn yǎnr	聊天儿 liáo tānr
uan+er→uar	好玩儿 hǎo wánr	撒欢儿 sā huānr
üan+er→üar	手绢儿 shǒu juànr	烟卷儿 yān juǎnr
en+er→er	开刃儿 kāi rènr	邪门儿 xié ménr
uen+er→uer	冰棍儿 bīng gùnr	打盹儿 dǎ dǔnr
in+er→i:er	费劲儿 fèi jìnr	脚印儿 jiǎo yìnr
ün+er→ü:er	合群儿 hé qúnr	花裙儿 huā qúnr
ang+er→ãr	药方儿 yào fāngr	鞋帮儿 xié bāngr
iang+er→iãr	透亮儿 tòu liàngr	鼻梁儿 bí liángr
uang+er→uãr	天窗儿 tiān chuāngr	镜框儿 jìng kuàngr
eng+er→ẽr	裂缝儿 liè fèngr	做声儿 zuò shēngr
ing+er→ǐ:er	背影儿 bèi yǐngr	打鸣儿 dǎ míngr
ong+er→õr	空儿 kòngr	酒盅儿 jiǔ zhōngr
iong+er→ǐõr	小熊儿 xiǎo xióngr	

注：①元音上面加"~"，表示这个元音发鼻化音（发音时口腔、鼻腔同时共鸣）。

②"ong"韵母中的"o"，实际发音是 u[u]，儿化韵母为[ür]，"iong"韵母中的"io"，实际发音为 ü[y]，儿化韵[yr]。

3. 变舌尖前元音（-i）和舌尖后元音（-i）为舌面元音 e[ə]

儿化时，舌尖前、后元音都妨碍卷舌，但又不能丢失，因此，变舌尖前元音-i（前）和舌尖后元音-i（后）为舌面、央、中、不圆唇元音 e[ə]，并在此基础上卷舌。例如：

-i（前） +er→er	瓜子儿 guā zǐr	挑刺儿 tiāo cìr
	咬字儿 yǎo zìr	铜子儿 tóng zǐr
-i（后） +er→er	侄儿 zhír	树枝儿 shù zhīr
	年三十儿 nián sān shír	没事儿 méi shìr

三、儿化练习

（一）认读下列音节，掌握儿化韵的音变规律

ar

答碴儿 dā chár	刀把儿 dāo bàr	板擦儿 bǎn cār
那儿 nàr	哪儿 nǎr	泥胎儿 ní tāir
找茬儿 zhǎo chár	包干儿 bāo gānr	摆摊儿 bǎi tānr
带儿 dàir	皮板儿 pí bǎnr	蒜瓣儿 suàn bànr
本色儿 běn shǎir	白班儿 bái bānr	有盼儿 yǒu pànr
快板儿 kuài bǎnr	收摊儿 shōu tānr	做伴儿 zuò bànr
腰板儿 yāo bǎnr	杂拌儿 zá bànr	豆腐干儿 dòu fu gānr

nr

盖儿 gàir	盘儿菜 pánr cài	碴儿 chár
价码儿 jià mǎr	女孩 nǚ háir	

iar

一下儿 yī xiàr	豆芽儿 dòu yár	差点儿 chà diǎnr
鸭儿梨 yār lí	心眼儿 xīn yǎnr	沿儿 yánr
馅儿 xiànr	有点儿 yǒu diǎnr	一点儿 yī diǎnr
拔尖儿 bá jiānr	单弦儿 dān xiánr	刀片儿 dāo piànr
唱片儿 chàng piānr	死心眼儿 sǐ xīn yǎnr	那么点儿 nà me diǎnr
扇面儿 shàn miànr	小心眼儿 xiǎo xīn yǎnr	相片儿 xiàng piānr
耍心眼儿 shuǎ xīn yǎnr	沿边儿 yán biānr	小辫儿 xiǎo biànr
一丁点儿 yī dīng diǎnr	照面儿 zhào miànr	照片儿 zhào piānr
影片儿 yǐng piānr	中间儿 zhōng jiānr	

uar

画儿 huàr	玩儿 wánr	好玩儿 hǎo wánr
爪儿 zhuǎr	闹着玩儿 nào zhe wánr	玩儿命 wánr mìng

üar

捻捻转儿 niǎn nian zhuànr	烟卷儿 yān juǎnr	铺盖卷儿 pū gài juǎnr
出圈儿 chū quānr	绕远儿 rào yuǎnr	人缘儿 rén yuánr
行李卷儿 xíng li juǎnr		

or

泡沫儿 pào mòr		

uor

活儿 huór	干活儿 gàn huór	蝈蝈儿 guō guor
座儿 zuòr	上座儿 shàng zuòr	做活儿 zuò huór

er

个儿 gèr	打嗝儿 dǎ gér	贝壳儿 bèi kér
这儿 zhèr	墨盒儿 mò hér	摆设儿 bǎi sher
宝贝儿 bǎo bèir	够本儿 gòu běnr	调门儿 diào ménr

愣神儿 lèng shénr　　　泥人儿 ní rénr　　　桑葚儿 sāng rènr
刨根儿 páo gēnr　　　下本儿 xià běnr　　　嗓门儿 sǎng ménr
有门儿 yǒu ménr　　　纳闷儿 nà mènr　　　串门儿 chuàn ménr
走神儿 zǒu shénr　　　人儿 rénr　　　败家子儿 bài jiāzǐr
爷们儿 yé menr　　　枪子儿 qiāng zǐr　　　写字儿 xiě zìr
顶事儿 dǐng shìr　　　毛刺儿 máo cìr　　　据齿儿 jù chǐr

ier

藕节儿 ǒu jiér　　　爷儿们 yér men　　　台阶儿 tái jiēr

ur

白醭儿 bái búr　　兔儿爷 tùr yé　　火炉儿 huǒ lúr　　煤核儿 méi húr

our

兜儿 dōur　　　老头儿 lǎo tóur　　　个头儿 gè tóur
奔头儿 bèn tour　　　说头儿 shuō tour　　　头头儿 tóu tour
线轴儿 xiàn zhóur　　　裤兜儿 kù dōur

iour

球儿 qiúr　　抓阄儿 zhuā jiūr　　中不溜儿 zhōng bu liūr　　顶牛儿 dǐng niúr

aor

好好儿 hǎo hāor　　　病号儿 bìng hàor　　　豆腐脑儿 dòu fu nǎor
岔道儿 chà dàor　　　脑儿 nǎor　　　高着儿 gāo zhāor
早早儿 zǎo zāor　　　走道儿 zǒu dàor　　　邮包儿 yóu bāor
一股脑儿 yī gǔ nǎor　　　掌勺儿 zhǎng sháor

iaor

鸟儿 niǎor　　　走调儿 zǒu diàor
面条儿 miào tiáor　　　细高挑儿 xì gāo tiǎor

uer

一会儿 yī huìr　　　这会儿 zhè huìr　　　跑腿儿 pǎo tuǐr
哪会儿 nǎ huìr　　　围嘴儿 wéi zuǐr　　　烟嘴儿 yān zuǐr
配对儿 pèi duìr　　　光棍儿 guāng gùnr　　　蒲墩儿 pú dūnr
胖墩儿 pàng dūnr　　　准儿 zhǔnr　　　开春儿 kāi chūnr
一顺儿 yī shùnr

ier

玩意儿 wán yìr　　　姨儿 yír　　　书皮儿 shū pír
小米儿 xiǎo mǐr　　　劲儿 jìnr　　　不得劲儿 bù dé jìnr
够劲儿 gòu jìnr　　　巧劲儿 qiǎo jìnr　　　送信儿 sòng xìnr
傻劲儿 shǎ jìnr　　　一个劲儿 yī gè jìnr　　　音儿 yīnr
树林儿 shù línr　　　树阴儿 shù yīnr　　　捎信儿 shāo xìnr

üer

随群儿 suí qúnr　　　金鱼儿 jīn yúr

ãr

帮忙儿 bāng mángr　　　赶忙儿 gǎn mángr

iãr

好样儿 hǎo yàngr　　树阴凉儿 shù yīn liángr　　照亮儿 zhào liàngr

树凉儿 shù liángr　　树秧儿 shù yāngr　　模样儿 mú yàngr

uãr

竹筐儿 zhú kuāngr　　指望儿 zhǐ wangr

ẽr

竹凳儿 zhú dèngr　　木棚儿 mù péngr

ier

起名儿 qǐ míngr　　人影儿 rén yǐngr　　应名儿 yìng míngr　　图钉儿 tú dīngr

õr

抽空儿 chōu kòngr　　没空儿 méi kòngr　　胡同儿 hú tòngr

（二）练习绕口令，注意儿化韵的音变

过了门儿，倒杯水儿，喝了两口透透气儿。顺手拿起小唱本儿，唱一曲儿，又一曲儿，练完了嗓子我练嘴皮儿。绕口令儿，练字音儿，还有单弦儿牌子曲儿；小快板儿，大鼓词儿，又说又唱我真带劲儿！

- 门儿 ménr（er），水儿 shuǐr（uer），气儿 qìr（i:er），本儿 bénr（er），曲儿 qúr（ü:er），皮儿 pír（i:er），令儿 lìngr（i:er），音儿 yīnr（i:er），板儿 bǎnr，词儿 cír（i:er），劲儿 jìnr（i:er）

（三）读句段，读准儿化韵的音变

大雪整整下了一夜。今天早晨，天放晴了，太阳出来了。推开门一看，嗬！好大的雪啊！山川、河流、树木、房屋，全都罩上了一层厚厚的雪，万里江山，变成了粉妆玉砌的世界。落光了叶子的柳树上挂满了毛茸茸亮晶晶的银条儿；而那些冬夏常青的松树和柏树上，则挂满了蓬松松沉甸甸的雪球儿。一阵风吹来，树枝轻轻地摇晃，美丽的银条儿和雪球儿簌簌地落下来，玉屑似的雪末儿随风飘扬，映着清晨的阳光，显出一道道五光十色的彩虹。

——《第一场雪》

附：特殊儿化词

特殊儿化词是对一般儿化词而言。一般儿化词，是指对一个词末尾音节的韵母进行"儿化"所形成的词。这种儿化词通常与原词（未儿化的词）意义大致相同，只是在表达情感上有些差异。例如："小孩"与"小孩儿"意义相同，而"小孩儿"表达出喜爱、亲切的感情，同样，"老头儿、金鱼儿、花篮儿"等也是如此。另外有一部分儿化词，语音形式与前面所述的儿化词差不多，但它与原词的意义或词性上有所区别，如"接头"与"接头儿"，"接头"指"使两个物体接起来；接洽，联系；熟悉某事的情况。"是动词；"接头儿"指"两个物体的连接处。"是名词。也有的儿化词与原词意义上无多大差别，但读音不同，如："相片"（xiàn piàn）→"相片儿"（xiàn piānr），"桑葚"（sāng shèn）→"桑葚儿""sāng rènr"等。本书把这些儿化词称为"特殊儿化词"，这些特殊儿化词根据其儿化韵的音变情况可分为两类：一类是儿化韵无音变，一类是儿化韵有音变。

一、儿化韵无音变形式

儿化韵无音变形式是指儿化的韵母与其原韵母在书写形式上没有声、韵、调的变化，只在韵尾增写了一个表卷舌动作的字母"r"。这些儿化韵的读音方法按前面儿化韵实际读音规则进行发音。

【例词】

白果·白果儿

白果 bái guǒ 银杏。
白果儿 bái guǒr <方>鸡蛋。

白面·白面儿

白面 bái miàn 小麦磨成的粉。
白面儿 bái miànr 指作为毒品的海洛因。

本家·本家儿

本家 bén jiā 同宗族的人。
本家儿 bén jiār 指当事人。

变法·变法儿

变法 biàn fǎ 指历史上对国家的法令制度做重大的变革。
变法儿 biàn fǎr 想另外的办法；用各种办法。

葱白·葱白儿

葱白 cōng bái 最浅的蓝色。
葱白儿 cōng báir 葱的茎。

得人·得人儿

得人 dé rén 〈书〉用人得当。
得人儿 dé rénr 〈方〉得人心。

顶班·顶班儿

顶班 dǐng bān 在规定时间内做顶一个劳动力的工作。
顶班儿 dǐng bānr 替班。

浮头·浮头儿

浮头 fú tóu 渔业上指水中缺氧时鱼类把口伸出水面呼吸。
浮头儿 fú tóur 〈方〉浮面。

光棍·光棍儿

光棍 guāng gùn 地痞、流氓，〈方〉指识时务的人。
光棍儿 guāng gùnr 没有妻子的成年人，单身汉。

过节·过节儿

过节 guò jié 在节日里进行庆祝等活动；指指了节日。
过节儿 guò jiér 〈方〉待人接物时所应重视的礼节或手续。嫌隙；细节、琐事。

过门·过门儿

过门 guò mén 女儿出嫁到男家。
过门儿 guò ménr 唱段或歌曲的前后或中间，由器乐单独演奏的部分，具有承前启后的作用。

哈哈·哈哈儿

哈哈 hā ha 打哈哈，开玩笑。
哈哈儿 hā har 〈方〉可笑的事。

胡同·胡同儿

胡同 hú tong 限作巷道名。
胡同儿 hú tongr 巷；小街道。

记事·记事儿

记事 jì shì 把事情记录下来。

记事儿 jì shìr 指小孩儿对事物已经有记忆的能力。

捡漏·捡漏儿

捡漏 jiǎn lòu 检修房顶漏雨的部分。

捡漏儿 jiǎn lòur〈方〉抓住别人的漏洞，抓把柄。

接头·接头儿

接头 jiē tóu 使两个物体接起来；接洽，联系；熟悉某事的情况。

接头儿 jiē tóur 两个物体的连接处。

开怀·开怀儿

开怀 kāi huái 心情无所拘束，十分畅快。

开怀儿 kāi huáir 指妇女第一次生育。

来人·来人儿

来人 lái rén 临时派来取送东西或联系事情的人。

来人儿 lái rénr〈方〉旧时称买卖、租赁、雇用等事的介绍人。

老家·老家儿

老家 lǎo jiā 在外面成立了家庭的人称故乡的家庭；指原籍。

老家儿 lǎo jiār〈方〉指父母及尊亲。

泥胎·泥胎儿

泥胎 ní tāi 尚未用金粉（或金箔）、颜料装饰过的泥塑的偶像。

泥胎儿 ní tāir 没有经过烧制的陶器坯子。

皮脸·皮脸儿

皮脸 pí liǎn〈方〉顽皮；形容不知羞耻。

皮脸儿 pí liǎnr 布鞋鞋脸儿正中用窄皮条沿起的圆梗。

肉皮·肉皮儿

肉皮 ròu pí 通常指猪肉的皮。

肉皮儿 ròu pír〈方〉人的皮肤。

上座·上座儿

上座 shàng zuò 坐位分尊卑时，最尊的座位叫上座。

上座儿 shàng zuòr 指戏院、饭馆等处有顾客到来。

水牛·水牛儿

水牛 shuǐ niú 牛的一种，角很大，作新月形，毛灰黑色，暑天喜欢浸在水中，食物以青草为主，适于水田耕作。

水牛儿 shuǐ niúr〈方〉蜗牛。

算计·算计儿

算计 suàn jì 计算数目；考虑、打算；估计；暗中谋划损害别人。

算计儿 suàn jìr〈方〉计划，打算。

趿拉·趿拉儿

趿拉 tā la 把鞋后帮踩在脚后跟下。

趿拉儿 tā lar〈方〉拖鞋。

台风·台风儿

台风 tái fēng 发生在太平洋西部海域和南海海上的热带空气旋涡，是一种极强烈的风暴，风力常达 10 级以上，同时有暴风雨。

台风儿 tái fēngr 戏剧演员在舞台上表现出来的风度。

听话·听话儿

听话 tīng huà 听从长辈或领导的话。

听话儿 tīng huàr 等候别人给回话。

透亮·透亮儿

透亮 tòu liàng 明亮；明白。

透亮儿 tòu liàngr 透过光线。

消息·消息儿

消息 xiāo xi 关于人或事物情况的报道；音信。

消息儿 xiāo xir 〈方〉物体上暗藏的简单的机械装置，一触动就牵动其他部分。

小人·小人儿

小人 xiǎo rén 古代指地位低的人，后来地位低的人也用于自称；指人格卑鄙的人。

小人儿 xiǎo rénr 〈方〉对未年人的爱称。

爷们·爷们儿

爷们 yé men 〈方〉男人（可以用于单数）；丈夫。

爷们儿 yé menr 〈方〉爷们儿；男人之间的互称（含亲昵意）。

云头·云头儿

云头 yún tóu 看起来成团成堆的云。

云头儿 yún tóur 云状的图案花纹。

走道·走道儿

走道 zǒu dào 街旁或室内外供人行走的大道。

走道儿 zǒu dàor 走路。

二、儿化韵有音变形式

儿化韵有音变形式是指儿化的韵母与其原韵母在书写形式上有声、韵、调的变化。如：桑葚（sāng shèn）——桑葚儿（sāng rènr），核（hé）——核儿（húr）；本色（bén sè）——本色（bén shǎir）等。这些儿化韵的读音方法按其拼写规则根据儿化韵实际读音规则进行发音。

【例词】

本色·本色儿

本色 bén sè 本来面貌。

本色儿 bén shǎir 物品原来的颜色。

猜谜·猜谜儿

猜谜 cāi mí 〈方〉猜谜儿。

猜谜儿 cāi mèir 猜谜底，捉摸谜语的答案；比喻猜测说话的真实意思或事情的真相。

唱片·唱片儿

唱片 chàng piàn 用虫胶、塑料等制成的圆盘，表面有记录声音变化的螺旋槽纹，可以用唱机把所录的声音重放出来。

唱片儿 chàng piānr 唱片。

尺头·尺头儿

尺头 chǐ tou 〈方〉布帛。

尺头儿 chǐ tóur 〈方〉尺寸的大小，尺码；零碎料子，零头。

垫圈·垫圈儿

垫圈 diàn juàn 给牲畜的圈铺垫干土、碎草等。

垫圈儿 diàn quānr 垫在被连接件与螺母之间的零件，一般为扁平形的金属环，用来保护连接件的表面不受螺母擦伤、分散螺母对被连接件的压力。

动画片·动画片儿

动画片 dòng huà piàn 美术片的一种，把人、物的表情、动作、变化等片段画成许多画幅，再用摄影机连续拍摄而成。

动画片儿 dòng huà piānr 动画片。

嘎巴·嘎巴儿

嘎巴$_1$ gā bā 象声词，形容树枝等折断的声音。

嘎巴$_2$ gā ba 黏的东西干后附着在器物上。

嘎巴儿 gā bar 〈方〉附着在器物上干了的粥、糨糊等。

功夫片·功夫片儿

功夫片 gōng fu piàn 表现以武打为主的故事片。

功夫片儿 gōng fu piānr 功夫片。

姑娘·姑娘儿

姑娘$_1$ gū niáng 〈方〉姑母；丈夫的姐妹。

姑娘$_2$ gū niang 未婚的女子；女儿。

姑娘儿 gū niangr 〈方〉妓女。

骨朵·骨朵儿

骨朵 gǔ duǒ 古代兵器，用铁或硬木制成，像长棍子，顶端瓜形，后来只用作仪杖，叫金瓜。

骨朵儿 gǔ duor 没有开放的花朵。

故事片·故事片儿

故事片 gù shi piàn 表演故事的影片。

故事片儿 gù shi piānr 故事片。

核·核儿

核 hé 核果中心的坚硬部分，里面有果仁；物体中像核的部分；指原子核、核能、核武器等。例如细胞由细胞核、细胞质、细胞膜等构成。

核儿 húr 用于某些口语词，如"梨核儿、桃核儿、煤核儿、冰核儿"等。

黑白片·黑白片儿

黑白片 hēi bái piàn 没有彩色的影片（区别于"彩色片"）。

黑白片儿 hēi bái piānr 黑白片。

花子·花子儿

花子 huā zi 乞丐，也作化子。

花子儿 huā zǐr 供观赏的花草的种子；〈方〉指棉花子。

画片·画片儿

画片 huà piàn 印制的小幅图画。

画片儿 huà piānr 画片。

纪录片·纪录片儿

纪录片 jì lù piàn 专门报道某一问题或事件的影片。也作记录片。

纪录片儿 jì lù piānr 纪录片。也作记录片儿。

鸡子·鸡子儿

鸡子 jī zi〈方〉鸡。

鸡子儿 jī zǐr 鸡蛋。

剪纸片·剪纸片儿

剪纸片 jiǎn zhǐ piàn 美术片的一种，把人物的表情、动作、变化等剪成许多剪纸，再用摄影机拍摄而成。

剪纸片儿 jiǎn zhǐ piānr 剪纸片。

拘挛·拘挛儿

拘挛 jū luán 肌肉收缩，不能伸展自如；拘泥。

拘挛儿 jū luanr〈方〉（手脚）冻僵，屈伸不灵。

科教片·科教片儿

科教片 kē jiào piàn 科学教育影片的简称。

科教片儿 kē jiào piānr 科教片。

磕碰·磕碰儿

磕碰 kē pèng 东西互相撞击；〈方〉人和东西相撞；比喻冲突。

磕碰儿 kē pengr〈方〉器物上碰伤的痕迹；比喻挫折。

老婆·老婆儿

老婆 lǎo po 妻子（qī zi）。

老婆儿 lǎo pór 年老的妇女（含亲热意）。

录像片·录像片儿

录像片 lù xiàng piàn 用放录像的方式映出的影片、电视片。

录像片儿 lù xiàng piānr 录像片。

美术片·美术片儿

美术片 méi shù piàn 利用各种美术创作手段拍摄的影片，如动画片、木偶片、剪纸片等。

美术片儿 méi shù piānr 美术片。

木偶片·木偶片儿

木偶片 mù'ǒu piàn 美术片的一种，用摄影机连续拍摄木偶表演的各种动作而成。

木偶片儿 mù'ǒu piānr 木偶片。

配搭·配搭儿

配搭 piè dā 跟主要的事物合在一起做陪衬；搭配。

配搭儿 pèi dar 帮助或陪衬主要事物的人或物。

气脉·气脉儿

气脉 qì mài 血气和脉息；指诗文中贯穿前后的思路、脉络。

气脉儿 qì mair 指人的精力、气力等。

桑葚·桑葚儿

桑葚 sāng shèn 桑树的果穗，成熟时黑紫色或白色，味甜，可以吃。也叫桑葚子。
桑葚儿 sāng rènr 桑葚。

上人·上人儿

上人₁ shàng rén 旧时对和尚的尊称。
上人₂ shàng ren〈方〉指父母或祖父母。
上人儿 shàng rénr〈方〉指饭馆、剧场等陆续有顾客、观众来。

无声片·无声片儿

无声片 wú shēng piàn 只有形象没有声音的影片。
无声片儿 wú shēng piānr 无声片。

媳妇·媳妇儿

媳妇 xí fù 儿子的妻子，也叫儿媳妇儿；晚辈亲属的妻子（前面加晚辈称呼）。
媳妇儿 xí fur〈方〉妻子；泛指已婚的年轻妇女。

戏曲片·戏曲片儿

戏曲片 xì qǔ piàn 用电影手法拍摄的戏曲演出的影片。
戏曲片儿 xì qǔ piānr 戏曲片。

鸭子·鸭子儿

鸭子 yā zi 鸭。
鸭子儿 yā zǐr〈方〉鸭蛋。

影片·影片儿

影片 yǐng piàn 用来放映电影的胶片；放映的电影。
影片儿 yǐng piānr 影片。

有声片·有声片儿

有声片 yǒu shēng piàn 既有形象又有声音的影片。
有声片儿 yǒu shēng piānr 有声片。

照片·照片儿

照片 zhào piàn 把感光纸放在照相底片下曝光后经显影、定影而成的人或物的图片。
照片儿 zhào piānr 照片。

正片·正片儿

正片 zhèng piàn 经过晒印带有图像的照相纸；电影放映时的主要影片（区别于加映的短片）。
正片儿 zhèng piānr 正片。

中间·中间儿

中间 zhōng jiān 里面；中心；在事物两端之间或两个事物之间的位置。
中间儿 zhōng jiànr 中间。

字帖·字帖儿

字帖 zì tiè 供学习书法的人临摹的范本，多为名家墨迹的石刻拓本、木刻或影印本。
字帖儿 zì tiěr 写着简单的话的纸片，多为通知、启事之类。

脖颈儿

脖颈儿 bó gěngr 脖子的后部。

跟尾儿

跟尾儿 gēn yǐr〈随后〉。

后尾儿

后尾儿 hòu yǐr 最后的部分，后边。

普通话水平测试用儿化词语表（新大纲）

说明

一、本表参照《普通话水平测试用普通话词语表》及《现代汉语词典》编制，加 * 的是以上二者未收，根据测试需要而酌增的条目。

二、本表仅供普通话水平测试第二项——读多音节词语（100 个音节）测试使用。本表儿化音节，在书面上一律加"儿"，但并不表明所列词语在任何语用场合都必须儿化。

三、本表共收词 189 条，按儿化韵母的汉语拼音顺序排列。

四、本表列出原形韵母和所对应的儿化韵，用＞表示条目中儿化音节的注音，只在基本形式后面加 r，如"一会儿 yī huìr"，不标语音上的实际变化。

a＞ar	刀把儿 dāo bàr	号码儿 hào mǎr	戏法儿 xì fǎr
	在哪儿 zài nǎr	找茬儿 zhǎo chár	打杂儿 dǎ zár
	板擦儿 bǎn cār		
ai＞ar	名牌儿 míng páir	鞋带儿 xié dàir	壶盖儿 hú gàir
	小孩儿 xiǎo háir	加塞儿 jiā sāir	
an＞ar	快板儿 kuài bǎnr	老伴儿 lǎo bànr	蒜瓣儿 suàn bànr
	脸盘儿 liǎn pánr	脸蛋儿 liǎn dànr	收摊儿 shōu tānr
	栅栏儿 zhà lánr	包干儿 bāo gānr	
	笔杆儿 bǐ gǎnr	门槛儿 mén kǎnr	
ang＞ar（鼻化）	药方儿 yào fāngr	赶趟儿 gǎn tàngr	
	香肠儿 xiāng chángr	瓜瓤儿 guā rángr	
ia＞iar	掉价儿 diào jiàr	一下儿 yī xiàr	豆芽儿 dòu yár
ian＞iar	小辫儿 xiǎo biànr	照片儿 zhào piānr	一点儿 yī diǎnr
	扇面儿 shàn miànr	差点儿 chà diǎnr	拉链儿 lā liànr
	雨点儿 yǔ diǎnr	聊天儿 liáo tiānr	牙签儿 yá qiānr
	冒尖儿 mào jiānr	坎肩儿 kǎn jiānr	
	露馅儿 lòu xiànr		
	心眼儿 xīn yǎnr		
iang＞iar（鼻化）	鼻梁儿 bí liángr	透亮儿 tòu liàngr	
	花样儿 huā yàngr		
ua＞uar	脑瓜儿 nǎo guār	大褂儿 dà guàr	
	麻花儿 má huār	笑话儿 xiào huar	
	牙刷儿 yá shuār		
uai＞uar	一块儿 yī kuàir		

uan＞uar　茶馆儿 chá guǎnr　　　饭馆儿 fàn guǎnr　　　火罐儿 huǒ guànr
　　　　　落款儿 luò kuǎnr　　　打转儿 dǎ zhuǎnr　　　拐弯儿 guǎi wānr
　　　　　好玩儿 hǎo wánr　　　大腕儿 dà wànr

uang＞uar（鼻化）　蛋黄儿 dàn huángr　　　　打晃儿 dǎ huàngr
　　　　　　　　　天窗儿 tiān chuāngr

üan＞üar　烟卷儿 yān juǎnr　　　　手绢儿 shǒu juànr
　　　　　出圈儿 chū quānr　　　　包圆儿 bāo yuánr
　　　　　人缘儿 rén yuánr　　　　绕远儿 rào yuǎnr
　　　　　杂院儿 zá yuànr

ei＞er　　刀背儿 dāo bèir　　　　摸黑儿 mō hēir

en＞er　　老本儿 lǎo běnr　　　　花盆儿 huā pénr
　　　　　嗓门儿 sǎng ménr　　　　把门儿 bǎ ménr
　　　　　哥们儿 gē menr　　　　纳闷儿 nà mènr
　　　　　后跟儿 hòu gēnr　　　　高跟儿鞋 gāo gēnr xié
　　　　　别针儿 bié zhēnr　　　　一阵儿 yī zhènr
　　　　　走神儿 zǒu shénr　　　　大婶儿 dà shěnr
　　　　　小人儿书 xiǎo rénr shū　　　刀刃儿 dāo rènr
　　　　　杏仁儿 xìng rénr

eng＞er（鼻化）　钢镚儿 gāng bèngr　　　夹缝儿 jiā fèngr
　　　　　　　　脖颈儿 bó gěngr　　　提成儿 tí chéngr

ie＞ier　　半截儿 bàn jiér　　　　小鞋儿 xiǎo xiér

üe＞üer　　旦角儿 dàn juér　　　　主角儿 zhǔ juér

uei＞uer　跑腿儿 pǎo tuǐr　　　　一会儿 yī huìr
　　　　　耳垂儿 ér chuír　　　　墨水儿 mò shuǐr
　　　　　围嘴儿 wéi zuǐr　　　　走味儿 zǒu wèir

uen＞uer　打盹儿 dǎ dǔnr　　　　胖墩儿 pàng dūnr
　　　　　砂轮儿 shā lúnr　　　　冰棍儿 bīng gùnr
　　　　　没准儿 méi zhǔnr　　　　开春儿 kāi chūnr

ueng＞uer（鼻化）　*小瓮儿 xiǎo wèngr

-i（前）＞er　瓜子儿 guā zǐr　　　　石子儿 shí zǐr
　　　　　没词儿 méi cír　　　　挑刺儿 tiāo cìr

-i（后）＞er　墨汁儿 mò zhīr　　　锯齿儿 jù chǐr　　　记事儿 jì shìr

i:er　针鼻儿 zhēn bír　　垫底儿 diàn dǐr　　肚脐儿 dù qír　　玩意儿 wán yìr

in＞i:er　有劲儿 yǒu jìnr　　　送信儿 sòng xìnr　　　脚印儿 jiǎo yìnr

ing＞i:er（鼻化）　花瓶儿 huā píngr　　　打鸣儿 dǎ míngr
　　　　　　　图钉儿 tú dīngr　　　门铃儿 mén língr
　　　　　　　眼镜儿 yǎn jìngr　　　蛋清儿 dàn qīngr
　　　　　　　火星儿 huǒ xīngr　　　人影儿 rén yǐngr

ü＞ü:er　毛驴儿 máo lúr　　　小曲儿 xiǎo qǔr　　　痰盂儿 tán yúr

üe＞ü:er　合群儿 hé qúnr

第六章 语流音变 147

e＞er	模特儿 mó tèr	逗乐儿 dòu lèr	唱歌儿 chàng gēr	
	挨个儿 āi gèr	打嗝儿 dǎ gér	饭盒儿 fàn hér	在这儿 zài zhèr
u＞ur	碎步儿 suì bùr	没谱儿 méi pǔr	儿媳妇儿 ér xí fur	
	梨核儿 lí húr	泪珠儿 lèi zhūr	有数儿 yǒu shùr	
ong＞or（鼻化）	果冻儿 guǒ dòngr	门洞儿 mén dòngr		
	胡同儿 hú tòngr	抽空儿 chōu kòngr		
	酒盅儿 jiǔ zhōngr	小葱儿 xiǎo cōngr		
iong＞ior（鼻化）	*小熊儿 xiǎo xióngr			
ao＞aor	红包儿 hóng bāor	灯泡儿 dēng pàor	半道儿 bàn dàor	
	手套儿 shǒu tàor	跳高儿 tiào gāor	叫好儿 jiào hǎor	
	口罩儿 kǒu zhàor	绝着儿 jué zhāor	口哨儿 kǒu shàor	
	蜜枣儿 mì zǎor			
iao＞iaor	鱼漂儿 yú piāor	火苗儿 huǒ miáor	跑调儿 pǎo diàor	
	面条儿 miàn tiáor	豆角儿 dòu jiǎor	开窍儿 kāi qiàor	
ou＞＞our	衣兜儿 yī dōur	老头儿 lǎo tóur	年头儿 nián tóur	
	小偷儿 xiǎo tōur	门口儿 mén kǒur	纽扣儿 niǔ kòu	
	线轴儿 xiàn zhóur	小丑儿 xiǎo chǒur	加油儿 jiā yóur	
iou＞iour	顶牛儿 dǐng niúr	抓阄儿 zhuā jiūr	棉球儿 mián qiúr	
uo＞uor	火锅儿 huǒ guōr	做活儿 zuò huór	大伙儿 dà huǒr	
	邮戳儿 yóu chuōr	小说儿 xiǎo shuōr	被窝儿 bèi wōr	
（o）＞or	耳膜儿 ér mór	粉末儿 fěn mòr		

常用儿化词表

【A】

| 挨个儿 | 挨门儿 | 矮凳儿 | 暗处儿 | 暗号儿 | 暗花儿 |
| 熬头儿 | | | | | |

【B】

八成儿	八字儿	疤瘌眼儿	拔火罐儿	拔尖儿	白案儿
白班儿	白干儿	白卷儿	白面儿	百叶儿	摆谱儿
摆设儿	败家子儿	班底儿	板擦儿	半边儿	半道儿
半点儿	半截儿	半路儿	帮忙儿	绑票儿	傍晚儿
包干儿	宝贝儿	饱嗝儿	北边儿	背面儿	背气儿
背心儿	背影儿	贝壳儿	被单儿	被窝儿	本家儿
本色儿	奔头儿	鼻梁儿	笔调儿	笔架儿	笔尖儿
笔套儿	边框儿	变法儿	便门儿	便条儿	标签儿
别名儿	鬓角儿	冰棍儿	病根儿	病号儿	不大离儿
不得劲儿	不对茬儿	不是味儿	布头儿		

【C】

| 擦黑儿 | 猜谜儿 | 彩号儿 | 菜单儿 | 菜花儿 | 菜子儿 |

蚕子儿	藏猫儿	草底儿	草帽儿	茶馆儿	茶花儿
茶几儿	茶盘儿	茶座儿	差不离儿	差点儿	岔道儿
长短儿	长袍儿	敞口儿	唱本儿	唱高调儿	唱片儿
抄道儿	趁早儿	成个儿	秤杆儿	吃喝儿	吃劲儿
尺码儿	虫眼儿	抽筋儿	抽空儿	抽签儿	筹码儿
出活儿	出门儿	出名儿	出数儿	橱柜儿	雏儿
窗洞儿	窗花儿	窗口儿	窗帘儿	窗台儿	床单儿
吹风儿	槌儿	春卷儿	春联儿	戳儿	瓷瓦儿
词儿	葱花儿	从头儿	从小儿	凑热闹儿	凑数儿
粗活儿	醋劲儿	搓板儿			

【D】

搭伴儿	答茬儿	搭脚儿	打蹦儿	打盹儿	打嗝儿
打滚儿	打晃儿	打价儿	打愣儿	打鸣儿	打谱儿
打挺儿	打眼儿	打杂儿	打转儿	大褂儿	大伙儿
大婶儿	带劲儿	带儿	单调儿	单个儿	单间儿
蛋黄儿	当面儿	当票儿	刀把儿	刀背儿	刀片儿
刀刃儿	道口儿	倒影儿	得劲儿	灯泡儿	底儿
底稿儿	底座儿	地方儿	地面儿	地盘儿	地皮儿
地摊儿	踮脚儿	点儿	点头儿	垫圈儿	电影儿
调号儿	调门儿	掉包儿	钓竿儿	碟儿	丁点儿
顶牛儿	顶事儿	顶针儿	定弦儿	动画片儿	兜儿
斗嘴儿	豆花儿	豆角儿	豆芽儿	逗乐儿	逗笑儿
独院儿	对过儿	对号儿	对口儿	对劲儿	对联儿
对门儿	对面儿	对味儿	对眼儿	多半儿	多会儿
朵儿					

【E】

摁钉儿	摁扣儿	耳垂儿	耳朵眼儿	耳根儿

【F】

发火儿	翻白眼儿	翻本儿	反面儿	饭馆儿	饭盒儿
饭碗儿	房檐儿	肥肠儿	费劲儿	坟头儿	粉末儿
粉皮儿	粉条儿	封口儿	风车儿	风儿	缝儿

【G】

旮旯儿	盖戳儿	盖儿	赶早儿	干劲儿	干活儿
高调儿	高招儿	稿儿	个儿	个头儿	各行儿
各样儿	跟班儿	跟前儿	工夫儿	工头儿	勾芡儿
钩针儿	够本儿	够劲儿	够数儿	够味儿	瓜子儿
挂名儿	乖乖儿	拐棍儿	拐角儿	拐弯儿	管儿
管事儿	罐儿	光板儿	光杆儿	光棍儿	鬼脸儿
蝈蝈儿	锅贴儿	过门儿			

【H】

哈哈儿	行当儿	好好儿	好天儿	好玩儿	好性儿
好样儿	号码儿	号儿	河沿儿	合股儿	合伙儿
合身儿	盒儿	黑道儿	红人儿	猴儿	后边儿
后跟儿	后门儿	胡同儿	花边儿	花卷儿	花瓶儿
花儿	花纹儿	花样儿	花园儿	花招儿	滑竿儿
话茬儿	画稿儿	还价儿	环儿	慌神儿	黄花儿
回话儿	回信儿	魂儿	豁口儿	火锅儿	火候儿
火炉儿	火苗儿	火星儿			

【J】

鸡杂儿	急性儿	记事儿	家底儿	夹缝儿	夹心儿
加油儿	价码儿	假条儿	肩膀儿	箭头儿	讲稿儿
讲价儿	讲究儿	胶卷儿	胶水儿	脚尖儿	较真儿
叫好儿	叫座儿	接班儿	接头儿	揭底儿	揭短儿
解闷儿	解手儿	借条儿	紧身儿	劲头儿	镜框儿
酒令儿	酒窝儿	就手儿	卷儿	诀窍儿	绝招儿

【K】

开春儿	开花儿	开火儿	开窍儿	开头儿	坎肩儿
开小差儿	靠边儿	磕碰儿	科班儿	科教片儿	壳儿
可口儿	吭气儿	吭声儿	空手儿	空地儿	空格儿
空心儿	抠门儿	抠字眼儿	口袋儿	口风儿	口哨儿
口味儿	口信儿	口罩儿	扣儿	苦头儿	裤衩儿
裤兜儿	裤脚儿	裤腿儿	挎包儿	块儿	快板儿
快手儿	筐儿	葵花子儿			

【L】

拉呱儿	拉链儿	拉锁儿	腊八儿	腊肠儿	来回儿
来劲儿	来头儿	篮儿	滥调儿	捞本儿	老伴儿
老本儿	老底儿	老根儿	老话儿	老脸儿	老人儿
老样儿	泪花儿	泪人儿	泪珠儿	累活儿	冷门儿
冷盘儿	愣神儿	离谱儿	里边儿	理儿	力气活儿
连襟儿	脸蛋儿	凉粉儿	凉气儿	两截儿	两口儿
两头儿	亮光儿	亮儿	聊天儿	裂缝儿	裂口儿
零花儿	零活儿	零碎儿	零头儿	领儿	领头儿
溜边儿	刘海儿	留后路儿	柳条儿	遛弯儿	篓儿
露面儿	露馅儿	露相儿	炉门儿	路口儿	轮儿
罗锅儿	落脚儿	落款儿	落音儿		

【M】

麻花儿	麻绳儿	麻线儿	马竿儿	马褂儿	买好儿
卖劲儿	满分儿	满座儿	慢性儿	忙活儿	毛驴儿
毛衫儿	冒火儿	冒尖儿	冒牌儿	帽儿	帽檐儿

没词儿	没地儿	没法儿	没劲儿	没门儿	没谱儿
没趣儿	没事儿	没头儿	没样儿	没影儿	煤球儿
媒婆儿	美人儿	美术片儿	谜儿	门洞儿	门房儿
门槛儿	门口儿	门帘儿	猛劲儿	米粒儿	蜜枣儿
猕猴儿	面条儿	面团儿	苗儿	瞄准儿	明理儿
明儿	名词儿	名单儿	名片儿	摸黑儿	模特儿
末了儿	墨盒儿	墨水儿	墨汁儿	模样儿	木头人儿

【N】

哪会儿	哪儿	哪样儿	纳闷儿	奶名儿	奶皮儿
奶嘴儿	南边儿	南面儿	脑瓜儿	脑门儿	闹病儿
闹气儿	泥人儿	拟稿儿	年根儿	年头儿	念珠儿
鸟儿	牛劲儿	纽扣儿	农活儿	努嘴儿	挪窝儿

【O】

藕节儿	

【P】

拍儿	牌号儿	牌儿	派头儿	盘儿	旁边儿
胖墩儿	刨根儿	跑堂儿	跑腿儿	配对儿	配件儿
配角儿	喷嘴儿	盆景儿	皮猴儿	皮夹儿	皮儿
偏方儿	偏旁儿	偏心眼儿	片儿	票友儿	拼盘儿
瓶塞儿	平手儿	评分儿	坡儿	破烂儿	铺盖卷儿
蒲墩儿	蒲扇儿	谱儿			

【Q】

漆皮儿	旗袍儿	棋子儿	起劲儿	起名儿	起头儿
起眼儿	气球儿	汽水儿	签儿	千层底儿	前边儿
前脚儿	前面儿	前儿	前身儿	钱串儿	钱票儿
枪杆儿	枪眼儿	枪子儿	腔儿	墙根儿	墙头儿
抢先儿	桥洞儿	瞧头儿	悄没声儿	巧劲儿	俏皮话儿
亲嘴儿	轻活儿	球儿	蛐蛐儿	取乐儿	曲儿
圈儿	缺口儿	缺嘴儿			

【R】

瓤儿	让座儿	绕道儿	绕口令儿	绕圈儿	绕弯儿
绕远儿	热门儿	热闹儿	热天儿	热心肠儿	人家儿
人头儿	人味儿	人样儿	人影儿	人缘儿	日记本儿
日月儿	绒花儿	戎球儿	肉包儿	肉片儿	肉脯儿
肉丝儿	褥单儿	入门儿	入味儿		

【S】

撒欢儿	撒娇儿	撒酒风儿	撒手儿	塞儿	三弦儿
嗓门儿	沙果儿	沙瓤儿	砂轮儿	傻劲儿	色儿
山根儿	闪身儿	扇面儿	上班儿	上辈儿	上边儿
上火儿	上劲儿	上款儿	上联儿	上面儿	上身儿

上座儿	捎脚儿	哨儿	伸腿儿	身板儿	身量儿
身子骨儿	神儿	婶儿	实心儿	石子儿	使劲儿
市面儿	事儿	事由儿	是味儿	收口儿	收条儿
手边儿	手戳儿	手绢儿	手套儿	手头儿	手腕儿
手心儿	手印儿	书本儿	书签儿	书桌儿	熟道儿
熟人儿	树梢儿	树阴儿	数码儿	耍心眼儿	双料儿
双响儿	双眼皮儿	水饺儿	水牛儿	水印儿	顺便儿
顺道儿	顺脚儿	顺口儿	顺路儿	顺手儿	顺嘴儿
说话儿	说情儿	说头儿	说闲话儿	撕票儿	丝儿
死胡同儿	死心眼儿	死信儿	四边儿	四合院儿	松劲儿
松紧带儿	松仁儿	松子儿	送信儿	俗话儿	酸枣儿
蒜瓣儿	蒜黄儿	蒜泥儿	算盘儿	算数儿	随大溜儿
随群儿	碎步儿	岁数儿	孙女儿	榫儿	锁链儿

【T】

台阶儿	抬价儿	摊儿	痰盂儿	谈天儿	糖葫芦儿
趟儿	挑儿	桃仁儿	讨好儿	套间儿	套儿
蹄筋儿	提成儿	提花儿	替班儿	替身儿	天边儿
天窗儿	天儿	天天儿	甜头儿	挑刺儿	条儿
跳高儿	跳绳儿	跳远儿	贴身儿	帖儿	听信儿
同伴儿	铜子儿	筒儿	偷空儿	偷偷儿	头儿
头头儿	图钉儿	土豆儿	土方儿	腿儿	脱身儿
托儿					

【W】

娃儿	袜套儿	袜筒儿	外边儿	外号儿	外间儿
外面儿	外甥女儿	外套儿	弯儿	玩儿	玩意儿
腕儿	围脖儿	围嘴儿	卫生球儿	味儿	纹路儿
窝儿	物件儿				

【X】

西边儿	稀罕儿	媳妇儿	戏班儿	戏本儿	戏词儿
戏法儿	细活儿	虾仁儿	下巴颏儿	下半天儿	下边儿
下联儿	下手儿	弦儿	闲话儿	闲空儿	闲篇儿
闲气儿	显形儿	现成儿	线头儿	馅儿	香肠儿
香瓜儿	香火儿	香水儿	箱底儿	响动儿	相片儿
像样儿	橡皮筋儿	消食儿	小白菜儿	小半儿	小辈儿
小辫儿	小不点儿	小菜儿	小抄儿	小车儿	小丑儿
小葱儿	小调儿	小工儿	小褂儿	小孩儿	小脚儿
小锣儿	小帽儿	小米儿	小名儿	小跑儿	小钱儿
小曲儿	小人儿	小嗓儿	小舌儿	小市儿	小说儿
小偷儿	小性儿	小灶儿	笑话儿	笑脸儿	笑窝儿
楔儿	歇腿儿	邪道儿	邪门儿	斜纹儿	斜眼儿

鞋帮儿	蟹黄儿	心肝儿	心坎儿	心路儿	心窝儿
心眼儿	信皮儿	信儿	杏儿	杏仁儿	胸脯儿
袖口儿	袖儿	袖筒儿	绣花儿	旋涡儿	

【Y】

鸭子儿	牙口儿	牙签儿	牙刷儿	芽儿	雅座儿
压根儿	烟卷儿	烟头儿	烟嘴儿	言声儿	沿儿
眼角儿	眼镜儿	眼皮儿	眼圈儿	眼儿	眼神儿
眼窝儿	羊倌儿	腰板儿	腰花儿	咬舌儿	咬字儿
药方儿	药面儿	药片儿	药水儿	药丸儿	药味儿
要价儿	爷们儿	页码儿	衣料儿	一半儿	一边儿
一道儿	一点儿	一会儿	一块儿	一溜烟儿	一溜儿
一气儿	一身儿	一手儿	一顺儿	一下儿	一些儿
一早儿	一阵儿	一总儿	音儿	因由儿	阴凉儿
阴影儿	瘾头儿	印花儿	印儿	应声儿	营生儿
迎面儿	影片儿	影儿	应景儿	硬面儿	硬手儿
油饼儿	油花儿	油门儿	油皮儿	邮包儿	邮戳儿
有点儿	有门儿	有趣儿	有数儿	右边儿	榆钱儿
鱼虫儿	鱼漂儿	雨点儿	原封儿	原主儿	圆圈儿
院儿	约会儿	约数儿	月份儿	月牙儿	

【Z】

咂嘴儿	杂牌儿	杂耍儿	杂院儿	脏字儿	枣儿
早早儿	渣儿	栅栏儿	宅门儿	沾边儿	掌勺儿
掌灶儿	长相儿	账本儿	账房儿	找茬儿	罩儿
照面儿	照片儿	照样儿	这会儿	这儿	这样儿
针鼻儿	针箍儿	针眼儿	枕席儿	阵儿	整个儿
正座儿	汁儿	支着儿	枝儿	直溜儿	直心眼儿
侄儿	侄女儿	纸钱儿	指名儿	指望儿	指印儿
中间儿	盅儿	钟点儿	种花儿	重活儿	轴儿
皱纹儿	珠儿	猪倌儿	竹竿儿	主角儿	主心骨儿
住家儿	抓阄儿	爪尖儿	爪儿	转角儿	转脸儿
转弯儿	装相儿	坠儿	准儿	桌面儿	滋味儿
滋芽儿	字面儿	字儿	字帖儿	字眼儿	走板儿
走道儿	走调儿	走神儿	走味儿	走样儿	嘴儿
昨儿	作料儿	左边儿	坐垫儿	坐儿	座位儿
做伴儿	做活儿	做声儿			

第六节　词的轻重音格式

普通话里音节连读很讲究词的轻重音格式，这也是区别方音的一个方面。方言区的人说普通话，总会给别人一种不纯正的感觉，除了前面所说声、韵、调不正以外，也还有词的轻重音格式的问题。如四川话大多把一个词的第一个（前面）音节念重音，而普通话大多数词重音落在末一个音节，这种差异就导致有"川普"之说。例如："现在"，四川话念重音的是"现"，轻重音格式为"重中式"；普通话念重音的是"在"，轻重音格式为"中重式"。再如："看电视"，四川话念"看电视"，普通话念"看电视"等。因此，要使普通话讲得标准，词的轻重音格式也不可忽视。

一、词的轻重音格式的主要类型

普通话中词的轻重音格式有：中重式、重中式、重轻式、中轻重式、中重轻式、重轻轻式、中重中重式、中轻中重式、中轻重轻式等。

（一）中重式

普通话中一般双音节词语都念中重音格式，数量占大多数。念这类词时，前一个音节不要念得过重过长，要注意第一个音节是上声或去声的音变，注意第二音节为上声的调值（214），必须念全。

广播 guǎng bō	朗读 lǎng dú	脑怒 nǎo nù
勇敢 yǒng gǎn	请帖 qǐng tiě	水塔 shuǐ tǎ
奋斗 fèn dòu	电视 diàn shì	物质 wù zhì
出版 chū bǎn	除草 chú cǎo	刻苦 kè kǔ
生根 shēng gēn	施肥 shī féi	翻地 fān dì
雷锋 Léi fēng	人民 rén mín	实验 shí yàn
学术 xué shù	汽车 qì chē	到达 dào dá

（二）重中式

重中音格式的词在普通话里占一定数量。这类词常来源于原来念轻声而后来不念，或者是轻声词中可轻可不轻的双音节词。念读时，第一个音节较第二个音节稍长稍重。应当注意的是不要把第二音节念得过轻过短，以免念成"重轻式"。

太阳 tài yáng	编辑 biān jí	男子 nán zǐ
药品 yào pǐn	正确 zhèng què	毛病 máo bìng
逻辑 luó jí	过去 guò qù	神仙 shén xiān
父亲 fù qīn	手艺 shǒu yì	家具 jiā jù
老鼠 lǎo shǔ	肮脏 āng zāng	本钱 běn qián
消极 xiāo jí	琉璃 liú lí	支撑 zhī chēng

（三）重轻式

重轻音格式的词就是双音节的轻声词。念这类词应遵守轻声的音变规律（前面已讲）。

云彩 yún cai	时候 shí hou	客气 kè qi
豆腐 dòu fu	石头 shí tou	黄瓜 huáng gua
木头 mù tou	畜生 chù sheng	窗户 chuāng hu
爽快 shuǎng kuai	马虎 mǎ hu	家伙 jiā huo
知识 zhī shi	斗篷 dǒu peng	疏忽 shū hu
尾巴 wěi ba	想着 xiǎng zhe	屋子 wū zi

（四）中轻重式

中轻重音格式是三音节词（念三个字的人名）最主要的念读方式。念这类词时，中间的音节要轻要短，第三音节要长，应把调值读足。

郭沫若 Guō Mó ruò	颐和园 Yí hé yuán	打字机 dǎ zì jī
天安门 Tiān'ān mén	东方红 dōng fāng hóng	西红柿 xī hóng shì
王府井 Wáng fǔ jǐng	播音员 bō yīn yuán	炊事员 chuī shì yuán
拖拉机 tuō lā jī	展览会 zhǎn lǎn huì	电冰箱 diàn bīng xiāng

（五）中重轻式

中重轻音格式的三音节词，它的结构特征是：末尾一个是轻声音节。根据双音节念读的方法，轻声音节前一个音节要重读，因而这类三音节词的第一个音节要读得适中。

同学们 tóng xué men	老乡们 lǎo xiāng men	笔杆子 bǐ gǎn zi
小伙子 xiǎo huǒ zi	儿媳妇儿 ér xí fur	好家伙 hǎo jiā huo
小姑娘 xiǎo gū niang	胡萝卜 hú luó bo	命根子 mìng gēn zi
硬骨头 yìng gǔ tou		

（六）重轻轻式

重轻轻音格式的三音节词，它的结构特征是：第二、三音节均为轻声。构成方式有两种：一种是"动（形）＋补语"，另一种是"双音节轻声词＋单音节轻声词"，念读时，第一个音节要重、要长些。

降下来 jiàng xia lai	跳起来 tiào qi lai	拣出来 jiǎn chu lai
晕过去 yūn guo qu	投进去 tóu jin qu	跑出去 pǎo chu qu
热得慌 rè de huang	好得很 hǎo de hen	朋友们 péng you men
姑娘家 gū niang jia	娃娃们 wá wa men	怎么样 zěn me yang

（七）中重中重式

中重中重音格式的四音节词，它是由两个一般的双音节词构成，念读的方法也就按一般的双音节词（中重式）进行连读，即："中重＋中重"。

一干二净 yī gān èr jìng	一脉相传 yī mài xiāng chuán
江山如画 jiāng shān rú huà	人寿年丰 rén shòu nián fēng
兴高采烈 xìng gāo cǎo liè	锦绣河山 jǐn xiù hé shān
盖棺论定 gài guān lùn dìng	朝秦暮楚 zhāo Qín mù Chǔ
前程似锦 qín chéng sì jǐn	高瞻远瞩 gāo zhān yuǎn zhǔ

（八）中轻中重式

中轻中重音格式的词，主要有四音节叠音词和四音节拟声词。念读这类词，第二音节和第四音节语音变化大，第二音节要念得轻而短，第四音节要念得重而长（念足调值）。如果是ÀÀBB式的形容词重叠词，一般后两个音节念阴平。

热热闹闹 rè re nào nào	整整齐齐 zhěng zheng qí qí
地地道道 dì di dào dào	快快乐乐 kuài kuai lè lè
嘻嘻哈哈 xī xi hā hā	蹦蹦跳跳 bèng beng tiào tiào
稀里哗啦 xī li huā lā	噼里啪啦 pī li pā lā
慌里慌张 huāng li huāng zhāng	妖里妖气 yāo li yāo qì
稀里糊涂 xī li hú tú	

（九）中轻重轻式

中轻重轻音格式的四音节词，它的结构比较特殊，由两个双音节轻声词组合而成。它的念读方法不是两个双音节轻声词念读的简单相加，而是略有一点儿变化，即前一个双音节轻声词的第一个音节不重读，要读得适中。念读方法可标示为"中轻＋重轻"。

知道消息 zhī dao xiāo xi

三个亲戚 sān ge qīn qi

怎么搞的 zěn me gǎo de

麻烦伯伯 má fan bó bo

什么毛病 shén me máo bing

关上抽屉 guān shang chōu ti

天上月亮 tiān shang yuè liang

喜欢打扮 xǐ huan dǎ ban

擦擦玻璃 cā ca bō li

外甥媳妇儿 wài sheng xí fur

二、读句段，掌握词语的轻重规律

更为重要的是，读书加惠于人们的不仅是知识的增广，而且还在于精神的感化与陶冶。人们从读书学做人，从那些往哲先贤以及当代才俊的著述中学得他们的人格。人们从《论语》中学得智慧的思考，从《史记》中学得严肃的历史精神，从《正气歌》中学得人格的刚烈，从马克思学得人世的激情，从鲁迅学得批判精神，从托尔斯泰学得道德的执着。歌德的诗句刻写着睿智的人生，拜伦的诗句呼唤着奋斗的热情。一个读书人，一个有机会拥有超乎个人生命体验的幸运人。

——《读书人是幸福人》

第七章　朗读

第一节　朗读要求和技巧

一、朗读的概念

朗，即声音的清晰、响亮。朗读，就是用清晰、响亮的声音，结合各种语言手段来完善地表达作品思想感情的一种语言艺术。朗读是口语交际的一种重要形式。朗读不仅可以提高阅读能力，增强艺术鉴赏能力，更为重要的是，通过朗读，大者可以陶冶性情，开阔胸怀，文明言行，增强理解；小者可以有效地培养对语言词汇细致入微的体味能力以及确立口语表述最佳形式的自我鉴别能力。因此，要想成为口语表述与交际的高手，就不能不重视朗读。

二、朗读前的准备

朗读是朗读表演者的一种再创作活动。这种再创作，要求朗读者通过原作的字句，用有声语言传达出原作的主要精神和艺术美感。不仅要让听众领会朗读的内容，而且要使其在感情上受到感染。因此，朗读者在朗读前就必须做好一系列的准备工作。

三、朗读的特点

（一）朗读是一种"说"的形式

朗读是将语言文字符号转化为有声语言形式的一种活动，属于"说话"的范畴。它要求朗读者将文字符号通过发音器官"说"出来，因此是一种语言输出形式。

（二）朗读是一种"读"的形式

朗读是一种语言的输入形式。因为朗读者只有通过视觉"看"到文字并将之转化为相应的语言形式才能进行朗读。朗读中除了眼、脑以外，还有发声器官的参与。从读的目的来看，朗读除了要获取信息，有时还是为了传递信息。

（三）朗读是一种"听"的形式

朗读者在朗读的时候，将无声的文字符号变成了有声的语言，在这一连续的过程中，朗读者本身无论是有意的还是无意的都会听到自己发出的语言信息。

总的来说，朗读是一种语言信息处理和转换的过程。它对视觉感知的语言信息加以理解和加工，再将信息内容转换为口语语言表达出来。这样人的言语观察、言语听觉和言语动觉（说）都能得到锻炼。

四、朗读要求

（一）把握作品的内容

准确地把握作品内容，透彻地理解其内在含义，是取得好的朗读效果的重要前提和基础。朗读中各种艺术手段的运用固然十分重要，但是，如果离开了准确透彻地把握内容这个前提，那么，艺术技巧成了无源之水，无本之木，成了一种纯粹的形式主义，也就无法做到传情，无法让听众动情了。要做到准确透彻地把握作品内容，应注意以下几点：

（1）正确、深入地理解。朗读表演者要把作品的思想感情准确地表现出来，需要透过字里行间，理解作品的内在含义，首先要清除障碍，搞清楚文中生字、生词、成语典故、语句等的含义。不要囫囵吞枣，望文生义。其次，要把握作品创作的背景、作品的主题和情感的基调，这样才会准确地理解作品，才不会把作品念得支离破碎，甚至歪曲原作的思想内容。

（2）深刻、细致地感受。有的朗读，听起来也有着抑扬顿挫的语调，可就是打动不了听众。如果不是作品本身有缺陷，那就是朗读者对作品的感受还太浅薄，没有真正走进作品，而是在那里"挤"情、"造"性。听众是敏锐的，他们不会被虚情所动，朗读者要唤起听众的感情，使听众与自己同喜、同悲、同呼吸，必须仔细体味作品，进入角色，进入情境。

（3）丰富、逼真地想象。在理解感受作品的同时，往往伴随着丰富的想象，这样才能使作品的内容在自己的心中、眼前活动起来，就好像亲眼看到、亲身经历一样。以陈然《我的自白书》为例，在对作品进行综合分析的同时，可以设想自己就是陈然（重庆《挺进报》的特支书记），当时正处在这样的情境中：我被国民党逮捕，在狱中饱受折磨，但信仰毫不动摇，最后，敌人把一张白纸放在我面前，让我写自白书，我满怀对敌人的愤恨和藐视，满怀革命必胜的坚定信念，自豪地写下了"怒斥敌酋"式的《我的自白书》。这样通过深入的理解、真挚的感受和丰富的想象，使己动情，从而也使听众动性。

（二）忠于作品原貌，用普通话标准音来正确朗读作品

朗读和说话不同，它除了要求应试者忠于作品原貌，不添字、漏字、改字、回读外，还要求朗读时在声母、韵母、声调、轻声、儿化、音变以及语句的表达方式等方面都符合普通话的规范。

（1）注意普通话和自己的方言在语音上的差异。普通话和方言在语音上的差异，大多数的情况是有规律的。这种规律又有大的规律和小的规律，规律之中往往又包含一些例外，这些都要靠自己去总结。单是总结还不够，要多查字典和词典，要加强记忆，反复练习。在练习中，不仅要注意声韵调方面的差异，还要注意轻声词和儿化韵的学习。

（2）注意多音字的读音。一字多音是容易产生误读的重要原因之一，我们必须十分注意。多音字可以从两个方面去注意学习。第一类是意义不同的多音字，要着重弄清它的各个不同的意义，从各个不同的意义去记住它的不同的读音。第二类是意义相同的多音字，要着重弄清它的不同的使用场合。这类多音字大多数情况是，一个音使用场合"宽"，一个音使用场合"窄"，只要记住"窄"的就行。

（3）注意由字形相近或由偏旁类推引起的误读。由于字形相近由甲字张冠李戴地读成乙字，这种误读十分常见。由偏旁本身的读音或者由偏旁级构成的较常用的字读音，去类推一个生字的读音而引起的误读，也很常见。所谓"秀才认字读半边"，闹出笑话，就是指的这种误读。

（4）注意异读词的读音。普通话词汇中，有一部分词（或词中的语素），音义相同或基本相同，但在习惯上有两个或几个不同的读法，这些被称为"异读词"。为了使这些读音规范，国家于50年代就组织了"普通话审音委员会"，并对普通话异读词的读音进行了审定。历经几十年，几易其稿。1985年，国家公布了《普通话异读词审音表》，要求全国文教、出版、广播及其他部门、行业所涉及的普通话异读词的读音、标音，均以这个新的《审音表》为准。在使用《审音表》的时候，最好是对照着工具书（如《新华字典》、《现代汉语词典》等）来看。先看某个字的全部读音、义项和用例，然后再看《审音表》中的读音和用例。比较以后，如发现两者有不合之处，一律以《审音表》为准。这样就达到了读音规范的目的。

（三）以情带声，以声传情，以情动人

任何一篇作品都要表达一定的情感。朗读者根据作品的情况来确定声音表现的方式，或激昂或深沉，或急促或舒缓，做到以声传情、以情动人，感染听众。朗读中，作品的"情"传递给听众，是朗读者对作品内容产生了形象性体验而通过语言进行再创造实现的。因此，朗读者在对作品的再创造过程中，语言所表达的"情"应是朗读者发自内心深处的情，它与作品内在的情感因素是协调一致的，千万不能牵强附会，"文外生情"。

五、朗读技巧

朗读是一种技巧性很强的口语艺术。它的一般技巧，体现在朗读的语调上。语调是指句中语气的语音表现形式，这种表现形式有停连、轻重、快慢、升降等。因此，朗读的一般技巧有停连、重音、语速、句调等。

（一）停连

停连指声音的停顿和连接。它是朗读者生理的需要，也是表情达意的需要，又是听众的需要。停顿，一般可分为语法停顿和逻辑停顿。连接，本义是指朗读时声音不停顿的地方，在这里是专指文稿上有标点符号而朗读中不中断、不休止的现象。从这个意义上讲，连接可分为直连或曲连。

1. 语法停顿

语法停顿，又称落停，指文字作品中标点符号所示的停顿。这种停顿的特点是声停气尽（声音停止，发音器官的某些部位不再控制气流），时间较长。停顿时间的长短一般同标点大小相对应。即：省略号（而句中省略号停顿时间很短）＞句号、问号、叹号＞分号、冒号＞逗号＞顿号、破折号。例如：

郊外的景色真美啊！湛蓝的天空，像一池倒映的湖水；清新的空气，似醇酒的芳香，令人心旷神怡。我一边吃力地蹬着车，一边当导游，向母亲介绍改革开放给农村带来的巨大变化。我的衬衫和后背贴在了一起，额头沁出一层汗珠。爬上一道陡坡，准备跨越一条铁道。我弯腰弓背，喘着粗气，小心翼翼地行驶。突然，车子在水泥的路基上颠簸了一下，她的身体失去了平衡。就在车倒人翻的一刹那，我猛然地侧过头，用自己的身体挡住了母亲。母亲安然无恙，我却觉得眼前一黑，下颌被坚硬的铁轨磕伤，殷红的鲜血顿时淌了下来。母亲潸然泪下："好玉玉，妈难为你啦……"我用手帕擦去母亲腮边的泪水，打趣地说："磕破点皮，没关系。这不正好多了个'酒窝'吗！"母亲破涕为笑，笑声中包含着诚挚的母爱——至高无尚的永恒之爱！

2. 逻辑停顿

逻辑停顿，又称为强调停顿，是指为了强调某一事物，突出某种语意或某种感情而在书面语没有标点的地方作一停顿，或者在书面语有标点的地方作较长的停顿。人们把句中无标点的停顿又称为扬停。这种停顿的特点是：声断意连，声断气未停，时间较长。这种停顿有的地方因表情达意的需要顿歇不需换气，也有的地方因句子太长顿歇，需在短暂的停顿中偷气。例如：

①喂猪的老头儿／在墙根靠着，笑盈盈地看着他的两头小白猪／∨变成小金猪了。

②乔治·华盛顿／是美利坚合众国的／第一任总统。就是他／领导美国人民／为了自由为了独立浴血奋战，赶走了统治者。

注：例中的朗读符号"/"表示停顿，"∨"表示换气。朗读符号还有"↗"表示升调，"↘"表示降调，"——"表示慢速，"→"表示快速，"⌒"表示连接等。

3. 直连

直连指在有标点符号而前后连接较紧的地方，不停顿，不换气，直接地连续。例如：

三百六十行，行行出状元。关键还是在于，怎样按照你的实际，为社会，为人类多作贡

献，从而在这个世界上找到自己的一片绿洲，一片天空。

4. 曲连

曲连是指在简短的句子间，需要连接又需区分的地方连续。处理连续应找准"连点"，一般说来，连点多在连续的顿号和短促分句间的逗号处。例如：

①南来的钢筋、花布，北往的柑橙、家禽，绘出交流欢跃图……

②燕子去了，有再来的时候；杨柳枯了，有再青的时候；桃花谢了，有再开的时候。

（二）重音

上一章已阐述词语的重音，这里所说的词的重音是就句子而言，指语句中居于主要地位，朗读时需要着重强调突出的词或词组。重音最能体现朗读语句的目的，体现语句内部各词语或各词组之间的主次关系。确定重音要以突出语句表达目的为首要标准，然后再综合考虑逻辑关系和感情表达的需要。重音一般可分为语法重音和逻辑重音。

1. 语法重音

语法重音，指根据语法结构的特点而把句子的某些部分读得较重，语法重音的位置一般比较固定，有一定的规律。如下：

①山朗润起来了，水涨起来了，太阳的脸红起来了。（重音：短句的谓语）

②这是入冬以来，胶东半岛上的第一场雪。（重音：名词前定语）

③他们的房屋，稀稀疏疏的，在雨里静默着。（重音：表性状、程度状语）

④这话我早已说得很清楚。（重音：表结果、程度补语）

⑤"你为什么光喊加把劲而让自己的手放在衣袋里呢？"

"你问我？"（重音：部分代词）

⑥猫问："你大姐生了啥呀？""生个白胖小子。"（重音：宾语）

2. 逻辑重音

逻辑重音，又称强调重音，是指表情达意所重读的词语。例如：

①我是北京大学的教师。（强调不是别人）

②我是北京大学的教师。（强调并非不是）

③我是北京大学的教师。（强调不是其他学校）

④我是北京大学的教师。（强调不是从事其他职业）

上例表明，同样的语法结构由于表义重点不同，强调重音的位置也不同。这种重音的确

定是受说话时环境、说话人的特定要求和感情所支配的，因此，运用灵活多变。

3. 语速

语速，顾名思义，指朗读的速度。语速的快慢直接影响朗读的效果。语速过慢，不能有效表达作品内容；语速过快，听众的思想跟不上。一味不变的语速又显单调、呆板。因此，朗读中语速的快慢要由作品的思想内容和情节发展来决定。

语速大体可分为快速、慢速、中速三种。朗读作品时，一般是开头采用中速，停顿适当，情节高潮用快速（个别除外），文章结尾用慢速。同时，作品的内容是欢快、激动或紧张的应采用快速，内容是悲痛、低沉或抒情的应采用慢速，内容是平铺直叙的采用中速恰当。除此之外，语速的快慢还与说话人的情绪、环境气氛、人物的年龄性格有关。应该因不同情况采用相应的语速。

4. 句调

句调，是指朗读者朗读时对句子语调所作的高低升降的变化，其中以结尾的升降变化最为重要，一般是和句子的语气紧密结合的。在朗读时，如能注意语调的升降变化，语音就有了动听的腔调，听起来便具有音乐美，也就能够更细致地表达不同的思想感情。句调变化多端，主要有以下几种：

①高升调↗。高升调多在疑问句、反诘句、短促的命令句子里使用，或者是在表示愤怒、紧张、警告、号召的句子里使用。朗读时，注意前低后高、语气上扬。

例如：

这是他的衬衣？

同学们上公园去了，你不去？

小姐，您是哪国人？喜欢加拿大吗？

怎么妈妈的妈妈也喜欢吃牛肉？

②降抑调↘。降抑调一般用在感叹句、祈使句或表示坚决、自信、赞扬、祝愿等感情的句子里。表达沉痛、悲愤的感情，一般也用这种语调。朗读时，注意调子逐渐由高降低，末字低而短。

例如：

这是虽在北方风雪的压迫下却保持倔强挺立的一种树！

我们有并不失掉自信力的中国人在！

白杨树实在是不平凡的，我赞美白杨树！

啊！请把我带走吧！

可爱的小鸟和善良的水手结成了朋友。

完工后就送给你吧。

③平直调→。平直调一般多用在叙述、说明或表示迟疑、思索、冷淡、追忆、悼念等句子里。朗读时始终平直舒缓，没有显著的高低变化。

例如：

人类的视觉最发达，可是语言诉之于听觉。

于是有人慨叹曰：中国人失掉自信力了。

车队像一条河，缓缓地流在深冬的风里……

今天夜里到明天，晴到多云，东南风三到四级。

夕阳落山不久，西方的天空，还燃烧着一片橘红色的晚霞。

④曲折调＿↗。曲折调用于表示特殊的感情，如讽刺、讥笑、夸张、强调、双关、特别惊异等句子里。朗读时由高而低后高，把句子中某些特殊的音节特别加重加高或拖长，形成一种升降曲折的变化。

例如：

啊呀呀~，你放了道台了，还说不阔~？现在有三房姨太太，出门便是八抬的大轿，还说不阔~？吓，什么都瞒不过我~。

"别人在这儿找到金子后便远远地离开，而我的'金~子'是在这块土地里，只有诚实的人用勤劳才能采集到。"

可怜的虫子！这样盲目地爬行，~什么时候才能爬到墙头呢？

第二节　朗读作品

为了帮助读者准确、熟练地朗读文章，本书第十章提供了"普通话水平测试用朗读作品"的全部60篇文章。

第八章　说话

第一节　说话要求和类型

一、说话及说话要求

说话，是运用普通话进行交际，并符合交际目的、突出交际效果的一种口语表达。它的要求是：

（一）用普通话说话，语音准确，词汇、语法合乎规范。

（二）根据不同的说话目的来确定说话内容。

（三）正确、清楚、流畅地表达自己的思想，中心突出。

（四）讲求言语表达技巧，表达的内容要富有新意。

（五）用词恰当，语句正确，条理清楚。

二、说话的基本类型

说话的类型很多，基本类型有：复述、解说、演讲、交谈、辩论等。

（一）复述

复述，顾名思义，就是重复叙述。即把读过、看过、听过的语言材料通过口头语言重新叙述一遍的口头表达方式。它的类型分详细复述、简要复述、创造性复述等。

（二）解说

解说，是对事物进行说明，对事理进行解释的一种口头表达方式。它的类型按不同角度可分不同类型。按解说对象、内容分类，可分为影视解说、实物图片解说、专题展览解说、产品用途解说、科学现象解说等。按解说方式分类，可分为科学解说、艺术解说等。

（三）演讲

演讲，又称演说或讲演，是指在公众场合，说话者面对听众，借助口语阐述观点、抒发感情、介绍知识，以此影响听众态度和行为的一种社会活动。它的类型按内容可分为政治演讲、学术演讲、社会生活演讲、礼仪演讲等。

（四）交谈

交谈是指两个或两个以上的人有明确目的或无明确目的而进行的相互交流口头信息的活动。它的类型就交谈的形式看，有双方听说兼顾的交谈、单方谈话的交谈等。

（五）辩论

辩论是观点对立的双方围绕同一问题，力求证明己方观点正确，说服和驳倒对方的一种口语论争形式。它的类型按不同的分类标准进行划分，有以下几种类型。

（1）按照社会功能与目的划分，辩论可分为法庭辩论、外交辩论、决策辩论和赛场辩论等。

（2）按照辩论性质和逻辑方法来划分，辩论可分为证明性辩论和反驳性辩论。

（3）按照辩论形式来划分，辩论可分为标准式辩论、直接冲突式辩论、盘问式辩论、解决问题式辩论、林肯——道格拉斯式辩论、新加坡式辩论等。

第二节 普通话水平测试中的"说话"

一、普通话水平测试中"说话"的基本要求

普通话水平测试中的"说话",主要属于交谈中有明确目的的单方谈话形式,必要时也带有不多的双方交谈。谈话的内容有一定的指向,设定了谈话题目。水平测试中"说话"测试的目的是在主题明确、思想健康的前提下,重点测试说话人(应试人)的语音、词汇、语法规范程度和自然流畅程度。

普通话水平测试中的"说话"与朗读相比,说话可以更有效地考查应试人在自然状态下运用普通话语音、词汇、语法的能力。因为朗读是有文字凭借的,应试人并不主动参与词语和句式的选择,可是说话没有文字凭借,全靠应试人自由选择词语与句式。因而,说话最能全面体现应试人普通话的真实水平。

普通话水平测试中的"说话"有别于口头作文。测试大纲以语音面貌、词汇语法的规范程度和自然流畅程度来作为水平测试中"说话"的评分标准,对与文章结构有关的立意、选材及布局谋篇并未提出具体的要求。因此,它既不是文化水平的考核,也不是口才的评估。

综上所述,普通话水平测试中的"说话"具有以下几种基本要求:

(一)话语自然

说话要做到自然,就要按照日常口语的语音、语调来说话,不要带着朗读或背诵的腔调。看起来这并不是很高的要求,但实际做起来却是相当的困难。

(二)用词得体

口语词和书面语词的界限不易分清。一般说来,口语词指日常说话用得多的词,书面语词指书面上用得多的词。口语词和书面语词相比,有其独自的特点,即通俗、简明。

(三)用语流畅

现代汉语的口语和书面语基本是一致的,使用的句式大体也是相同的,但是,从句式使用的经常性来看,口语和书面语仍然存在着差别,其特点是:①口语句式比较松散,短句多;②较少使用或干脆不用关联词语;③经常使用非主谓句;④较多地使用追加和插说的方法,句间关联不紧密;⑤停顿和语气词多。

二、普通话"说话"测试中经常出现的问题及病因

普通话的"说话"测试的重心在语音、语貌和语速三个方面,可是应试人经常在这三个方面出现不少的问题,归纳起来主要有:

(一)方音克服不好

声、韵、调不准,语音失误较多;或者语音较准,但生硬、不自然。前者是方音干扰所致,后者是音变掌握不好。

(二)背稿子,口语化程度差

"说话"变成"背文章";或者形同"口头作文",缺乏"说话"的口语化。这两种情况是因为说话者担心犯语音错误或语法错误而背下准备的稿子。

(三)语速不当,话语不连贯

或者语速过快,超过了每分钟 270 个字,结果是增加了语音失误;或者语速过慢,低于

每分钟 170 个字，失去"说话"应有的特征；或者普通话不顺，说话内容欠准备而导致说得不连贯。

（四）词汇、语法不够规范

回避方言词语不完全，不经意带进说话中，还留有方言语法的痕迹。

以上这些问题不是无法回避的，如果试前做好准备，经过反复的练习，总会减少许多失误。试前应做哪些准备呢？针对问题，可以从以下几个方面着手解决。

1. 分析说话题目，做好构思准备

分析《大纲》中的说话题目，进行归类。收集素材，做好必要的构思准备。让每一个说话题目的内容较为具体、思路更为清晰，以免说话中语句的逻辑错误和说话中途"断路"以致无话可说，还可以降低语音的失误率。

2. 正方音、校语调，做好正音准备

"说话"测试重在考察应试人普通话的规范程度，因此，在准备材料的过程中，不宜追求材料的精彩，重点作一些纠正方音、克服方言语调的准备工作，能用规范的普通话述说材料的内容。

3. 力求说话口语化，达到述说自然、流畅

说话口语化体现在语词和语调的口语化。准备的材料用词要用口语词，这是说话自然、流畅的前提，然后用口语语调述说，当然这必须在平时的训练中仔细揣摩，去寻找自然流畅说话的感觉。

4. 避免方言词语，注意词汇语法规范

虽然说话材料有所准备，但不可忽视材料中夹带有方言词语，必须事先逐句逐段加以审视，以致词汇语法规范。必须克服方言的影响，摒弃方言词汇，说话中特别要注意克服方言语气。但由于普通话词汇标准是开放的，它不断地从方言中吸收富有表现力的词汇来丰富、完善自己的词汇系统，普通话水平测试允许应试人使用较为常用的新词语和方言语语。

5. 把握适中语速，控制说话节奏

适中语速，一般认为每分钟240个音节左右，过慢过快都会影响"说话"的效果。因此，平时训练中要在这方面多下工夫。

语速适当，是话语自然的重要表现。正常语速大约每分钟 240 个音节视为正常。如果根据内容、情景、语气的要求偶尔10来个音节稍快、稍慢也应视为正常。语速和语言流畅程度是成正比的，一般说来，语速越快，语言越流畅。但语速过快就容易导致发音时口腔打不开、复元音的韵母动程不够和归音不准。语速过慢，容易导致语流凝滞，话语不够连贯。有人为了不在声、韵、调上出错，说话的时候一个字一个字地往外挤，听起来非常生硬。因而，过快和过慢的语速都应该努力避免。

第三节　说话题目和构思

一、《普通话水平测试大纲》中的说话题目

《普通话水平测试大纲》对说话题目作了适当的调整：一是数量上减少了，由原来的 50 篇减少到30篇；二是在内容上进行了归类整理。

1. 我的愿望　　　　　　　　　　　2. 我的学习生活

3．我尊敬的人
4．我喜爱的动物（或植物）
5．童年的记忆
6．我喜爱的职业
7．难忘的旅行
8．我的朋友
9．我喜爱的文学（或其他）艺术形式
10．谈谈卫生与健康
11．我的业余生活
12．我喜欢的季节（或天气）
13．学习普通话的体会
14．谈谈服饰
15．我的假日生活
16．我的成长之路
17．谈谈科技发展与社会生活
18．我知道的风俗
19．我和体育
20．我的家乡（或熟悉的地方）
21．谈谈美食
22．我喜欢的节日
23．我所在的集体（学校、机关、公司等）
24．谈谈社会公德（或职业道德）
25．谈谈个人修养
26．我喜欢的明星（或其他知名人士）
27．我喜爱的书刊
28．谈谈对环境保护的认识
29．我向往的地方
30．购物（消费）的感受

二、"说话"构思

说话不仅是对应试人语言水平的考查，同时，也是对应试人心理素质的考验。因而，考前的准备是必要的。考前怎样做好"说话"测试的准备呢？

（一）归类构思

归类构思就是把说话题目，根据自己平常积累的生活素材进行归类。这样，既可以对所有测试题目都有准备，又不致于增大说话准备量。例如，从文体方面归类，可以归为两类：一是记叙类："我的××"一类说话题目；二是议论类："谈谈××"一类的题目。

（二）草拟提纲

草拟提纲就是把构思简要地书写下来。这样，既可以使自己的思路更为清晰，又可在考前给以提示，不致于因为考试紧张而乱了方寸。

（三）口语演练

往往在草拟提纲后，使书面语加重，从而淡化了口语特征。因此，要多次对准备资料进行口语化演练。

"说话"从构思到说这个过程，始终要坚持的原则是：选材要简单，材料要熟悉，方言词语较少，选择自己易于表现的表达方式，最好是叙述性语言。

三、"说话"题目的归类点拨

文体	说话题目	话题点拨
记叙文题目	1．我的愿望 29．我向往的地方	这两个题目的相同点是：现未实现。"愿望"的范围很广，"向往的地方"可以成为愿望的一个目标。因此，可以归结为：我的愿望是登泰山，那里是我向往的地方
	2．我的学习生活 7．难忘的旅行 11．我的业余生活 13．学习普通话的体会 15．我的假日生活	这组题目的相同点是：都是自己亲身经历过的事。"学习普通话"是一件具体的事，它可以作为《我的学习生活》、《我的业余生活》、《我的假日生活》的具体内容。"旅行"也是一件具体的事，它既可是《难忘的旅行》的内容，也可是《我的假日生活》的内容

文体	说话题目	话题点拨
记叙文题目	3．我尊敬的人 8．我的朋友 26．我喜欢的明星（或其他知名人士）	这组题目的相同点是：写人。三个题目中人物的重点不同："尊敬"——表明"我"对他的态度；"朋友"——指明"我"与他的关系；"明星"——指他的称号。因此三个方面可以融为一体：我的朋友是一位篮球明星，他不仅球打得好，而且人品很好，是我最尊敬的人
	4．我喜爱的动物（或植物） 12．我喜欢的季节（或天气） 22．我喜欢的节日	这组题目是说自然景物的。表达的中心都是"喜欢"，因此每个题目要回答的问题是：我为什么喜欢
	5．童年的记忆 6．我喜爱的职业 16．我的成长之路 19．我和体育	这组题目与经历有关。"体育"是"职业"的一种，它可以成为记忆中的回忆，回忆它所经历过的成长之路。因此可以概括为：在我童年的记忆中，我酷爱体育，特别是打篮球。我的篮球之路十分艰难，记得……打篮球伴随我一起长大，后来成了我最喜爱的一种职业
	9．我喜爱的文学（或其他）艺术形式 27．我喜爱的书刊	这组题目主要内容是：文学或其他艺术，而书刊是艺术的一种载体，它们有着一定的联系。概括为：我最喜欢的书刊是《小小说》，它上面刊载的小小说时代感很强。许多作者运用小小说这种快捷的文学形式来讽刺时弊，张扬正气
	20．我的家乡（或熟悉的地方） 23．我所在的集体（学校、机关、公司等） 18．我知道的风俗	这组题目以"家乡"或一个熟悉的地方为中心，可以写一个集体，也可以记叙某种风俗。例如：我的家乡有这样一个风俗，每逢过年前，家家杀年猪，杀猪时一定要请孩子的老师，说是敬先生，这是过去的说法。后来人们把它改为"教师节"。因此，我家乡的教师节不是"9月10日"，而是学生家杀年猪的那一天。我们老师在那一段日子里是天天过节
议论文题目	10．谈谈卫生与健康 14．谈谈服饰 17．谈谈科技发展与社会生活 21．谈谈美食 24．谈谈社会公德（或职业道德） 25．谈谈个人修养 28．谈谈对环境保护的认识 30．购物（消费）的感受	这组题目，适合于议论文体。议论文的简单结构是：开头提出论点，中间举例子，末尾点题。一般说来，提出论点较难，既要语言简练，又要意义明确，还要表现说话的中心。例如： 俗话说：不干不净，吃了不生毛病。这句话是不科学的。现代医学表明：很多疾病都是不注重饮食卫生引起的。因此，讲究卫生是健康的保证。《谈谈卫生与健康》 常言道：三分人才，七分打扮。服饰是打扮的一种重要方式。得体的服饰可以增加人的妩媚，也可增添人的气质。《谈谈服饰》 想想过去，人们刀耕火种，吃不饱，更吃不好。随着科技的发展，特别是科技在农业中的应用，产品增收了，人们丰衣足食了。由此可见，科技的发展，可以促进社会生活水平的提高。《谈谈科技发展与社会生活》 "民以食为天"，这句话道出了"食"的重要性。作为现代人，不仅仅追求的是吃饱的问题，更追求的是吃好。讲究吃法，人们称为"美食"。所谓"美食"，则是讲究饮食的色、香、味、养齐备。"美食"不仅可以增加人的吃饭情趣，更能滋补人的身体。《谈谈美食》 社会公德，即是指人们应该遵守的公共道德。既然是公共的道德，大家就应该自觉遵守。因为，公德不仅可以维护社会生活的正常秩序，它还是衡量社会生活中人们素质高低的标准。《谈谈社会公德（或职业道德）》

续表

文体	说话题目	话题点拨
议论文题目	17．谈谈科技发展与社会生活 21．谈谈美食 24．谈谈社会公德（或职业道德） 25．谈谈个人修养 28．谈谈对环境保护的认识 30．购物（消费）的感受	个人修养包括一个人的文化素质和道德素质。修养的好坏，标志着个人品位的高低，同时也可以衡量一个社会文明程度的高低，因为社会是由每一个人组成而来的。《谈谈个人修养》 环境是人类生存的空间。因此，保护环境实质上就是保护我们的生命。《谈谈对环境保护的认识》 购物是一种心理需求的满足，既可以实现生活的需用，又可以是鉴赏情感的体现，本是一件快乐的事。可是，如果买到假冒伪劣的商品，那情感就发生了天翻地覆的变化，是后悔？是痛苦？是愤怒？说不清楚，也许什么都有。《购物（消费）的感受》

四、"说话"参考稿

我的一个愿望

很早的时候，我就有一个深藏心底的愿望：那就是到大连一游。这次放暑假，我的愿望终于实现了。我们一家三口到大连潇洒了一回。	点明话题。 点出时间。
大连不大，从市中心到城市边缘也只需二十来分钟时间，这给我们的旅行带来了很多方便，我们根本不用赶时间，早上迟迟地起床，美美地吃了早餐，再不紧不慢地出发。	总体介绍。
大连汽车多，说到交通工具，有两种值得一提：一是有轨电车，另一个是小火车。	说话内容一：交通。
大连山多，地势起伏，有时汽车会很奇怪地绕开街道爬上一个很陡很高的上坡然后再从依然很高很陡的坡上俯冲下来，当你还沉浸在那种极爽的感觉中的时候，你会发现汽车又到了另外一条街上了。坐在车上，轻松地欣赏着路边美丽的景致，整洁的街道，高大而别致的建筑，穿着考究又个性化极强的人们，还有街道边的绿树红花，让人耳目一新。仿佛有一种身在大都市的感觉。	交通特点。 描绘美丽的景致。
大连最让我羡慕的是各式各样美丽的服装。真羡慕生在大连的人们可以紧随世界服装潮流，不像我们内地还跟着香港，广东赶。	说话内容二：服装。
大连最让我心动的是各种风味的美食，台湾咖喱饭、广东扒鸡、四川麻辣烫，想起来在大连还吃了一样东西，潮州的一种什么饼，烤出来的，中间有鸡蛋，还有碎肉，味道还不错。	说话内容三：美食。
大连最漂亮的是美丽的夜景，晚上是一个灯的世界，五颜六色，霓虹闪烁。我最喜欢一家商场前面的两棵被彩灯环绕的松树了，忍不住跟它们合了影。	说话内容四：夜景。
四天的大连之旅，差不多逛遍了大连城。星海公园，胜利广场，海之韵广场，动物园，国际博览中心，还有最大的商场……每个地方都那么美，都那么叫人流连忘返。	总结。

总之，这个暑假我们全家非常愉快，<u>我们过了一个非常充实而又有意义的假日</u>。我的愿望实现了。 | 点题。

本篇文章适用的话题：

1．我的愿望

7．难忘的旅行

15．我的假日生活

29．我向往的地方

学习普通话的体会

普通话是我国的通用语言，是我们所有炎黄子孙赖以交流、沟通思想感情的工具。它是以北京语言为标准音、以北方话为基础方言、以现代白话文为语法规范的一种语言。一口字正腔圆的标准的普通话能给人一种美感，给人一种无穷的享受。 | 点出普通话的作用，旨在说明学习普通话的必要性。

学好普通话，说难不难，说不难还真有点儿难呢！记得在小学一年级时，天天读a、o、e，想不到这对我们后来学好普通话竟有相当重要的意义呀。可以想象，拼音不过关，想读好说好普通话是何其之难，简直就是无本之木、无源之水！ | 学习体会一：学习感受。

学好普通话极为重要，不然的话，就不能把你正确的意思通过语言表达出来。有这么一个故事，叫乡村面馆。说的是在一个偏僻的农村，一个游人路过，因为肚子饿了，就走进一家面馆，说："有什么好吃的，快烧一点，我吃了要赶路。"可这家小面馆由于有特殊原因今天不营业，所以回答说："咪——"意思是"没有"，而这个游客听成了是面，他想"面也行"，就点点头坐在那儿等了。过了好一会儿，不见有动静，就火了，说："面条，快，怕我不付钱吗？"店里人说："洞国咪——"意思为"和你讲，没有"，一个说："冬瓜面也可以，为什么不给我去烧？！"一个说："咪就咪，吵啊咪——"意思是：没有就是没有，争吵也没有。一个说："还有炒面，为什么不早说？"就这样，本来是一个很简单的意思，现在是越扯越远了。 | 学习体会二：能表达思想。

要学好普通话，我觉得有这么几条要领：第一，学好拼音字母，掌握发音部位，对于局部个别的方音要反复练习直至完全到位为止。第二，多读些拼音报上的文章等，锻炼说普通话的感觉，或者看到一个字后，就暗暗地朗诵其标准音，并注意与方言音的对应关系，争取举一反三，触类旁通。第三，不懂就查。字典是我们很好的老师，若有不懂，定要虚心请教，直至完全正确为止。尤其要注意一些字的多音与多义等。第四，纯属我个人的经验，也是最傻而最有效的方法，就是读辞典，翻开《现代汉语词典》，一字一字、一词一词、一句一句、一页一页地朗读，极为有效。从这里，我受益匪浅。第五，坚持用普通话进行日常会话。有人说：语言取决于环境。在一个大家都说普通话的环境中，耳濡目染，近朱必赤。即使你方音浓重，逐渐逐渐你也会受感染的。<u>只</u> | 概括总结。

号召大家学习普通话。

要我们大家一齐努力，同心携手，就一定能把普通话说好，使她真正成为我国各族人民交流的普通语言、通用语言。

本篇文章适用的话题：

2．我的学习生活

11．我的业余生活

13．学习普通话的体会

15．我的假日生活

童年趣事

我出生在一个农民的家庭。从小在山村长大，<u>童年时的经历很丰富，趣事儿也很多</u>，如，养蟋蟀、抓知了、放牛、砍柴、做游戏，还有抓鱼游泳等等。

<u>一是养蟋蟀，端午前后，正是时候。</u>早晨早早地起床，跑到野外草地上去寻捕。<u>先是要听见鸣叫，然后逐步缩小范围，仔细扒开草蔓、搬开石头，再看准了，快速而精确地用手罩住，只听"嘀、嘀、嘀"叫个不停，那就成功了。</u>因为只有雄性蟋蟀，也叫二尾子，才会有明亮的叫声，而这正是我们要把它养起来用来观赏打斗的对象。<u>抓住后，放进早已做好的蟋蟀笼里，每天喂它吃，喂它喝，希望它长得更强壮，可以打败其他同类。</u><u>打斗时，两个笼子口对住口，抽去门板，用一种叫做蟋蟀草的茎杆刺激它，指挥它，它们便开始你死我活地拼斗。</u>最终，两个小朋友，肯定是一个欢呼雀跃，另一个垂头丧气。

<u>二是几个小伙伴一起到小溪里去药鱼和游泳。</u><u>夏天的中午，天气特别炎热，</u>大人们大多利用这段时间在家休息一下儿。几个小朋友沉不住气了："干吗午睡呀，出去玩啊！"于是，心有灵犀地点点头，<u>偷偷摸摸地去柴间装了些石灰粉，一溜烟似的向小溪奔去。</u>我们<u>首先</u>去岸边找到醉鱼草，并把它的嫩枝叶摘来，这种植物的汁液对鱼有一定的毒性，可用来药鱼。<u>然后</u>我们分头合作，一部分去下游堵住水流，防止小鱼逃跑；另一部分人到上游，边搓出醉鱼草里的汁液，边和着石灰一起加入水中。<u>完成后，</u>略微休息一下，就看到一些小鱼小虾反应迟钝，乃至昏迷翻肚。我们一拥而下，一抢而尽。<u>再之后</u>是到上游痛快地洗个澡，赶回家去。满以为，抓得一小碗鱼做晚饭菜，父母亲一定夸奖。哪料到得到的竟然是父母的一阵毒打，并警告说："以后再也不准到水边玩，什么时候去就什么时候打断你的腿。"<u>当时的我痛苦不解，仇视他们。</u><u>后来的我，也因此没有学会游泳，抱怨他们。</u>而现在，<u>当我自己也成了父母的时候，我终于恍然大悟，理解他们了。原来这也是父母的一片爱心啊！</u>

总之，<u>童年时的趣事很多，童年时的经历是我人生中的一大笔财富，</u>它对我的人生发展起了很大的作用。

本篇文章适用的话题：

点题。

趣事一：养蟋蟀。

抓蟋蟀。

养蟋蟀和喂养的目的。

斗蟋蟀。

趣事二：药鱼和游泳。
点明时间。

准备工作。
点明地点。

"首先"……"然后"……
"完成后"……"再之后"
叙述药鱼的经过。

我当时对父母的态度
不解。
明白父母的用意，揭示
中心。
总结，回应话题。

5．童年的记忆

12．我喜欢的季节（或天气）

18．我知道的风俗

20．我的家乡（或熟悉的地方）

谈谈社会公德

在商品经济的大潮中，我们每天被广告包围，被商品包围。<u>如果我们买了东西，被别人欺骗，那会是一种怎样的感觉呢？</u>	点出谈论的话题。
<u>前几天，我上街购物，发现有一家鞋店门口儿立着一块牌子，上面写着"全市最平"。</u>于是，我进去看看，发现一双式样新潮中看的皮鞋，鞋前一张红纸写着："厂价直销，真牛皮鞋，原价200元，现价150元。"我见有此好处，一番斟酌后，讨价还价买了下来。我自以为好运，以为买到既好看又便宜的好货。结果回到家后，没有几天就不能穿了，还在关键的时候崴了我的脚，让我痛得要命，<u>心里烦了好多天。</u>	例子一：买劣质皮鞋。 感受。
如果说一双劣质皮鞋的事还算小的话，那么有些华而不实的广告，粗制滥造的商品，导致伤人甚至死人就是天大的事了！由此使我联想到我们生活在商品大潮中的人。<u>我记得前几年，卫生部等几家权威部门共同查办的一家奶粉事件。</u>这家奶制品厂当时是一家比较有名的企业，产品在全国还很畅销。因为它的广告做得非常好，说它的婴儿奶粉有助于帮助婴儿的发育成长，特别是促进婴儿的智力发育更有作用等等。如此一说，可怜天下父母心，哪个父母不愿自己的小宝宝健康、活泼、聪明？于是大家争先购买。结果，婴儿吃了，变成畸形：头大身子小，个子比一般正常孩子小得多。<u>如此的坑人，是害了一些人的一辈子啊！</u>	例子二：劣质奶粉。 感慨。
社会主义精神文明的原则，要求我们都要做高素质的人。<u>我们决不能做华而不实、损他坑人的人。</u>我们应该讲点信誉，讲点良心，讲点社会公德！	呼吁和劝告。

本篇文章适用的话题：

24．谈谈社会公德（或职业道德）

25．谈谈个人修养

总评：

以上四篇说话稿子，表现出来的共同特点是：

一、文章结构简单，每篇开头都点出话题，中间围绕话题叙事或说理，结尾略加总结。

二、层次清晰，围绕几点分别叙事或论述。

三、选择简单，充满生活情趣。文章所选之事都是人们生活中切身之事，让听者听来有亲切感。

不过，作为说话稿，书面语太浓了，因此，说话借用时，还要进一步口语化修改。

第九章　普通话水平测试概述

普通话水平测试是列入国家法律的名副其实的国家级考试。普通话水平测试是测试应试人运用普通话所达到的标准规范程度和熟练程度的口头检测和评定。

第一节　普通话水平测试大纲

现行的普通话水平测试依据的是国家语言文字工作委员会颁布的《普通话水平测试大纲》。

普通话水平测试大纲

（教育部　国家语委发教语用〔2003〕2 号文件）

根据教育部、国家语言文字工作委员会发布的《普通话水平测试管理规定》、《普通话水平测试等级标准》，制定本大纲。

一、测试的名称、性质、方式

本测试定名为"普通话水平测试"（PǓTŌNGHUÀ SHUǏPÍNG CÈSHÌ，缩写为 PSC）。

普通话水平测试测查应试人的普通话规范程度、熟练程度，认定其普通话水平等级，属于标准参照性考试。本大纲规定测试的内容、范围、题型及评分系统。

普通话水平测试以口试方式进行。

二、测试内容和范围

普通话水平测试的内容包括普通话语音、词汇和语法。

普通话水平测试的范围是国家测试机构编制的《普通话水平测试用普通话词语表》、《普通话水平测试用普通话与方言词语对照表》、《普通话水平测试用普通话与方言常见语法差异对照表》、《普通话水平测试用朗读作品》、《普通话水平测试用话题》。

三、试卷构成和评分

试卷包括 4 个组成部分，满分为 100 分。

（一）读单音节字词（100 个音节，不含轻声、儿化音节），限时 3.5 分钟，共 10 分。

1. 目的：测查应试人声母、韵母、声调读音的标准程度。

2. 要求：

（1）100 个音节中，70%选自《普通话水平测试用普通话词语表》"表一"，30%选自"表二"。

（2）100 个音节中，每个声母出现次数一般不少于 3 次，每个韵母出现次数一般不少于 2 次，4 个声调出现次数大致均衡。

（3）音节的排列要避免同一测试要素连续出现。

3. 评分：

（1）语音错误，每个音节扣 0.1 分。

（2）语音缺陷，每个音节扣 0.05 分。

（3）超时 1 分钟以内，扣 0.5 分；超时 1 分钟以上（含 1 分钟），扣 1 分。

（二）读多音节词语（100 个音节），限时 2.5 分钟，共 20 分。

1．目的：测查应试人声母、韵母、声调和变调、轻声、儿化读音的标准程度。

2．要求：

（1）词语的 70%选自《普通话水平测试用普通话词语表》"表一"，30%选自"表二"。

（2）声母、韵母、声调出现的次数与读单音节字词的要求相同。

（3）上声与上声相连的词语不少于 3 个，上声与非上声相连的词语不少于 4 个，轻声不少于 3 个，儿化不少于 4 个（应为不同的儿化韵母）。

（4）词语的排列要避免同一测试要素连续出现。

3．评分：

（1）语音错误，每个音节扣 0.2 分。

（2）语音缺陷，每个音节扣 0.1 分。

（3）超时 1 分钟以内，扣 0.5 分；超时 1 分钟以上（含 1 分钟），扣 1 分。

（三）朗读短文（1 篇，400 个音节），限时 4 分钟，共 30 分。

1．目的：测查应试人使用普通话朗读书面作品的水平。在测查声母、韵母、声调读音标准程度的同时，重点测查连读音变、停连、语调以及流畅程度。

2．要求：

（1）短文从《普通话水平测试用朗读作品》中选取。

（2）评分以朗读作品的前 400 个音节（不含标点符号和括注的音节）为限。

3．评分：

（1）每错 1 个音节，扣 0.1 分；漏读或增读 1 个音节，扣 0.1 分。

（2）声母或韵母的系统性语音缺陷，视程度扣 0.5 分、1 分。

（3）语调偏误，视程度扣 0.5 分、1 分、2 分。

（4）停连不当，视程度扣 0.5 分、1 分、2 分。

（5）朗读不流畅（包括回读），视程度扣 0.5 分、1 分、2 分。

（6）超时扣 1 分。

（四）命题说话，限时 3 分钟，共 40 分。

1．目的：测查应试人在无文字凭借的情况下说普通话的水平，重点测查语音标准程度、词汇语法规范程度和自然流畅程度。

2．要求：说话话题从《普通话水平测试用话题》中选取，由应试人从给定的两个话题中选定 1 个话题，连续说一段话。

3．评分：

（1）语音标准程度，共 25 分。分六档：

一档：语音标准，或极少有失误。扣 0 分、1 分、2 分。

二档：语音错误在 10 次以下，有方音但不明显。扣 3 分、4 分。

三档：语音错误在 10 次以下，但方音比较明显；或语音错误在 10～15 次之间，有方音但不明显。扣 5 分、6 分。

四档：语音错误在 10～15 次之间，方音比较明显。扣 7 分、8 分。

五档：语音错误超过 15 次，方音明显。扣 9 分、10 分、11 分。

六档：语音错误多，方音重。扣 12 分、13 分、14 分。

（2）词汇语法规范程度，共 10 分。分三档：

一档：词汇、语法规范。扣 0 分。

二档：词汇、语法偶有不规范的情况。扣 1 分、2 分。

三档：词汇、语法屡有不规范的情况。扣 3 分、4 分。

（3）自然流畅程度，共 5 分。分三档：

一档：语言自然流畅。扣 0 分。

二档：语言基本流畅，口语化较差，有背稿子的表现。扣 0.5 分、1 分。

三档：语言不连贯，语调生硬。扣 2 分、3 分。

说话不足 3 分钟，酌情扣分：缺时 1 分钟以内（含 1 分钟），扣 1 分、2 分、3 分；缺时 1 分钟以上，扣 4 分、5 分、6 分；说话不满 30 秒（含 30 秒），本测试项成绩计为 0 分。

（五）应试人普通话水平等级的确定

国家语言文字工作部门发布的《普通话水平测试等级标准》是确定应试人普通话水平等级的依据。测试机构根据应试人的测试成绩确定其普通话水平等级，由省、自治区、直辖市以上语言文字工作部门颁发相应的普通话水平测试等级证书。

普通话水平划分为三个级别，每个级别内划分两个等次。其中：

97 分及其以上，为一级甲等；

92 分及其以上但不足 97 分，为一级乙等；

87 分及其以上但不足 92 分，为二级甲等；

80 分及其以上但不足 87 分，为二级乙等；

70 分及其以上但不足 80 分，为三级甲等；

60 分及其以上但不足 70 分，为三级乙等。

第二节　普通话水平的等级标准

《中华人民共和国国家通用语言文字法》第 19 条明确规定："凡是以普通话作为工作语言的岗位，其工作人员应当具备说普通话的能力。"据此，以普通话作为工作语言的播音员、节目主持人和影视话剧演员、国家机关工作人员、教师、导游等岗位工作人员的普通话水平，应当分别达到国家规定的等级标准。

普通话水平的三个等级标准分别是：

● 一级（标准普通话）

甲等

朗读和自由交谈时，语音标准，词汇、语法正确无误，语调自然，表达流畅。测试总失分率在 3% 以内。

乙等

朗读和自由交谈时，语音标准，词汇、语法正确无误，语调自然，表达流畅。偶然有字音、字调失误。测试总失分率在 8% 以内。

● 二级（比较标准的普通话）

甲等

朗读和自由交谈时，声韵调发音基本标准，语调自然，表达流畅。少数难点音（平翘舌音、前后鼻尾音、边鼻音等）有时出现失误。词汇、语法极少有误，测试总失分率在 13% 以内。

乙等

朗读和自由交谈时，个别调值不准，声韵母发音有不到位现象。难点音（平翘舌音、前后鼻尾音、边鼻音、送气不送气等）失误较多。方言语调不明显。有使用方言词、方言语法的情况。测试总失分率在 20% 以内。

● 三级（一般水平的普通话）

甲等

朗读和自由交谈时，声韵调发音失误较多，难点音失误超出常见范围。声调调值多不准。方言语调较明显。词汇、语法有失误，测试总失分率在 30% 以内。

乙等

朗读和自由交谈时，声韵调发音失误多，方言特征突出。方言语调明显。词汇、语法失误较多。外地人听其谈话有听不懂的情况。测试总失分率在 40% 以内。

第三节　样卷分析

一、读 100 个单音节字词

昼	*八	迷	*先	毡	*皮	幕	*美	彻	*飞
鸣	*破	捶	*风	豆	*蹲	霞	*掉	桃	*定
官	*铁	翁	*念	劳	*天	旬	*沟	狼	*口
靴	*娘	嫩	*机	蕊	*家	跪	*绝	趣	*全
瓜	*穷	屡	*知	狂	*正	裘	*中	恒	*社
槐	*事	轰	*竹	掠	*茶	肩	*常	概	*虫
皇	*水	君	*人	伙	*自	滑	*早	绢	*足
炒	*次	渴	*酸	勤	*鱼	筛	*院	腔	*爱
鳌	袖	滨	竖	搏	刷	瞭	帆	彩	愤
司	滕	寸	峦	岸	勒	歪	尔	熊	妥

注意：标"*"的是"表一"里频度在 1~4000 之间的字词。正式试卷不标出"*"。

覆盖声母的情况：

b: 4	p: 3	m: 4	f: 4		d: 4	t: 5	n: 3	l: 6
g: 5	k: 3	h: 6			j: 6	q: 6	x: 6	
zh: 6	ch: 6	sh: 6	r: 2		z: 3	c: 3	s: 2	

零声母：7。

总计：100 次，未出现声母：0。

覆盖韵母的情况：

单韵母：

a: 2		o: 2		e: 4		i: 3		u: 4		ü: 3
er: 1				-i（前）: 3				-i（后）: 2		

腹韵母：

ai: 4	ei: 2	ao: 4	ou: 4		ia: 2	ie: 2	iao: 2	iou: 2
ua: 3	uo: 2	uai: 2	uei: 4		üe: 3			

鼻韵母：

an: 3　　en: 3　　in: 2　　ün: 2　　ian: 4　　uan: 2　　üan: 2　　uen: 2

ang: 3　　eng: 4　　ing: 2　　ong: 4　　iang: 2　　uang: 2　　ueng: 1　　iong: 2

　　总计：100 次，未出现韵母：0。

覆盖声调情况：

　　阴平：28；阳平：31；上声：14；去声：27。

　　总计：100。

二、读多音节词语（100 个音节；其中含双音节词语 45 个，三音节词语 2 个，4 音节词语 1 个）

*取得	阳台	*儿童	夹缝儿	混淆	衰落	*分析	防御
沙丘	*管理	*此外	便宜	光环	*塑料	扭转	加油
*队伍	挖潜	女士	*科学	*手指	策略	抢劫	*森林
侨眷	模特儿	港口	没准儿	*干净	日用	*紧张	炽热
*群众	名牌儿	沉醉	*快乐	窗户	*财富	*应当	生字
奔跑	*晚上	卑劣	包装	洒脱			
*现代化	*委员会	轻描淡写					

覆盖声母情况：

b: 3　　p: 3　　m: 4　　f: 4　　d: 5　　t: 4　　n: 2　　l: 7

g: 4　　k: 3　　h: 5　　　　j: 6　　q: 7　　x: 5

zh: 6　　ch: 3　　sh: 6　　r: 2　　z: 2　　c: 3　　s: 3

　　零声母：13。

　　总计：100 次，未出现声母：0。

覆盖韵母的情况：

　　单韵母：

a: 2　　　　o: 1　　　　e: 6　　　　i: 3　　　　u: 4　　　　ü: 3

er: 1　　　　　　-i（前）: 2　　　　　　-i（后）: 4

　　腹韵母：

ai: 4　　ei: 2　　ao: 2　　ou: 2　　ia: 2　　ie: 3　　iao: 4　　iou: 3

ua: 2　　uo: 2　　uai: 3　　uei: 4　　üe: 2

　　鼻韵母：

an: 2　　en: 4　　in: 2　　ün: 1　　ian: 3　　uan: 4　　üan: 2　　uen: 2

ang: 5　　eng: 2　　ing: 4　　ong: 2　　iang: 2　　uang: 3　　　　iong: 1

　　总计：100 次，未出现韵母：ueng。

　　其中儿化韵母 4 个：-engr（夹缝儿），-uenr（没准儿），-er（模特儿），-air（名牌儿）。

覆盖声调情况：

　　阴平：23；阳平：24；上声：19；去声：30；轻声：4。

　　其中上声和上声相连的词语 4 条：管理、扭转、手指、港口。

　　总计：100。

三、朗读短文

请朗读第 12 号作品。

四、命题说话

请按照话题"我的业余生活"或"我熟悉的地方"说一段话（3 分钟）。

第十章　测试技巧

普通话试卷共包括五个部分，即：读单音节词、读双音节词、判断、朗读、说话。每个部分的考查目的、考查要求的评分办法都是不同的，因此答题的技巧也有所不同。

第一节　应试技巧

一、备测技巧

抽签定题，备测十分钟。备测时，应采用倒序法，按四三二一题的顺序准备。首先根据题签确定话题，然后围绕话题默说一遍，接着轻声朗读相应的作品，第二题的准备主要是分清音变词、儿化词和轻声词，轻声试读。第一题的准备，注意字音，轻声试读一遍。

二、答题技巧

（一）读单音节字词100个（排除轻声、儿化音节）

1. 注意事项

①控制时间。限时 3.5 分钟。注意认读的速度。

②注意音准。单音词不受其他音节影响，不会有音变现象，因此认读时声、韵、调必须准确到位。

③多音字词，可以任读一个音，不必全读出来。

2. 应试技巧

①认读单音节字词，速度不宜过快，否则会出现语音缺陷，当然也不能语速过慢，会超时扣分。应做到语速适中，并且做到咬准声母，发清韵母，读完声调，特别是上声调值要读完整，去声要降下去。

②应试中，如果自己发觉某一个字第一次读音有口误，可以改读，即读第二遍。测试员是按第二次读音评判。

③认读多音字词时，读自己拿得准的读音。

（二）读多音节词语（100 个音节；其中含双音节词语 45 个，三音节词语 2 个，4 音节词语 1 个）

1. 注意事项

①语速不要过快。过快的语速容易造成语音缺陷。

②音变要准确。要记住音变规则，不能似是而非，心里无定数。

③读三音节、四音节词要连贯，中间不能有停顿。

④注意时间控制。全题限时 2.5 分钟，要读多音词 48 个左右，平均每个词为 3 秒钟左右。

2. 应试技巧

①读双音节词，要注意音变，尤其是两个上声连读，前一上声变阳平。一个词末尾是上声的，必须把它的调值读完整。如："勇敢"、"广场"等。

②轻声要读出来，前字重长，后字轻短。如："窗户"、"石头"、"桌子"等。

③儿化要读清楚，特别是鼻化韵要读好。如："小孩儿"、"好玩儿"等。

④读三音节词，既要注意它的语流音变，还要把握好它的轻重音格式。如："早中晚"、"好领导"、"出站口"、"孩子们"等。这些三音节的词语读法是有差异的。

⑤应试中，如果自己发觉某一个词第一次读音有口误，可以改读，即读第二遍，测试员是按第二次读音评判。

（三）朗读

1. **注意事项**

①注意时间控制。全题限时 4 分钟，语速适中。

②注意停顿。停顿分语法停顿和逻辑停顿，语法停顿就是句间停顿，逻辑停顿就是句意停顿。

③注意考测的目的，重点考查语音、停连、音变（上声、"一"、"不"），语调（语气）等项目。

④不要重读。朗读中发现错读和漏读时，不能倒回去重读。

2. **应试技巧**

①要根据朗读内容和意思来确定好语言基调。

②一般开头语调不要定得过高或过低，适中为好。

③朗读时，逻辑停顿既有停顿，又要连贯。如"会不会是/他已经表达了∨/而我却未能察觉？"语法停顿要准确，顿号是间而不断，逗号、分号是停顿较短，句号、问号、叹号是停顿较长，段与段之间的停顿就更长一点儿。如："大雪整整下了一夜。今天早晨，天放晴了。太阳出来了，推开门一看，嗬！好大的雪啊！山川、河流、树木、房屋，全都罩上了一层厚厚的雪，万里江山，变成了粉妆玉砌的世界。"

（四）说话

1. **注意事项**

说话是四项测试内容中难度最大的一项。对于母语是方言的应试人来说，说话时既要表达流畅，又要语音标准，的确不易。建议注意下列几点：

①避免方音，力求规范。出现方音和方言词语是说话中最容易犯的错误，测试者要力图克服方音，避免出现方言词语。

②注意语言口语化。

③不要背稿子。

④注意说话节奏。平常说话，大多数人语速较快。避免测试中语速过快，语音漏洞较多的现象。

2. **应试技巧**

①统观话题，把握类型。30 道说话题目都与日常生活有关，不外乎叙事、记人、议论、说明等体式。在练习中将话题分为几大类，内容相当的可以互相通用，这样有目的地多准备几篇说话稿，将会起到事半功倍的效果。

②精选题材，善用短句。选材时，应选取自己非常熟悉且不会引起情感起伏太大的题材。因为此题重点是测查普通话语音面貌，如果说话时忽悲忽喜，情感大起大落，往往会因情绪激动而影响表达的流畅和语音的标准度。另外，说话时要尽量避免使用长句，因为在口语中，

无论说话人还是听话人都不容易非常准确地发出或接收长句信息，句子太长，容易听头不知尾或听尾忘了头。

③点明说话中心，简单说话层次。说话要围绕中心，中心就是话题。一般是开口点题，结尾应题。说话的层次分为三层：一层点题，制造悬念，为下面说话作铺垫。二层举例子，有趣但不能取宠，容易使自己失态。三层结尾，总结全文，照应话题。如果是议论文体，一层提出观点，二层例证，三层点题，或提出希望。

④注意篇幅，算准时间。说话题要求讲足 3 分钟，测试者可以据此来确定话稿的篇幅：一般讲话速度为每分钟 170～230 字，因此话稿为五六百字比较合适。对于口语水平较高的人来说，建议只写提纲，测试时围绕提纲叙说；而口语水平较差者，则提倡将话稿按规范的普通话口语表达习惯写好成文，然后反复练说。

注：因为许多地区免测"选择判断"测试题，在此不作答题技巧指导。

第二节　模拟测试题

样卷一

一、读单音节字词（100 个音节，共 10 分，限时 3.5 分钟）

白	兔	怕	枚	否	涛	淌	伏	好	亏
蹦	拿	披	佛	丢	耸	能	俩	亢	喝
念	绿	浓	女	播	刮	磕	迄	贴	瞭
名	舵	叮	卵	盖	领	铿	狠	宾	土
胸	奖	蛰	倔	之	拆	兆	臣	颤	炒
混	敲	掀	黄	群	继	蓄	旧	穴	兰
尊	辞	总	参	隘	缩	验	抓	盎	稳
庸	奏	霜	仍	水	入	刷	软	升	穿
晌	由	鸟	捐	揣	洒	憋	准	住	赢
掐	瞥	云	翁	枉	阴	搜	拗	司	促

二、读多音节词语（100 个音节，共 20 分，限时 2.5 分钟）

贫穷	跑腿儿	作恶	奔丧	扭转	草率	风味	民众
下巴	迥然	地球	碟子	边塞	小孩儿	窗户	迅速
莫若	确实	干燥	证券	村镇	了解	侵略	模样
冷暖	曾经	热闹	尽量	酸楚	馒头	假装	金鱼儿
愤慨	口语	冰棍	请柬	差点儿	跨越	拐弯	废话
发挥	提供	举行	强迫	愿意	天安门	做家务	人寿年丰

三、朗读（30 分）

读作品 22 号《可爱的小鸟》。

四、命题说话（40 分）

请按照话题"我的业余生活"或"谈谈美食"说一段话（时间 3 分钟）

样卷二

一、读单音节字词（100 个音节，共 10 分，限时 3.5 分钟）

食	窗	俩	雄	刺	君	肥	鹤	饮	瞥
甩	湖	睁	旬	闷	久	挠	酸	妾	光
铡	挡	篇	捺	舔	克	搓	俏	许	隋
翁	扁	虐	习	乱	坡	体	从	霜	略
秒	剜	佟	润	甲	量	褪	凹	秦	笋
痣	穷	丢	赛	举	停	肉	催	凡	弩
愁	垮	酿	碑	拢	爷	晕	彼	贷	膛
灭	瓶	开	处	饶	恩	末	滚	鸣	萧
否	怀	捐	坐	黑	仍	短	怨	铐	紫
钢	付	瘸	枕	而	邹	聘	耍	蚌	揣

二、读多音节词语（100 个音节，共 20 分，限时 2.5 分钟）

回想	虽然	从事	所有	真正	绰号	违心	太阳
红色	冤枉	彩霞	聊天儿	日期	费劲	泯灭	早操
宽裕	女儿	困难	佳境	拐卖	黑体	铁树	全面
学生	窘况	裙子	酗酒	冰棍儿	平常	归结	罪人
确切	军舰	隆重	把手	纺车	画报	纽扣儿	多少
温和	坏蛋	老头儿	雄关	春笋	看电视	粉笔画	锦绣河山

三、朗读（30 分）

读作品 6 号《读书人是幸福人》。

四、命题说话（40 分）

请按照话题"我和体育"或"谈谈对环境保护的认识"说一段话（时间 3 分钟）。

样卷三

一、读单音节字词 （100 个音节，共 10 分，限时 3.5 分钟）

悴	把	梯	跌	瑰	扛	绝	渠	凑	腮
员	猫	二	舔	跨	翁	划	薛	贼	舱
于	百	烽	凋	肋	渴	扔	抓	此	缩
往	眯	焚	帖	沽	即	售	喘	灶	洒
挽	胞	颇	丢	劣	恰	揣	晌	紫	颂

免	秧	太	块	否	吓	栈	粗	若	压
润	邦	聘	堆	指	聊	醒	券	霜	嘴
恩	泯	菲	嫩	狞	扯	泅	淮	椎	更
岸	柄	漂	您	脸	识	奖	俊	凶	寸
挨	啪	泊	惹	凉	牛	琥	琼	冲	杆

二、读多音节词语（100 个音节，共 20 分，限时 2.5 分钟）

所有	更生	鞋带儿	繁荣	损失	别扭	形状	道路
聊天儿	怀表	凝结	上司	妇女	卷尺	雪花	征伐
魂魄	趋向	最好	转达	飞船	配合	避免	小球儿
训练	洽谈	丑恶	早晚	全体	拼写	嫩绿	真挚
穷苦	旁边	狭窄	悲痛	墨水儿	民歌	出落	渺茫
摧残	润资	精彩	掠夺	凉快	播音员	好领导	盖棺论定

三、朗读（30 分）

读作品 36 号《苏州园林》。

四、命题说话（40 分）

请按照话题"我的愿望"或"谈谈个人修养"说一段话（时间 3 分钟）。

样卷四

一、读单音节字词（100 个音节，共 10 分，限时 3.5 分钟）

由	而	拐	副	撒	纫	海	奴	奔	拨
匹	电	吴	尺	榻	扎	绕	水	封	纯
抽	宣	脑	舱	铡	存	歌	广	凸	鸣
絮	女	邹	纺	赵	流	岁	葱	两	裆
解	绝	克	蹭	宵	灭	奖	券	容	槛
镖	浙	相	锁	姚	您	煤	沤	品	扇
作	区	涩	略	逮	穷	滚	阔	憋	屉
懂	寻	军	抓	胞	头	俩	患	免	餐
幢	沈	雄	回	踹	费	篇	啪	勤	钻
颊	刮	盯	字	潘	扔	行	囊	利	财

二、读多音节词语（100 个音节，共 20 分，限时 2.5 分钟）

恳切	走访	意思	烹饪	畅通	窜改	怀旧	车站
孩子	把守	绝对	摆脱	墨水儿	双亲	肥效	办法
牛奶	卑鄙	老头儿	军官	养料	荣辱	掠夺	删节
纳闷儿	草地	轻松	全部	有机	测绘	憎恨	囊括
选举	夏天	慌乱	面条儿	贫困	画轴	闰年	整体

用处　　　熊猫　　　指甲　　　迅速　　　缩写　　　展览会　　　早中晚　　　前程似锦

三、朗读（30分）

读作品13号《海洋与生命》。

四、命题说话（40分）

请按照话题"我的家乡"或"谈谈社会公德"说一段话（时间3分钟）。

样卷五

一、读单音节字词（100个音节，共10分，限时3.5分钟）

穷	鸣	镖	兔	定	晕	绝	晃	转	损
卷	免	雄	用	童	虐	略	群	绿	凭
郑	宣	乱	女	褪	拢	休	灭	品	别
润	曾	散	欧	寺	窜	怎	若	耍	疮
匹	岛	废	舔	逛	怀	剧	权	旬	浊
酶	蚌	篇	谋	粉	图	等	农	辆	滚
紫	藏	撒	癌	色	擦	轻	讲	华	亏
纫	漱	揣	赵	镶	求	浸	鹤	铐	刮
该	槛	您	蹄	逮	发	潘	碑	挪	俩
邹	克	行	就	掐	折	萧	处	申	日

二、读多音节词语（100个音节，共20分，限时2.5分钟）

率领	旅途	轰鸣	暖和	佛教	品德	顿时	贴切
若干	停滞	逛荡	群居	迥然	循序	抓阄儿	管理
散发	虽说	伤心	差点儿	知道	丑恶	乡亲	汪洋
参差	玩意儿	赠言	然后	沙滩	坏处	这会儿	狭长
代表	提供	辽阔	挂号	枯燥	黑夜	卷子	确诊
纽扣儿	封建	脉搏	北方	跑步	电冰箱	火车站	高瞻远瞩

三、朗读（30分）

读作品50号《一分钟》。

四、命题说话（40分）

请按照话题"我的业余生活"或"谈谈科技发展与社会生活"说一段话（时间3分钟）。

附一：普通话测试题朗读文章60篇

作品1号《白杨礼赞》

那是力争上游的一种树，笔直的干，笔直的枝。它的干呢，通常是丈把高，像是加以人工似的，一丈以内，绝无旁枝；它所有的桠枝呢，一律向上，而且紧紧靠拢，也像是加以人工似的，成为一束，绝无横斜逸出；它的宽大的叶子也是片片向上，几乎没有斜生的，更不用说倒垂了；它的皮，光滑而有银色的晕圈，微微泛出淡青色。这是虽在北方的风雪的压迫下却保持着倔强挺立的一种树！哪怕只有碗来粗细罢，它却努力向上发展，高到丈许，两丈，参天耸立，不折不挠，对抗着西北风。

这就是白杨树，西北极普通的一种树，然而决不是平凡的树！

它没有婆娑的姿态，没有屈曲盘旋的虬枝，也许你要说它不美丽——如果美是专指"婆娑"或"横斜逸出"之类而言，那么白杨树算不得树中的好女子；但是它却是伟岸，正直，朴质，严肃，也不缺乏温和，更不用提它的坚强不屈与挺拔，它是树中的伟丈夫！当你在积雪初融的高原上走过，看见平坦的大地上傲然挺立这么一株或一排白杨树，难道你就只觉得树只是树，难道你就不想到它的朴质，严肃，坚强不屈，至少也象征了北方的农民；难道你竟一点儿也不联想到，在敌后的广大土//地上，到处有坚强不屈，就像这白杨树一样傲然挺立的守卫他们家乡的哨兵！难道你又不更远一点想到这样枝枝叶叶靠紧团结，力求上进的白杨树，宛然象征了今天在华北平原纵横决荡用血写出新中国历史的那种精神和意志。

作品 2 号《差别》

两个同龄的年轻人同时受雇于一家店铺，并且拿同样的薪水。

可是一段时间后，叫阿诺德的那个小伙子青云直上，而那个叫布鲁诺的小伙子却仍在原地踏步。布鲁诺很不满意老板的不公正待遇。终于有一天他到老板那儿发牢骚了。老板一边耐心地听着他的抱怨，一边在心里盘算着怎样向他解释清楚他和阿诺德之间的差别。

"布鲁诺先生，"老板开口说话了，"您现在到集市上去一下，看看今天早上有什么卖的。"

布鲁诺从集市上回来向老板汇报说，今早集市上只有一个农民拉了一车土豆在卖。

"有多少？"老板问。布鲁诺赶快戴上帽子又跑到集上，然后回来告诉老板一共四十袋土豆。

"价格是多少？" 布鲁诺又第三次跑到集上问来了价格。

"好吧，"老板对他说，"现在请您坐到这把椅子上一句话也不要说，看看阿诺德怎么说。"

阿诺德很快就从集市上回来了。向老板汇报说到现在为止只有一个农民在卖土豆，一共四十口袋，价格是多少多少；土豆质量很不错，他带回来一个让老板看看。这个农民一个钟头以后还会弄来几箱西红柿，据他看价格非常公道。昨天他们铺子的西红柿卖得很快，库存已经不//多了。他想这么便宜的西红柿，老板肯定会要进一些的，所以他不仅带回了一个西红柿做样品，而且把那个农民也带来了，他现在正在外面等回话呢。

此时老板转向了布鲁诺，说："现在您肯定知道为什么阿诺德的薪水比您高了吧！"

作品 3 号《丑石》

我常常遗憾我家门前的那块丑石：它黑黝黝地卧在那里，牛似的模样；谁也不知道是什么时候留在这里的，谁也不去理会它。只是麦收时节，门前摊了麦子，奶奶总是说：这块丑石，多占地面呀，抽空把它搬走吧。

它不像汉白玉那样的细腻，可以刻字雕花，也不像大青石那样的光滑，可以供来浣纱捶布。它静静地卧在那里，院边的槐阴没有庇覆它，花儿也不再在它身边生长。荒草便繁衍出来，枝蔓上下，慢慢地，它竟锈上了绿苔、黑斑。我们这些做孩子的，也讨厌起它来，曾合伙要搬走它，但力气又不足；虽时时咒骂它，嫌弃它，也无可奈何，只好任它留在那里。

终有一日，村子里来了一个天文学家。他在我家门前路过，突然发现了这块石头，眼光立即就拉直了。他再没有离开，就住了下来；以后又来了好些人，都说这是一块陨石，从天上落下来已经有二三百年了，是一件了不起的东西。不久便来了车，小心翼翼地将它运走了。

这使我们都很惊奇！这又怪又丑的石头，原来是天上的啊！它补过天，在天上发过热、闪过光，我们的先祖或许仰望过它，它给了他们光明、向往、憧憬；而它落下来了，在污土里，荒草里，一躺就//是几百年了！

我感到自己的无知，也感到了丑石的伟大，我甚至怨恨它这么多年竟会默默地忍受着这一切！而我又立即深深地感到它那种不屈于误解、寂寞的生存的伟大。

作品 4 号《达瑞的故事》

在达瑞八岁的时候，有一天他想去看电影。因为没有钱，他想是向爸妈要钱，还是自己挣钱。最后他选择了后者。他自己调制了一种汽水，向过路的行人出售。可那时正是寒冷的冬天，没有人买，只有两个人例外——他的爸爸和妈妈。

他偶然有一个和非常成功的商人谈话的机会。当他对商人讲述了自己的"破产史"后，商人给了他两个重要的建议：一是尝试为别人解决一个难题；二是把精力集中在你知道的、你会的和你拥有的东西上。

这两个建议很关键。因为对于一个八岁的孩子而言，他不会做的事情很多。于是他穿过大街小巷，不停地思考：人们会有什么难题，他又如何利用这个机会？

一天，吃早饭时父亲让达瑞去取报纸。美国的送报员总是把报纸从花园篱笆的一个特制的管子里塞进来。假如你想穿着睡衣舒舒服服地吃早饭和看报纸，就必须离开温暖的房间，冒着寒风，到花园去取。虽然路短，但十分麻烦。

当达瑞为父亲取报纸的时候，一个主意诞生了。当天他就按响邻居的门铃，对他们说，每个月只需付给他一美元，他就每天早上把报纸塞到他们的房门底下。大多数人都同意了，很快他有//了七十多个顾客。一个月后，当他拿到自己赚的钱时，觉得自己简直是飞上了天。

很快他又有了新的机会，他让他的顾客每天把垃圾袋放在门前，然后由他早上运到垃圾桶里，每个月加一美元。之后他还想出了许多孩子赚钱的办法，并把它集结成书，书名为《儿童挣钱的二百五十个主意》。为此，达瑞十二岁时就成了畅销书作家，十五岁有了自己的谈话节目，十七岁就拥有了几百万美元。

作品 5 号《第一场雪》

这是入冬以来，胶东半岛上第一场雪。

雪纷纷扬扬，下得很大。开始还伴着一阵儿小雨，不久就只见大片大片的雪花，从彤云密布的天空中飘落下来。地面上一会儿就白了。冬天的山村，到了夜里就万籁俱寂，只听得雪花簌簌地不断往下落，树木的枯枝被雪压断了，偶尔咯吱一声响。

大雪整整下了一夜。今天早晨，天放晴了，太阳出来了。推开门一看，嗬！好大的雪啊！山川、河流、树木、房屋，全都罩上了一层厚厚的雪，万里江山，变成了粉妆玉砌的世界。落光了叶子的柳树上挂满了毛茸茸亮晶晶的银条儿；而那些冬夏常青的松树和柏树上，则挂满了蓬松松沉甸甸的雪球儿。一阵风吹来，树枝轻轻地摇晃，美丽的银条儿和雪球儿簌簌地落下来，玉屑似的雪末儿随风飘扬，映着清晨的阳光，显出一道道五光十色的彩虹。

大街上的积雪足有一尺多深，人踩上去，脚底下发出咯吱咯吱的响声。一群群孩子在雪地里堆雪人，掷雪球儿。那欢乐的叫喊声，把树枝上的雪都震落下来了。

俗话说，"瑞雪兆丰年"。这个话有充分的科学根据，并不是一句迷信的成语。寒冬大雪，可以冻死一部分越冬的害虫；融化了的水渗进土层深处，又能供应//庄稼生长的需要。我相信这一场十分及时的大雪，一定会促进明年春季作物，尤其是小麦的丰收。有经验的老农把雪比做是"麦子的棉被"。冬天"棉被"盖得越厚，明春麦子就长得越好，所以又有这样一句谚语："冬天麦盖三层被，来年枕着馒头睡。"

我想，这就是人们为什么把及时的大雪称为"瑞雪"的道理吧。

作品 6 号《读书人是幸福人》

我常想读书人是世间幸福人，因为他除了拥有现实的世界之外，还拥有另一个更为浩瀚也更为丰富的世界。现实的世界是人人都有的，而后一个世界却为读书人所独有。由此我想，那些失去或不能阅读的人是多么的不幸，他们的丧失是不可补偿的。世间有诸多的不平等，财富的不平等，权力的不平等，而阅读能力的拥有或丧失却体现为精神的不平等。

一个人的一生，只能经历自己拥有的那一份欣悦，那一份苦难，也许再加上他亲自闻知的那一些关于自身以外的经历和经验。然而，人们通过阅读，却能进入不同时空的诸多他人的世界。这样，具有阅读能力的人，无形间获得了超越有限生命的无限可能性。阅读不仅使他多识了草木虫鱼之名，而且可以上溯远古下及未来，饱览存在的与非存在的奇风异俗。

更为重要的是，读书加惠于人们的不仅是知识的增广，而且还在于精神的感化与陶冶。人们从读书学做人，从那些往哲先贤以及当代才俊的著述中学得他们的人格。人们从《论语》中学得智慧的思考，从《史记》中学得严肃的历史精神，从《正气歌》中学得人格的刚烈，从马克思学得人世 // 的激情，从鲁迅学得批判精神，从托尔斯泰学得道德的执着。歌德的诗句刻写着睿智的人生，拜伦的诗句呼唤着奋斗的热情。一个读书人，一个有机会拥有超乎个人生命体验的幸运人。

作品 7 号《二十美金的价值》

一天，爸爸下班回到家已经很晚了，他很累也有点儿烦，他发现五岁的儿子靠在门旁正等着他。

"爸，我可以问您一个问题吗？"

"什么问题？""爸，您一小时可以赚多少钱？""这与你无关，你为什么问这个问题？"父亲生气地说。

"我只是想知道，请告诉我，您一小时赚多少钱？"小孩儿哀求道。"假如你一定要知道的话，我一小时赚二十美金。"

"哦，"小孩儿低下了头，接着又说，"爸，可以借我十美金吗？"父亲发怒了："如果你只是要借钱去买毫无意义的玩具的话，给我回到你的房间睡觉去。好好想想为什么你会那么自私。我每天辛苦工作，没时间和你玩儿小孩子的游戏。"

小孩儿默默地回到自己的房间关上门。

父亲坐下来还在生气。后来，他平静下来了。心想他可能对孩子太凶了——或许孩子真的很想买什么东西，再说他平时很少要过钱。

父亲走进孩子的房间："你睡了吗？""爸，还没有，我还醒着。"孩子回答。

"我刚才可能对你太凶了，"父亲说，"我不应该发那么大的火儿——这是你要的十美金。"

"爸，谢谢您。"孩子高兴地从枕头下拿出一些被弄皱的钞票，慢慢地数着。

"为什么你已经有钱了还要？"父亲不解地问。

"因为原来不够，但现在凑够了。"孩子回答："爸我现在有//二十美金了，我可以向您买一个小时的时间吗？明天请早一点儿回家——我想和您一起吃晚餐。"

作品 8 号《繁星》

我爱月夜，但我也爱星天。从前在家乡七八月的夜晚在庭院里纳凉的时候，我最爱看天上密密麻麻的繁星。望着星天，我就会忘记一切，仿佛回到了母亲的怀里似的。

三年前在南京我住的地方有一道后门，每晚我打开后门，便看见一个静寂的夜。下面是一片菜园，上面是星群密布的蓝天。星光在我们的肉眼里虽然微小，然而它使我们觉得光明无处不在。那时候我正在读一些天文学的书，也认得一些星星，好像它们就是我的朋友，它们常常在和我谈话一样。

如今在海上，每晚和繁星相对，我把它们认得很熟了。我躺在舱面上，仰望天空。深蓝色的天空里悬着无数半明半昧的星。船在动，星也在动，它们是这样低，真是摇摇欲坠呢！渐渐地我的眼睛模糊了，我好像看见无数萤火虫在我的周围飞舞。海上的夜是柔和的，是静寂的，是梦幻的。我望着许多认识的星，我仿佛看见它们在对我眨眼，我仿佛听见它们在小声说话。这时我忘记了一切。在星的怀抱中我微笑着，我沉睡着。我觉得自己是一个小孩子，现在睡在母亲的怀里了。

有一夜，那个在哥伦波上船的英国人指给我看天上的巨人。他用手指着：//那四颗明亮的星是头，下面的几颗是身子，这几颗是手，那几颗是腿和脚，还有三颗星算是腰带。经他这一番指点，我果然看清楚了那个天上的巨人。看，那个巨人还在跑呢！

作品 9 号《风筝畅想曲》

假日到河滩上转转，看见许多孩子在放风筝。一根根长长的引线，一头系在天上，一头系在地上，孩子同风筝都在天与地之间悠荡，连心也被悠荡得恍恍惚惚了，好像又回到了童年。

儿时的放风筝，大多是自己的长辈或家人编扎的，几根削得很薄的篾，用细纱线扎成各种鸟兽的造型，糊上雪白的纸片，再用彩笔勾勒出面孔与翅膀的图案。通常扎得最多的是老雕、美人儿、花蝴蝶等。

我们家前院就有位叔叔，擅扎风筝，远近闻名。他扎的风筝不只体形好看，色彩艳丽，放飞得高远，还在风筝上绷一叶用蒲苇削成的膜片，经风一吹，发出"嗡嗡"的声响，仿佛是风筝的歌唱，在蓝天下播扬，给开阔的天地增添了无尽的韵味，给驰荡的童心带来几分疯狂。

我们那条胡同的左邻右舍的孩子们放的风筝几乎都是叔叔编扎的。他的风筝不卖钱，谁上门去要，就给谁，他乐意自己贴钱买材料。

后来，这位叔叔去了海外，放风筝也渐与孩子们远离了。不过年年叔叔给家乡写信，总不忘提起儿时的放风筝。香港回归之后，他的家信中说到，他这只被故乡放飞到海外的风筝，尽管飘荡游弋，经沐风雨，可那线头儿一直在故乡和//亲人手中牵着，如今飘得太累了，也该要回归到家乡和亲人身边来了。

是的。我想，不光是叔叔，我们每个人都是风筝，在妈妈手中牵着，从小放到大，再从家乡放到祖国最需要的地方去啊！

作品 10 号《父亲的爱》

爸不懂得怎样表达爱，使我们一家人融洽相处的是我妈。他只是每天上班下班，而妈则把我们做过的错事开列清单，然后由他来责骂我们。

有一次我偷了一块糖果，他要我把它送回去，告诉卖糖的说是我偷来的，说我愿意替他拆箱卸货作为赔偿。但妈妈却明白我只是个孩子。

我在运动场打秋千跌断了腿，在前往医院的途中一直抱着我的，是我妈。爸把汽车停在急诊室门口，他们叫他驶开，说那空位是留给紧急车辆停放的。爸听了便叫嚷道："你以为这是什么车？旅游车？"

在我生日会上，爸总是显得有些不大相称。他只是忙于吹气球，布置餐桌，做杂务。把插着蜡烛的蛋糕推出来让我吹的，是我妈。

我翻阅照相册时，人们总是问："你爸爸是什么样子的？"天晓得！他老是忙着替别人拍照。妈和我笑容可掬地一起拍的照片，多得不可胜数。

我记得妈有一次教我骑自行车。我叫他别放手，但他却说是应该放手的时候了。我摔倒之后，妈跑过来扶我，爸却挥手要她走开。我当时生气极了，决心要给他点儿颜色看。于是我马上爬上自行车，而且自己骑给他看。他只是微笑。

我念大学时，所有的家信都是妈写的。他//除了寄支票外，还寄过一封短柬给我，说因为我不在草坪上踢足球了，所以他的草坪长得很美。

每次我打电话回家，他似乎都想跟我说话，但结果总是说："我叫你妈来接。"

我结婚时，掉眼泪的是我妈。他只是大声擤了一下鼻子，便走出房间。

我从小到大都听他说："你到哪里去？什么时候回家？汽车有没有汽油？不，不准去。"爸完全不知道怎样表达爱。除非……

会不会是他已经表达了，而我却未能察觉？

作品 11 号《国家荣誉感》

一个大问题一直盘踞在我脑袋里：

世界杯怎么会有如此巨大的吸引力？除去足球本身的魅力之外，还有什么超乎其上而更伟大的东西？

近来观看世界杯，忽然从中得到了答案：是由于一种无上崇高的精神情感——国家荣誉感！

地球上的人都会有国家的概念，但未必时时都有国家的感情。往往人到异国，思念家乡，心怀故国，这国家概念就变得有血有肉，爱国之情来得非常具体。而现代社会，科技昌达，信息快捷，事事上网，世界真是太小太小，国家的界限似乎也不那么清晰了。再说足球正在快速世界化，平日里各国球员频繁转会，往来随意，致使越来越多的国家联赛都具有国际的因素。球员们不论国籍，只效力于自己的俱乐部，他们比赛时的激情中完全没有爱国主义的因子。

然而，到了世界杯大赛，天下大变。各国球员都回国效力，穿上与光荣的国旗同样色彩的服装。在每一场比赛前，还高唱国歌以宣誓对自己祖国的挚爱与忠诚。一种血缘情感开始在全身的血管里燃烧起来，而且立刻热血沸腾。

在历史时代，国家间经常发生对抗，好男儿戎装卫国。国家的荣誉往往需要以自己的生命去//换取。但在和平时代，唯有这种国家之间大规模对抗性的大赛，才可以唤起那种遥远而神圣的情感，那就是：为祖国而战！

作品 12 号《海滨仲夏夜》

夕阳落山不久，西方的天空，还燃烧着一片橘红色的晚霞。大海，也被这霞光染成了红色，而且比天空的景色更要壮观。因为它是活动的，每当一排排波浪涌起的时候，那映照在浪峰上的霞光，又红又亮，简直就像一片片霍霍燃烧着的火焰，闪烁着，消失了。而后面的一排，又闪烁着，滚动着，涌了过来。

天空的霞光渐渐地淡下去了，深红的颜色变成了绯红，绯红又变成浅红。最后，当这一切红光都消失了的时候，那突然显得高而远了的天空，则呈现出一片肃穆的神色。最早出现的启明星，在这蓝色的天幕上闪烁起来了。它是那么大，那么亮，整个广漠的天幕上只有它在那里放射着令人注目的光辉，活像一盏悬挂在高空的明灯。

夜色加浓，苍空中的"明灯"越来越多了。而城市各处的真的灯火也次第亮了起来，尤其是围绕在海港周围山坡上的那一片灯光，从半空倒映在乌蓝的海面上，随着波浪，晃动着，闪烁着，像一串流动着的珍珠，和那一片片密布在苍穹里的星斗互相辉映，煞是好看。

在这幽美的夜色中，我踏着软绵绵的沙滩，沿着海边，慢慢地向前走去。海水，轻轻地抚摸着细软的沙滩，发出温柔的//刷刷声。晚来的海风，清新而又凉爽。我的心里，有着说不出的兴奋和愉快。

夜风轻飘飘地吹拂着，空气中飘荡着一种大海和田禾相混合的香味儿，柔软的沙滩上还残留着白天太阳炙晒的余温。那些在各个工作岗位上劳动了一天的人们，三三两两地来到这软绵绵的沙滩上，他们浴着凉爽的海风，望着那缀满了星星的夜空，尽情地说笑，尽情地休憩。

作品 13 号《海洋与生命》

生命在海洋里诞生绝不是偶然的，海洋的物理和化学性质，使它成为孕育原始生命的摇篮。

我们知道，水是生物的重要组成部分，许多动物组织的含水量在百分之八十以上，而一些海洋生物的含水量高达百分之九十五。水是新陈代谢的重要媒介，没有它，体内的一系列生理和生物化学反应就无法进行，生命也就停止。因此，在短时期内动物缺水要比缺少食物更加危险。水对今天的生命是如此重要，它对脆弱的原始生命，更是举足轻重了。生命在海洋里诞生，就不会有缺水之忧。

水是一种良好的溶剂。海洋中含有许多生命所必需的无机盐，如氯化钠、氯化钾、碳酸盐、磷酸盐，还有溶解氧，原始生命可以毫不费力地从中吸取它所需要的元素。

水具有很高的热容量，加之海洋浩大，任凭夏季烈日曝晒，冬季寒风扫荡，它的温度变化却比较小。因此，巨大的海洋就像是天然的"温箱"，是孕育原始生命的温床。

阳光虽然为生命所必需，但是阳光中的紫外线却有扼杀原始生命的危险。水能有效地吸收紫外线，因而又为原始生命提供了天然的"屏障"。

这一切都是原始生命得以产生和发展的必要条件。

作品 14 号《和时间赛跑》

读小学的时候，我的外祖母去世了。外祖母生前最疼爱我，我无法排除自己的忧伤，每天在学校的操场上一圈儿又一圈儿地跑着，跑得累倒在地上，扑在草坪上痛哭。

那哀痛的日子，断断续续地持续了很久，爸爸妈妈也不知道如何安慰我。他们知道与其骗我说外祖母睡着了，还不如对我说实话：外祖母永远不会回来了。

"什么是永远不会回来呢？"我问着。

"所有时间里的事物，都永远不会回来。你的昨天过去，它就永远变成昨天，你不能再回到昨天。爸爸以前也和你一样小，现在也不能回到你这么小的童年了；有一天你会长大，你会像外祖母一样老；有一天你度过了你的时间，就永远不会回来了。"爸爸说。

爸爸等于给我一个谜语，这谜语比课本上的"日历挂在墙壁，一天撕去一页，使我心里着急"和"一寸光阴一寸金，寸金难买寸光阴"还让我感到可怕；也比作文本上的"光阴似箭，日月如梭"更让我觉得有一种说不出的滋味。

时间过得那么飞快，使我的小心眼儿里不只是着急，而是悲伤。有一天我放学回家，看到太阳快落山了，就下决心说："我要比太阳更快地回家。"我狂奔回去，站在庭院前喘气的时候，看到太阳//还露着半边脸，我高兴地跳跃起来，那一天我跑赢了太阳。以后我就时常做那样的游戏，有时和太阳赛跑，有时和西北风比快，有时一个暑假才能做完的作业，我十天就做完了；那时我三年级，常常把哥哥五年级的作业拿来做。

每一次比赛胜过时间，我就快乐得不知道怎么形容。

如果将来我有什么要教给我的孩子，我会告诉他：假若你一直和时间比赛，你就可以成功！

作品 15 号《胡适的白话电报》

三十年代初，胡适在北京大学任教授。讲课时他常常对白话文大加称赞，引起一些只喜欢文言文而不喜欢白话文的学生的不满。

一次，胡适正讲得得意的时候，一位姓魏的学生突然站了起来，生气地问："胡先生，难道说白话文就毫无缺点吗？"胡适微笑着回答说："没有。"那位学生更加激动了："肯定有！白话文废话太多，打电报用字多，花钱多。"胡适的目光顿时变亮了。轻声地解释说："不一定吧！前几天有位朋友给我打来电报，请我去政府部门工作，我决定不去，就回电拒绝了。复电是用白话写的，看来也很省字。请同学们根据我这个意思，用文言文写一个回电，看看究竟是白话文省字，还是文言文省字？"胡教授刚说完，同学们立刻认真地写了起来。

十五分钟过去，胡适让同学举手，报告用字的数目，然后挑了一份用字最少的文言电报稿，电文是这样写的：

"才疏学浅，恐难胜任，不堪从命。"白话文的意思是：学问不深，恐怕很难担任这个工作，不能服从安排。

胡适说，这份写得确实不错，仅用了十二个字。但我的白话电报却只用了五个字：

"干不了，谢谢！"

胡适又解释说："干不了"就有才疏学浅、恐难胜任的意思；"谢谢"既//对朋友的介绍表示感谢，又有拒绝的意思。所以，废话多不多，并不看它是文言文还是白话文，只要注意选用字词，白话文是可以比文言文更省字的。

作品 16 号《火光》

很久以前，在一个漆黑的秋天的夜晚，我泛舟在西伯利亚一条阴森森的河上。船到一个转弯处，只见前面黑黢黢的山峰下面一星火光蓦地一闪。

火光又明又亮，好像就在眼前……

"好啦，谢天谢地！"我高兴地说，"马上就到过夜的地方啦！"

船夫扭头朝身后的火光望了一眼，又不以为然地划起桨来。

"远着呢！"

我不相信他的话，因为火光冲破朦胧的夜色，明明在那儿闪烁。不过船夫是对的，事实上，火光的确还远着呢。

这些黑夜的火光的特点是：驱散黑暗，闪闪发亮，近在眼前，令人神往。乍一看，再划几下就到了……其实却还远着呢！

我们在漆黑如墨的河上又划了很久。一个个峡谷和悬崖，迎面驶来，又向后移去，仿佛消失在茫茫的远方，而火光却依然停在前头，闪闪发亮，令人神往——依然是这么近，又依然是那么远……

现在，无论是这条被悬崖峭壁的阴影笼罩的漆黑的河流，还是那一星明亮的火光，都经常浮现在我的脑际，在这以前和在这以后，曾有许多火光，似乎近在咫尺，不止使我一人心驰神往。可是生活之河却仍然在那阴森森的两岸之间流着，而火光也依旧非常遥远。因此，必须加劲划桨……

然而，火光啊……毕竟……毕竟就//在前头！……

作品 17 号《济南的冬天》

对于一个在北平住惯的人，像我，冬天要是不刮风，便觉得是奇迹；济南的冬天是没有风声的。对于一个刚由伦敦回来的人，像我，冬天要能看得见日光，便觉得是怪事；济南的冬天是响晴的。自然，在热带的地方，日光是永远那么毒，响亮的天气，反有点儿叫人害怕。可是，在北方的冬天，而能有温晴的天气，济南真得算个宝地。

设若单单是有阳光，那也算不了出奇。请闭上眼睛想：一个老城，有山有水，全在天底下晒着阳光，暖和安适地睡着，只等春风来把它们唤醒，这是不是理想的境界？小山把济南围了个圈儿，只有北边缺着点口儿。这一圈小山在冬天特别可爱，好像是把济南放在一个小摇篮里，它们安静不动地低声地说："你们放心吧，这儿准保暖和。"真的，济南的人们在冬天是面上含笑的。他们一看那些小山，心中便觉得有了着落，有了依靠。他们由天上看到山上，便不知不觉地想起：明天也许就是春天了吧？这样的温暖，今天夜里山草也许就绿起来了吧？就是这点儿幻想不能一时实现，他们也并不着急，因为这样慈善的冬天，干什么还希望别的呢！

最妙的是下点小雪呀。看吧，山上的矮松越发的青黑，树尖儿上顶//着一髻儿白花，好像日本看护妇。山尖儿全白了，给蓝天镶上一道银边。山坡上，有的地方雪厚点儿，有的地方草色还露着；这样，一道儿白，一道儿暗黄，给山们穿上一件带水纹儿的花衣；看着看着，这件花衣好像被风儿吹动，叫你希望看见一点儿更美的山的肌肤。等到快日落的时候，微黄的阳光斜射在山腰上，那点儿薄雪好像忽然害羞，微微露出点儿粉色。就是下小雪吧，济南是受不住大雪的，那些小山太秀气。

作品 18 号《家乡的桥》

纯朴的家乡村边有一条河，曲曲弯弯，河中架一弯石桥，弓样的小桥横跨两岸。

每天，不管是鸡鸣晓月，日丽中天，还是月华泻地，小桥都印下串串足迹，洒落串串汗珠。那是乡亲为了追求多棱的希望，兑现美好的遐想。弯弯小桥，不时荡过轻吟低唱，不时露出舒心的笑容。

因而，我稚小的心灵，曾将心声献给小桥：你是一弯银色的新月，给人间普照光辉；你是一把闪亮的镰刀，割刈着欢笑的花果；你是一根晃悠悠的扁担，挑起了彩色的明天！哦，小桥走进我的梦中。

我在飘泊他乡的岁月，心中总涌动着故乡的河水，梦中总看到弓样的小桥。当我访南疆探北国，眼帘闯进座座雄伟的长桥时，我的梦变得丰满了，增添了赤橙黄绿青蓝紫。

三十多年过去，我带着满头霜花回到故乡，第一紧要的便是去看望小桥。

啊！小桥呢？它躲起来了？河中一道长虹，浴着朝霞熠熠闪光。哦，雄浑的大桥敞开胸怀，汽车的呼啸、摩托的笛音、自行车的叮铃，合奏着进行交响乐；南来的钢筋、花布，北往的柑橙、家禽，绘出交流欢悦图……

啊！蜕变的桥，传递了家乡进步的消息，透露了家乡富裕的声音。时代的春风，美好的追求，我蓦地记起儿时唱//给小桥的歌，哦，明艳艳的太阳照耀了，芳香甜蜜的花果捧来了，五彩斑斓的岁月拉开了！

我心中涌动的河水，激荡起甜美的浪花。我仰望一碧蓝天，心底轻声呼喊：家乡的桥啊，我梦中的桥！

作品 19 号《坚守你的高贵》

三百多年前，建筑设计师莱伊恩受命设计了英国温泽市政府大厅。他运用工程力学的知识，依据自己多年的实践，巧妙地设计了只用一根柱子支撑的大厅天花板。一年以后，市政府权威人士进行工程验收时，却说只用一根柱子支撑天花板太危险，要求莱伊恩再多加几根柱子。

莱伊恩自信只要一根坚固的柱子足以保证大厅安全，他的"固执"惹恼了市政官员，险些被送上法庭。他非常苦恼；坚持自己原先的主张吧，市政官员肯定会另找人修改设计；不坚持吧，又有悖自己为人的准则。矛盾了很长一段时间，莱伊恩终于想出了一条妙计，他在大厅里增加了四根柱子，不过这些柱子并未与天花板接触，只不过是装装样子。

三百多年过去了，这个秘密始终没有被人发现。直到前两年，市政府准备修缮大厅的天花板，才发现莱伊恩当年的"弄虚作假"。消息传出后，世界各国的建筑专家和游客云集，当地政府对此也不加掩饰，在新世纪到来之际，特意将大厅作为一个旅游景点对外开放，旨在引导人们崇尚和相信科学。

作为一名建筑师，莱伊恩并不是最出色的。但作为一个人，他无疑非常伟大。这种//伟大表现在他始终恪守着自己的原则，给高贵的心灵一个美丽的住所，哪怕是遭遇到最大的阻力，也要想办法抵达胜利。

作品 20 号《金子》

自从传言有人在萨文河畔散步时无意发现了金子后，这里便常有来自四面八方的淘金者。

他们都想成为富翁，于是寻遍了整个河床，还在河床上挖出很多大坑，希望借助它们找到更多的金子。的确，有一些人找到了，但另外一些人因为一无所得而只好扫兴归去。

也有不甘心落空的，便驻扎在这里，继续寻找。彼得•弗雷特就是其中一员。他在河床附近买了一块没人要的土地，一个人默默地工作。他为了找金子，已把所有的钱都押在这块土地上。他埋头苦干了几个月，直到土地全变成了坑坑洼洼，他失望了——他翻遍了整块土地，但连一丁点儿金子都没看见。

六个月后，他连买面包的钱都没有了。于是他准备离开这儿到别处去谋生。

就在他即将离去的前一个晚上，天下起了倾盆大雨，并且一下就是三天三夜。雨终于停了，彼得走出小木屋，发现眼前的土地看上去好像和以前不一样：坑坑洼洼已被大水冲刷平整，松软的土地上长出一层绿茸茸的小草。

"这里没找到金子，"彼得忽有所悟地说，"但这土地很肥沃，我可以用来种花，并且拿到镇上去卖给那些富人，他们一定会买些花装扮他们华丽的客厅。如果真是这样的话，那么我一定会赚许多钱。有朝一日我也会成为富人……"

于是他留了下来。彼得花了不少精力培育花苗，不久田地里长满了美丽鲜艳的各色鲜花。

五年以后，彼得终于实现了他的梦想——成了一个富翁。"我是唯一的一个找到真金的人！"他时常不无骄傲地告诉别人，"别人在这儿找不到金子后便远远地离开，而我的'金子'是在这块土地里，只有诚实的人用勤劳才能采集到。"

作品 21 号《捐诚》

我在加拿大学习期间遇到过两次募捐，那情景至今使我难以忘怀。

一天，我在渥太华的街上被两个男孩子拦住去路。他们十来岁，穿得整整齐齐，每人头上戴着个做工精巧、色彩鲜艳的纸帽，上面写着"为帮助患小儿麻痹的伙伴募捐。"其中的一个，不由分说就坐在小凳上给我擦起皮鞋来，另一个则彬彬有礼地发问："小姐，您是哪国人？喜欢渥太华吗？""小姐，在你们国家有没有小孩儿患小儿麻痹？谁给他们医疗费？"一连串的问题，使我这个有生以来头一次在众目睽睽之下让别人擦鞋的异乡人，从近乎狼狈的窘态中解脱出来。我们像朋友一样聊起天儿来……

几个月之后，也是在街上。一些十字路口处或车站坐着几位老人。他们满头银发，身穿各种老式军装，上面布满了大大小小形形色色的徽章、奖章，每人手捧一大束鲜花，有水仙、石竹、玫瑰及叫不出名字的，一色雪白。匆匆过往的行人纷纷止步，把钱投进这些老人身旁的白色木箱内，然后向他们微微鞠躬，从他们手中接过一朵花。我看了一会儿，有人投一两元，有人投几百元，还有人掏出支票填好后投进木箱。那些老军人毫不注意人们捐多少钱，一直不//停地向人们低声道谢。同行的朋友告诉我，这是为纪念二次大战中参战的勇士，募捐救济残废军人和烈士遗孀，每年一次；认捐的人可谓踊跃，而且秩序井然，气氛庄严。有些地方，人们还耐心地排着队。我想，这是因为他们都知道：正是这些老人们的流血牺牲换来了包括他们信仰自由在内的许许多多。

我两次把那微不足道的一点儿钱捧给他们，只想对他们说声"谢谢"。

作品 22 号《可爱的小鸟》

没有一片绿叶，没有一缕炊烟，没有一粒泥土，没有一丝花香，只有水的世界，云的海洋。

一阵台风袭过，一只孤单的小鸟无家可归，落到被卷到洋里的木板上，乘流而下，姗姗而来，近了，近了！……

忽然，小鸟张开翅膀，在人们头顶盘旋了几圈儿，"噗啦"一声落到了船上。许是累了？还是发现了"新大陆"？水手撵它它不走，抓它，它乖乖地落在掌心。可爱的小鸟和善良的水手结成了朋友。

瞧，它多美丽，娇巧的小嘴，啄理着绿色的羽毛，鸭子样的扁脚，呈现出春草的鹅黄。水手们把它带到舱里，给它"搭铺"，让它在船上安家落户，每天，把分到的一塑料筒淡水匀给它喝，把从祖国带来的鲜美的鱼肉分给它吃，天长日久，小鸟和水手的感情日趋笃厚。清晨，当第一束阳光射进舷窗时，它便敞开美丽的歌喉，唱啊唱，嘤嘤有韵，宛如春水淙淙。人类给它以生命，它毫不悭吝地把自己的艺术青春奉献给了哺育它的人。可能都是这样？艺术家们的青春只会献给尊敬他们的人。

小鸟给远航生活蒙上了一层浪漫色调。返航时，人们爱不释手，恋恋不舍地想把它带到异乡。可小鸟憔悴了，给水，不喝！喂肉，不吃！油亮的羽毛失去了光泽。是啊，我//们有自己的祖国，小鸟也有它的归宿，人和动物都是一样啊，哪儿也不如故乡好！

慈爱的水手们决定放开它，让它回到大海的摇篮去，回到蓝色的故乡去。离别前，这个大自然的朋友与水手们留影纪念。它站在许多人的头上，肩上，掌上，胳膊上，与喂养过它的人们，一起融进那蓝色的画面……

作品 23 号《课不能停》

纽约的冬天常有大风雪，扑面的雪花不但令人难以睁开眼睛，甚至呼吸都会吸入冰冷的雪花。有时前一天晚上还是一片晴朗，第二天拉开窗帘，却已经积雪盈尺，连门都推不开了。

遇到这样的情况，公司、商店常会停止上班，学校也通过广播，宣布停课。但令人不解的是，惟有公立小学，仍然开放。只见黄色的校车，艰难地在路边接孩子，老师则一大早就口中喷着热气，铲去车子前后的积雪，小心翼翼地开车去学校。

据统计，十年来纽约的公立小学只因为超级暴风雪停过七次课。这是多么令人惊讶的事。犯得着在大人都无须上班的时候让孩子去学校吗？小学的老师也太倒霉了吧？

于是，每逢大雪而小学不停课时，都有家长打电话去骂。妙的是，每个打电话的人，反应全一样——先是怒气冲冲地责问，然后满口道歉，最后笑容满面地挂上电话。原因是，学校告诉家长：

在纽约有许多百万富翁，但也有不少贫困的家庭。后者白天开不起暖气，供不起午餐，孩子的营养全靠学校里免费的中饭，甚至可以多拿些回家当晚餐。学校停课一天，穷孩子就受一天冻，挨一天饿，所以老师们宁愿自己苦一点儿，也不能停课。//

或许有家长会说：何不让富裕的孩子在家里，让贫穷的孩子去学校享受暖气和营养午餐呢？

学校的答复是：我们不愿让那些穷苦的孩子感到他们是在接受救济，因为施舍的最高原则是保持受施者的尊严。

作品 24 号《莲花和樱花》

十年，在历史上不过是一瞬间。只要稍加注意，人们就会发现：在这一瞬间里，各种事物都悄悄经历了自己的千变万化。

这次重新访日，我处处感到亲切和熟悉，也在许多方面发觉了日本的变化。就拿奈良的一个角落来说吧，我重游了为之感受很深的唐招提寺，在寺内各处匆匆走了一遍，庭院依旧，但意想不到还看到了一些新的东西。其中之一，就是近几年从中国移植来的"友谊之莲"。

在存放鉴真遗像的那个院子里，几株中国莲昂然挺立，翠绿的宽大荷叶正迎风而舞，显得十分愉快。开花的季节已过，荷花朵朵已变为莲蓬累累。莲子的颜色正在由青转紫，看来已经成熟了。

我禁不住想："因"已转化为"果"。

中国的莲花开在日本，日本的樱花开在中国，这不是偶然。我希望这样一种盛况延续不衰。可能有人不欣赏花，但决不会有人欣赏落在自己面前的炮弹。

在这些日子里，我看到了不少多年不见的老朋友，又结识了一些新朋友。大家喜欢涉及的话题之一，就是古长安和古奈良。那还用得着问吗，朋友们缅怀过去，正是瞩望未来。瞩目于未来的人们必将获得未来。

我不例外，也希望一个美好的未来。

为//了中日人民之间的友谊，我将不浪费今后生命的每一瞬间。

作品 25 号《绿》

梅雨潭闪闪的绿色招引着我们，我们开始追捉她那离合的神光了。揪着草，攀着乱石，小心探身下去，又鞠躬过了一个石穹门，便到了汪汪一碧的潭边了。

瀑布在襟袖之间，但是我的心中已没有瀑布了。我的心随潭水的绿而摇荡。那醉人的绿呀！仿佛一张极大极大的荷叶铺着，满是奇异的绿呀。我想张开两臂抱住她，但这是怎样一个妄想啊。

站在水边，望到那面，居然觉着有些远呢！这平铺着、厚积着的绿，着实可爱。她松松地皱缬着，像少妇拖着的裙幅；她滑滑地明亮着，像涂了"明油"一般，有鸡蛋清那样软，那样嫩；她又不杂些尘滓，宛然一块温润的碧玉，只清清的一色——但你却看不透她！

我曾见过北京什刹海拂地的绿杨，脱不了鹅黄的底子，似乎太淡了。我又曾见过杭州虎跑寺近旁高峻而深密的"绿壁"，丛叠着无穷的碧草与绿叶的，那又似乎太浓了。其余呢，西湖的波太明了，秦淮河的也太暗了。可爱的，我将什么来比拟你呢？我怎么比拟得出呢？大约潭是很深的，故能蕴蓄着这样奇异的绿；仿佛蔚蓝的天融了一块在里面似的，这才这般的鲜润啊。

那醉人的绿呀！我若能裁你以为带，我将赠给那轻盈的//舞女，她必能临风飘举了。我若能挹你以为眼，我将赠给那善歌的盲妹，她必明眸善睐了。我舍不得你，我怎舍得你呢？我用手拍着你，抚摩着你，如同一个十二三岁的小姑娘。我又掬你入口，便是吻着她了。我送你一个名字，我从此叫你"女儿绿"，好吗？

第二次到仙岩的时候，我不禁惊诧于梅雨潭的绿了。

作品 26 号《落花生》

我们家的后园有半亩空地，母亲说："让它荒着怪可惜的，你们那么爱吃花生，就开辟出来种花生吧。"我们姐弟几个都很高兴，买种，翻地，播种，浇水，没过几个月，居然收获了。

母亲说："今晚我们过一个收获节，请你们父亲也来尝尝我们的新花生，好不好？"我们都说好。母亲把花生做成了好几样食品，还吩咐就在后园的茅亭里过这个节。

晚上天色不太好，可是父亲也来了，实在很难得。

父亲说："你们爱吃花生吗？"

我们争着答应："爱！"

"谁能把花生的好处说出来？"

姐姐说："花生的味美。"

哥哥说："花生可以榨油。"

我说："花生的价钱便宜，谁都可以买来吃，都喜欢吃。这就是它的好处。"

父亲说："花生的好处很多，有一样最可贵：它的果实埋在地里，不像桃子、石榴、苹果那样，把鲜红嫩绿的果实高高地挂在枝头上，使人一见就生爱慕之心。你们看它矮矮地长在地上，等到成熟了，也不能立刻分辨出来它有没有果实，必须挖出来才知道。"

我们都说是，母亲也点点头。

父亲接下去说："所以你们要像花生，它虽然不好看，可是很有用，不是外表好看而没有实用的东西。"

我说："那么，人要做有用的人，不要做只讲体面，而对别人没有好处的人了。"//

父亲说："对。这是我对你们的希望。"

我们谈到夜深才散。花生做的食品都吃完了，父亲的话却深深地印在我的心上。

作品 27 号《麻雀》

我打猎归来，沿着花园的林阴路走着。狗跑在我前边。

突然，狗放慢脚步，蹑足潜行，好像嗅到了前边有什么野物。

我顺着林阴路望去，看见了一只嘴边还带黄色、头上生着柔毛的小麻雀。风猛烈地吹打着林阴路上的白桦树，麻雀从巢里跌落下来，呆呆地伏在地上，孤立无援地张开两只羽毛还未丰满的小翅膀。

我的狗慢慢向它靠近。忽然，从附近一棵树上飞下一只黑胸脯的老麻雀，像一颗石子似的落到狗的跟前。老麻雀全身倒竖着羽毛，惊恐万状，发出绝望、凄惨的叫声，接着向露出牙齿、大张着的狗嘴扑去。

老麻雀是猛扑下来救护幼雀的。它用身体掩护着自己的幼儿……但它整个小小的身体因恐怖而战栗着，它小小的声音也变得粗暴嘶哑，它在牺牲自己！

在它看来，狗该是多么庞大的怪物啊！然而，它还是不能站在自己高高的、安全的树枝上……一种比它的理智更强烈的力量，使它从那儿扑下身来。

我的狗站住了，向后退了退……看来，它也感到了这种力量。

我赶紧唤住惊慌失措的狗，然后我怀着崇敬的心情，走开了。

是啊，请不要见笑。我崇敬那只小小的、英勇的鸟儿，我崇敬它那种爱的冲动和力量。

爱，我想，比//死和死的恐惧更强大。只有依靠它，依靠这种爱，生命才能维持下去，发展下去。

作品 28 号《迷途笛音》

那年我六岁。离我家仅一箭之遥的小山坡旁，有一个早已被废弃的采石场，双亲从来不准我去那儿，其实那儿风景十分迷人。

一个夏季的下午，我随着一群小伙伴偷偷上那儿去了。就在我们穿越了一条孤寂的小路后，他们却把我一个人留在原地，然后奔向"更危险的地带"了。

等他们走后，我惊慌失措地发现，再也找不到要回家的那条孤寂的小道了。像只无头的苍蝇，我到处乱钻，衣裤上挂满了芒刺。太阳已经落山，而此时此刻，家里一定开始吃晚餐了，双亲正盼着我回家……想着想着，我不由得背靠着一棵树，伤心地呜呜大哭起来……突然，不远处传来了声声柳笛。我像找到了救星，急忙循声走去。一条小道边的树桩上坐着一位吹笛人，手里还正削着什么。走近细看，他不就是被大家称为"乡巴佬儿"的卡廷吗？

"你好，小家伙儿，"卡廷说，"看天气多美，你是出来散步的吧？"

我怯生生地点点头，答道："我要回家了。"

"请耐心等上几分钟，"卡廷说，"瞧，我正在削一支柳笛，差不多就要做好了，完工后就送给你吧！"

卡廷边削边不时把尚未成形的柳笛放在嘴里试吹一下。没过多久，一支柳笛便递到我手中。我俩在一阵阵清脆悦耳的笛音//中，踏上了归途……

当时，我心中只充满感激，而今天，当我自己也成了祖父时，却突然领悟到他用心之良苦！那天当他听到我的哭声时，便判定我一定迷了路，但他并不想在孩子面前扮演"救星"的角色，于是吹响柳笛以便让我能发现他，并跟着他走出困境！卡廷先生以乡下人的纯朴，保护了一个小男孩强烈的自尊。

作品 29 号《莫高窟》

在浩瀚无垠的沙漠里，有一片美丽的绿洲，绿洲里藏着一颗闪光的珍珠。这颗珍珠就是敦煌莫高窟。它坐落在我国甘肃省敦煌市三危山和鸣沙山的怀抱中。

鸣沙山东麓是平均高度为十七米的崖壁。在一千六百多米长的崖壁上，凿有大小洞窟七百余个，形成了规模宏伟的石窟群。其中四百九十二个洞窟中，共有彩色塑像两千一百余尊，各种壁画共四万五千多平方米。莫高窟是我国古代无数艺术匠师留给人类的珍贵文化遗产。

莫高窟的彩塑，每一尊都是一件精美的艺术品。最大的有九层楼那么高，最小的还不如一个手掌大。这些彩塑个性鲜明，神态各异。有慈眉善目的菩萨，有威风凛凛的天王，还有强壮勇猛的力士……

莫高窟壁画的内容丰富多彩，有的是描绘古代劳动人民打猎、捕鱼、耕田、收割的情景，有的是描绘人们奏乐、舞蹈、演杂技的场面，还有的是描绘大自然的美丽风光。其中最引人注目的是飞天。壁画上的飞天，有的臂挎花篮，采摘鲜花；有的反弹琵琶，轻拨银弦；有的倒悬身子，自天而降；有的彩带飘拂，漫天遨游；有的舒展着双臂，翩翩起舞。看着这些精美动人的壁画，就像走进了//灿烂辉煌的艺术殿堂。

莫高窟里还有一个面积不大的洞窟——藏经洞。洞里曾藏有我国古代的各种经卷、文书、帛画、刺绣、铜像等共六万多件。由于清朝政府腐败无能，大量珍贵的文物被外国强盗掠走。仅存的部分经卷，现在陈列于北京故宫等处。

莫高窟是举世闻名的艺术宝库。这里的每一尊彩塑、每一幅壁画、每一件文物，都是中国古代人民智慧的结晶。

作品 30 号《牡丹的拒绝》

其实你在很久以前并不喜欢牡丹，因为它总被人作为富贵膜拜。后来你目睹了一次牡丹的落花，你相信所有的人都会为之感动：一阵清风徐来，娇艳鲜嫩的盛期牡丹忽然整朵整朵地坠落，铺撒一地绚丽的花瓣。那花瓣落地时依然鲜艳夺目，如同一只奉上祭坛的大鸟脱落的羽毛，低吟着壮烈的悲歌离去。

牡丹没有花谢花败之时，要么烁于枝头，要么归于泥土，它跨越萎顿和衰老，由青春而死亡，由美丽而消遁。它虽美却不吝惜生命，即使告别也要展示给人最后一次的惊心动魄。

所以在这阴冷的四月里，奇迹不会发生。任凭游人扫兴和诅咒，牡丹依然安之若素。它不苟且、不俯就、不妥协、不媚俗，甘愿自己冷落自己。它遵循自己的花期自己的规律，它有权利为自己选择每年一度的盛大节日。它为什么不拒绝寒冷？

天南海北的看花人，依然络绎不绝地涌入洛阳城。人们不会因牡丹的拒绝而拒绝它的美。如果它再被贬谪十次，也许它就会繁衍出十个洛阳牡丹城。

于是你在无言的遗憾中感悟到，富贵与高贵只是一字之差。同人一样，花儿也是有灵性的，更有品位之高低。品位这东西为气为魂为//筋骨为神韵，只可意会。你叹服牡丹卓而不群之姿，方知品位是多么容易被世人忽略或是漠视的美。

作品 31 号《"能吞能吐"的森林》

森林涵养水源，保持水土，防止水旱灾害的作用非常大。据专家测算，一片十万亩面积的森林，相当于一个两百万立方米的水库，这正如农谚所说的："山上多栽树，等于修水库。雨多它能吞，雨少它能吐。"

说起森林的功劳，那还多得很。它除了为人类提供木材及许多种生产、生活的原料之外，在维护生态环境方面也是功劳卓著。它用另一种"能吞能吐"的特殊功能孕育了人类。因为地球在形成之初，大气中的二氧化碳含量很高，氧气很少，气温也高，生物是难以生存的。大约在四亿年之前，陆地才产生了森林。森林慢慢将大气中的二氧化碳吸收，同时吐出新鲜氧气，调节气温：这才具备了人类生存的条件，地球上才最终有了人类。

森林，是地球生态系统的主体，是大自然的总调度室，是地球的绿色之肺。森林维护地球生态环境的这种"能吞能吐"的特殊功能是其他任何物体都不能取代的。然而，由于地球上的燃烧物增多，二氧化碳的排放量急剧增加，使得地球生态环境急剧恶化，主要表现为全球气候变暖，水分蒸发加快，改变了气流的循环，使气候变化加剧，从而引发热浪、飓风、暴雨、洪涝及干旱。

为了//使地球的这个"能吞能吐"的绿色之肺恢复健壮，以改善生态环境，抑制全球变暖，减少水旱等自然灾害，我们应该大力造林、护林，使每一座荒山都绿起来。

作品 32 号《朋友和其他》

朋友即将远行。

暮春时节，又邀了几位朋友在家小聚。虽然都是极熟的朋友，却是终年难得一见，偶尔电话里相遇，也无非是几句寻常话。一锅小米稀饭，一碟大头菜，一盘自家酿制的泡菜，一只巷口买回的烤鸭，简简单单，不像请客，倒像家人团聚。

其实，友情也好，爱情也好，久而久之都会转化为亲情。

说也奇怪，和新朋友会谈文学、谈哲学、谈人生道理等等，和老朋友却只话家常，柴米油盐，细细碎碎，种种琐事。很多时候，心灵的契合已经不需要太多的言语来表达。

朋友新烫了个头，不敢回家见母亲，恐怕惊骇了老人家，却欢天喜地来见我们，老朋友颇能以一种趣味性的眼光欣赏这个改变。

年少的时候，我们差不多都在为别人而活，为苦口婆心的父母活，为循循善诱的师长活，为许多观念、许多传统的约束力而活。年岁逐增，渐渐挣脱外在的限制与束缚，开始懂得为自己活，照自己的方式做一些自己喜欢的事，不在乎别人的批评意见，不在乎别人的诋毁流言，只在乎那一份随心所欲的舒坦自然。偶尔，也能够纵容自己放浪一下，并且有一种恶作剧的窃喜。

就让生命顺其自然，水到渠成吧，犹如窗前的//乌桕，自生自落之间，自有一份圆融丰满的喜悦。春雨轻轻落着，没有诗，没有酒，有的只是一份相知相属的自在自得。

夜色在笑语中渐渐沉落，朋友起身告辞，没有挽留，没有送别，甚至也没有问归期。

已经过了大喜大悲的岁月，已经过了伤感流泪的年华，知道了聚散原来是这样的自然和顺理成章，懂得这点，便懂得珍惜每一次相聚的温馨，离别便也欢喜。

作品 33 号《散步》

我们在田野散步：我，我的母亲，我的妻子和儿子。

母亲本不愿出来的。她老了，身体不好，走远一点儿就觉得很累。我说，正因为如此，才应该多走走。母亲信服地点点头，便去拿外套。她现在很听我的话，就像我小时候很听她的话一样。

这南方初春的田野，大块小块的新绿随意地铺着，有的浓，有的淡，树上的嫩芽也密了，田里的冬水也咕咕地起着水泡。这一切都使人想着一样东西——生命。

我和母亲走在前面，我的妻子和儿子走在后面。小家伙突然叫起来："前面是妈妈和儿子，后面也是妈妈和儿子。"我们都笑了。

后来发生了分歧：母亲要走大路，大路平顺；我的儿子要走小路，小路有意思。不过，一切都取决于我。我的母亲老了，她早已习惯听从她强壮的儿子；我的儿子还小，他还习惯听从他高大的父亲；妻子呢，在外面，她总是听我的。一霎时我感到了责任的重大。我想找一个两全的办法，找不出；我想拆散一家人，分成两路，各得其所，终不愿意。我决定委屈儿子，因为我伴同他的时日还长。我说："走大路。"

但是母亲摸摸孙儿的小脑瓜，变了主意："还是走小路吧。"她的眼随小路望去：那里有金色的菜花，两行整齐的桑树，//尽头一口水波粼粼的鱼塘。"我走不过去的地方，你就背着我。"母亲对我说。

这样，我们在阳光下，向着那菜花、桑树和鱼塘走去。到了一处，我蹲下来，背起了母亲；妻子也蹲下来，背起了儿子。我和妻子都是慢慢地，稳稳地，走得很仔细，好像我背上的同她背上的加起来，就是整个世界。

作品 34 号《神秘的"无底洞"》

地球上是否真的存在"无底洞"？按说地球是圆的，由地壳、地幔和地核三层组成，真正的"无底洞"是不应存在的，我们所看到的各种山洞、裂口、裂缝，甚至火山口也都只是地壳浅部的一种现象。然而中国一些古籍却多次提到海外有个深奥莫测的无底洞。事实上地球上确实有这样一个"无底洞"。

它位于希腊亚各斯古城的海滨。由于濒临大海，大涨潮时，汹涌的海水便会排山倒海般地涌入洞中，形成一股湍湍的急流。据测，每天流入洞内的海水量达三万多吨。奇怪的是，如此大量的海水灌入洞中，却从来没有把洞灌满。曾有人怀疑，这个"无底洞"，会不会就像石灰岩地区的漏斗、竖井、落水洞一类的地形。然而从二十世纪三十年代以来，人们就做了多种努力企图寻找它的出口，却都是枉费心机。

为了揭开这个秘密，一九五八年美国地理学会派出一支考察队，他们把一种经久不变的带色染料溶解在海水中，观察染料是如何随着海水一起沉下去。接着又察看了附近海面以及岛上的各条河、湖，满怀希望地寻找这种带颜色的水，结果令人失望。难道是海水量太大把有色水稀释得太淡，以致无法发现？//

至今谁也不知道为什么这里的海水会没完没了地"漏"下去，这个"无底洞"的出口又在哪里，每天大量的海水究竟都流到哪里去了？

作品 35 号《世间最美的坟墓》

我在俄国见到的景物再没有比托尔斯泰墓更宏伟、更感人的。

完全按照托尔斯泰的愿望，他的坟墓成了世间最美的，给人印象最深刻的坟墓。它只是树林中的一个小小的长方形土丘，上面开满鲜花——没有十字架，没有墓碑，没有墓志铭，连托尔斯泰这个名字也没有。

这位比谁都感到受自己的声名所累的伟人，却像偶尔被发现的流浪汉，不为人知的士兵，不留名姓地被人埋葬了。谁都可以踏进他最后的安息地，围在四周稀疏的木栅栏是不关闭的——保护列夫·托尔斯泰得以安息的没有任何别的东西，惟有人们的敬意；而通常，人们却总是怀着好奇，去破坏伟人墓地的宁静。

这里，逼人的朴素禁锢住任何一种观赏的闲情，并且不容许你大声说话。风儿俯临，在这座无名者之墓的树木之间飒飒响着，和暖的阳光在坟头嬉戏；冬天，白雪温柔地覆盖这片幽暗的土地。无论你在夏天或冬天经过这儿，你都想像不到，这个小小的、隆起的长方体里安放着一位当代最伟大的人物。

然而，恰恰是这座不留姓名的坟墓，比所有挖空心思用大理石和奢华装饰建造的坟墓更扣人心弦。在今天这个特殊的日子里，//到他的安息地来的成百上千人中间，没有一个有勇气，哪怕仅仅从这幽暗的土丘上摘下一朵花留作纪念。人们重新感到，世界上再没有比托尔斯泰最后留下的、这座纪念碑式的朴素坟墓，更打动人心的了。

作品 36 号《苏州园林》

我国的建筑，从古代的宫殿到近代的一般住房，绝大部分是对称的，左边怎么样，右边怎么样。苏州园林可绝不讲究对称，好像故意避免似的。东边有了一个亭子或者一道回廊，西边决不会来一个同样的亭子或者一道同样的回廊。这是为什么？我想，用图画来比方，对称的建筑是图案画，不是美术画，而园林是美术画，美术画要求自然之趣，是不讲究对称的。

苏州园林里都有假山和池沼。

假山的堆叠，可以说是一项艺术而不仅是技术。或者是重峦叠嶂，或者是几座小山配合着竹子花木，全在乎设计者和匠师们生平多阅历，胸中有丘壑，才能使游览者攀登的时候忘却苏州城市，只觉得身在山间。

至于池沼，大多引用活水。有些园林池沼宽敞，就把池沼作为全园的中心，其他景物配合着布置。水面假如成河道模样，往往安排桥梁。假如安排两座以上的桥梁，那就一座一个样，决不雷同。

池沼或河道的边沿很少砌齐整的石岸，总是高低屈曲任其自然。还在那儿布置几块玲珑的石头，或者种些花草。这也是为了取得从各个角度看都成一幅画的效果。池沼里养着金鱼或各色鲤鱼，夏秋季节荷花或睡莲开//放，游览者看"鱼戏莲叶间"，又是入画的一景。

作品 37 号《态度创造快乐》

一位访美中国女作家，在纽约遇到一位卖花的老太太。老太太穿着破旧，身体虚弱，但脸上的神情却是那样祥和兴奋。女作家挑了一朵花说："看起来，你很高兴。"老太太面带微笑地说："是的，一切都这么美好，我为什么不高兴呢？""对烦恼，你倒真能看得开。"女作家又说了一句。没料到，老太太的回答更令女作家大吃一惊："耶稣在星期五被钉上十字架时，是全世界最糟糕的一天，可三天后就是复活节。所以，当我遇到不幸时，就会等待三天，这样一切就恢复正常了。"

"等待三天"，多么富于哲理的话语，多么乐观的生活方式。它把烦恼和痛苦抛下，全力去收获快乐。

沈从文在"文革"期间，陷入了非人的境地。可他毫不在意，他在咸宁时给他的表侄、画家黄永玉写信说："这里的荷花真好，你若来……"身陷苦难却仍为荷花的盛开欣喜赞叹不已，这是一种趋于澄明的境界，一种旷达洒脱的胸襟，一种面临磨难坦荡从容的气度，一种对生活童子般的热爱和对美好事物无限向往的生命情感。

由此可见，影响一个人快乐的，有时并不是困境及磨难，而是一个人的心态。如果把自己浸泡在积极、乐观、向上的心态中，快乐必然会//占据你的每一天。

作品 38 号《泰山极顶》

泰山极顶看日出，历来被描绘成十分壮观的奇景。有人说：登泰山而看不到日出，就像一出大戏没有戏眼，味儿终究有点寡淡。

我去爬山那天，正赶上个难得的好天，万里长空，云彩丝儿都不见。素常，烟雾腾腾的山头，显得眉目分明。同伴们都欣喜地说："明天早晨准可以看见日出了。"我也是抱着这种想头，爬上山去。

一路从山脚往上爬，细看山景，我觉得挂在眼前的不是五岳独尊的泰山，却像一幅规模惊人的青绿山水画，从下面倒展开来。在画卷中最先露出的是山根底那座明朝建筑岱宗坊，慢慢地便现出王母池、斗母宫、经石峪。山是一层比一层深，一叠比一叠奇，层层叠叠，不知还会有多深多奇，万山丛中，时而点染着极其工细的人物。王母池旁的吕祖殿里有不少尊明塑，塑着吕洞宾等一些人，姿态神情是那样有生气，你看了，不禁会脱口赞叹说："活啦。"

画卷继续展开，绿阴森森的柏洞露面不太久，便来到对松山。两面奇峰对峙着，满山峰都是奇形怪状的老松，年纪怕都有上千岁了，颜色竟那么浓，浓得好像要流下来似的。来到这儿，你不妨权当一次画里的写意人物，坐在路旁的对松亭里，看看山色，听听流//水和松涛。

一时间，我又觉得自己不仅是在看画卷，却又像是在零零乱乱翻着一卷历史稿本。

作品 39 号《陶行知的"四块糖果"》

育才小学校长陶行知在校园看到学生王友用泥块砸自己班上的同学，陶行知当即喝止了他，并令他放学后到校长室去。无疑，陶行知是要好好教育这个"顽皮"的学生。那么他是如何教育的呢？

放学后，陶行知来到校长室，王友已经等在门口准备挨训了。可一见面，陶行知却掏出一块糖果送给王友，并说："这是奖给你的，因为你按时来到这里，而我却迟到了。"王友惊疑地接过糖果。

随后，陶行知又掏出一块糖果放到他手里，说："这第二块糖果也是奖给你的，因为当我不让你再打人时，你立即就住手了，这说明你很尊重我，我应该奖你。"王友更惊疑了，他眼睛睁得大大的。

陶行知又掏出第三块糖果塞到王友手里，说："我调查过了，你用泥块砸那些男生，是因为他们不守游戏规则，欺负女生；你砸他们，说明你很正直善良，且有批评不良行为的勇气，应该奖励你啊！"王友感动极了，他流着眼泪后悔地喊道："陶……陶校长你打我两下吧！我砸的不是坏人，而是自己的同学啊……"

陶行知满意地笑了，他随即掏出第四块糖果递给王友，说："为你正确地认识错误，我再奖给你一块糖果，只可惜我只有这一块糖果了。我的糖果//没有了，我看我们的谈话也该结束了吧！"说完，就走出了校长室。

作品 40 号《提醒幸福》

享受幸福是需要学习的，当它即将来临的时刻需要提醒。人可以自然而然地学会感官的享乐，却无法天生地掌握幸福的韵律。灵魂的快意同器官的舒适像一对孪生兄弟，时而相傍相依，时而南辕北辙。

幸福是一种心灵的震颤。它像会倾听音乐的耳朵一样，需要不断地训练。

简而言之，幸福就是没有痛苦的时刻。它出现的频率并不像我们想像的那样少。人们常常只是在幸福的金马车已经驶过去很远时，才拣起地上的金鬃毛说，原来我见过它。

人们喜爱回味幸福的标本，却忽略它披着露水散发清香的时刻。那时候我们往往步履匆匆，瞻前顾后不知在忙着什么。

世上有预报台风的，有预报蝗灾的，有预报瘟疫的，有预报地震的。没有人预报幸福。

其实幸福和世界万物一样，有它的征兆。

幸福常常是朦胧的，很有节制地向我们喷洒甘霖。你不要总希望轰轰烈烈的幸福，它多半只是悄悄地扑面而来。你也不要企图把水龙头拧得更大，那样它会很快地流失。你需要静静地以平和之心，体验它的真谛。

幸福绝大多数是朴素的。它不会像信号弹似的，在很高的天际闪烁红色的光芒。它披着本色的外//衣，亲切温暖地包裹起我们。

幸福不喜欢喧嚣浮华，它常常在暗淡中降临。贫困中相濡以沫的一块糕饼，患难中心心相印的一个眼神，父亲一次粗糙的抚摸，女友一张温馨的字条……这都是千金难买的幸福啊。像一粒粒缀在旧绸子上的红宝石，在凄凉中愈发熠熠夺目。

作品 41 号《天才的造就》

在里约热内卢的一个贫民窟里，有一个男孩子，他非常喜欢足球，可是又买不起，于是就踢塑料盒，踢汽水瓶，踢从垃圾箱里拣来的椰子壳。他在胡同里踢，在能找到的任何一片空地上踢。

有一天，当他在一处干涸的水塘里猛踢一个猪膀胱时，被一位足球教练看见了。他发现这个男孩儿踢得很像是那么回事，就主动提出要送给他一个足球。小男孩儿得到足球后踢得更卖劲了。不久，他就能准确地把球踢进远处随意摆放的一个水桶里。

圣诞节到了，孩子的妈妈说："我们没有钱买圣诞礼物送给我们的恩人，就让我们为他祈祷吧。"

小男孩儿跟随妈妈祈祷完毕，向妈妈要了一把铲子便跑了出去。他来到一座别墅前的花园里，开始挖坑。

就在他快要挖好坑的时候，从别墅里走出一个人来，问小孩儿在干什么，孩子抬起满是汗珠的脸蛋儿，说："教练，圣诞节到了，我没有礼物送给您，我愿给您的圣诞树挖一个树坑。"

教练把小男孩儿从树坑里拉上来，说，我今天得到了世界上最好的礼物。明天你就到我的训练场去吧。

三年后，这位十七岁的男孩儿在第六届足球锦标赛上独进二十一球，为巴西第一次捧回了金杯。一个原来不//为世人所知的名字——贝利，随之传遍世界。

作品 42 号《我的母亲独一无二》

记得我十三岁时，和母亲住在法国东南部的耐斯城。母亲没有丈夫，也没有亲戚，够清苦的，但她经常能拿出令人吃惊的东西，摆在我面前。她从来不吃肉，一再说自己是素食者。然而有一天，我发现母亲正仔细地用一小块碎面包擦那给我煎牛排用的油锅。我明白了她称自己为素食者的真正原因。

我十六岁时，母亲成了耐斯市美蒙旅馆的女经理。这时，她更忙碌了。一天，她瘫在椅子上，脸色苍白，嘴唇发灰。马上找来医生，做出诊断：她摄取了过多的胰岛素。直到这时我才知道母亲多年一直对我隐瞒的疾痛——糖尿病。

她的头歪向枕头一边，痛苦地用手抓挠胸口。床架上方，则挂着一枚我一九三二年赢得耐斯市少年乒乓球冠军的银质奖章。

啊，是对我的美好前途的憧憬支撑着她活下去，为了给她那荒唐的梦至少加一点真实的色彩，我只能继续努力，与时间竞争，直至一九三八年我被征入空军。巴黎很快失陷，我辗转调到英国皇家空军。刚到英国就接到了母亲的来信。这些信是由在瑞士的一个朋友秘密地转到伦敦，送到我手中的。

现在我要回家了，胸前佩带着醒目的绿黑两色的解放十字绶//带，上面挂着五六枚我终身难忘的勋章，肩上还佩带着军官肩章。到达旅馆时，没有一个人跟我打招呼。原来，我母亲在三年半以前就已经离开人间了。

在她死前的几天中，她写了近二百五十封信，把这些信交给她在瑞士的朋友，请这个朋友定时寄给我。就这样，在母亲死后的三年半的时间里，我一直从她身上吸取着力量和勇气——这使我能够继续战斗到胜利那一天。

作品 43 号《我的信念》

生活对于任何人都非易事，我们必须有坚韧不拔的精神。最要紧的，还是我们自己要有信心。我们必须相信，我们对每一件事情都具有天赋的才能，并且，无论付出任何代价，都要把这件事完成。当事情结束的时候，你要能问心无愧地说："我已经尽我所能了。"

有一年的春天，我因病被迫在家里休息数周。我注视着我的女儿们所养的蚕正在结茧，这使我很感兴趣。望着这些蚕执著地、勤奋地工作，我感到我和它们非常相似。像它们一样，我总是耐心地把自己的努力集中在一个目标上。我之所以如此，或许是因为有某种力量在鞭策着我——正如蚕被鞭策着去结茧一般。

近五十年来，我致力于科学研究，而研究，就是对真理的探讨。我有许多美好快乐的记忆。少女时期我在巴黎大学，孤独地过着求学的岁月；在后来献身科学的整个时期，我丈夫和我专心致志，像在梦幻中一般，坐在简陋的书房里艰辛地研究，后来我们就在那里发现了镭。

我永远追求安静的工作和简单的家庭生活。为了实现这个理想，我竭力保持宁静的环境，以免受人事的干扰和盛名的拖累。

我深信，在科学方面我们有对事业而不是//对财富的兴趣。我的惟一奢望是在一个自由国家中，以一个自由学者的身份从事研究工作。

我一直沉醉于世界的优美之中，我所热爱的科学也不断增加它崭新的远景。我认定科学本身就具有伟大的美。

作品 44 号《我为什么当教师》

我为什么非要教书不可？是因为我喜欢当教师的时间安排表和生活节奏。七、八、九三个月给我提供了进行回顾、研究、写作的良机，并将三者有机融合，而善于回顾、研究和总结正是优秀教师素质中不可缺少的成分。

干这行给了我多种多样的"甘泉"去品尝，找优秀的书籍去研读，到"象牙塔"和实际世界里去发现。教学工作给我提供了继续学习的时间保证，以及多种途径、机遇和挑战。

然而，我爱这一行的真正原因，是爱我的学生。学生们在我的眼前成长、变化。当教师意味着亲历"创造"过程的发生——恰似亲手赋予一团泥土以生命，没有什么比目睹它开始呼吸更激动人心的了。

权利我也有了：我有权利去启发诱导，去激发智慧的火花，去问费心思考的问题，去赞扬回答的尝试，去推荐书籍，去指点迷津。还有什么别的权利能与之相比呢？

而且，教书还给我金钱和权利之外的东西，那就是爱心。不仅有对学生的爱，对书籍的爱，对知识的爱，还有教师才能感受到的对"特别"学生的爱。这些学生，有如冥顽不灵的泥块，由于接受了老师的炽爱才勃发了生机。

所以，我爱教书，还因为，在那些勃发生机的"特//别"学生身上，我有时发现自己和他们呼吸相通，忧乐与共。

作品 45 号《西部文化和西部开发》

中国西部我们通常是指黄河与秦岭相连一线以西，包括西北和西南的十二个省、市、自治区。这块广袤的土地面积为五百四十六万平方公里，占国土总面积的百分之五十七；人口二点八亿，占全国总人口的百分之二十三。

西部是华夏文明的源头。华夏祖先的脚步是顺着水边走的：长江上游出土过元谋人牙齿化石，距今约一百七十万年；黄河中游出土过蓝田人头盖骨，距今约七十万年。这两处古人类都比距今约五十万年的北京猿人资格更老。

西部地区是华夏文明的重要发源地，秦皇汉武以后，东西方文化在这里交汇融合，从而有了丝绸之路的驼铃声声，佛院深寺的暮鼓晨钟。敦煌莫高窟是世界文化史上的一个奇迹，它在继承汉晋艺术传统的基础上，形成了自己兼收并蓄的恢宏气度，展现出精美绝伦的艺术形式和博大精深的文化内涵。秦始皇兵马俑、西夏王陵、楼兰古国、布达拉宫、三星堆、大足石刻等历史文化遗产，同样为世界所瞩目，成为中华文化重要的象征。

西部地区又是少数民族及其文化的集萃地，几乎包括了我国所有的少数民族。在一些偏远的少数民族地区，仍保留//了一些久远时代的艺术品种，成为珍贵的"活化石"，如纳西古乐、戏曲、剪纸、刺绣、岩画等民间艺术和宗教艺术。特色鲜明、丰富多彩，犹如一个巨大的民族民间文化艺术宝库。

我们要充分重视和利用这些得天独厚的资源优势，建立良好的民族民间文化生态环境，为西部大开发做出贡献。

作品 46 号《喜悦》

高兴，这是一种具体的被看得到摸得着的事物所唤起的情绪。它是心理的，更是生理的。它容易来也容易去，谁也不应该对它视而不见失之交臂，谁也不应该总是做那些使自己不高兴也使旁人不高兴的事。让我们说一件最容易做也最令人高兴的事吧，尊重你自己，也尊重别人，这是每一个人的权利，我还要说这是每一个人的义务。

快乐，它是一种富有概括性的生存状态、工作状态。它几乎是先验的，它来自生命本身的活力，来自宇宙、地球和人间的吸引，它是世界的丰富、绚丽、阔大、悠久的体现。快乐还是一种力量，是埋在地下的根脉。消灭一个人的快乐比挖掘掉一棵大树的根要难得多。

欢欣，这是一种青春的、诗意的情感。它来自面向着未来伸开双臂奔跑的冲力，它来自一种轻松而又神秘、朦胧而又隐秘的激动，它是激情即将到来的预兆，它又是大雨过后的比下雨还要美妙得多也久远得多的回味……

喜悦，它是一种带有形而上色彩的修养和境界。与其说它是一种情绪，不如说它是一种智慧、一种超拔、一种悲天悯人的宽容和理解，一种饱经沧桑的充实和自信，一种光明的理性、一种坚定//的成熟，一种战胜了烦恼和庸俗的清明澄澈。它是一潭清水，它是一抹朝霞，它是无边的平原，它是沉默的地平线。多一点儿、再多一点儿喜悦吧，它是翅膀，也是归巢。它是一杯美酒，也是一朵永远开不败的莲花。

作品 47 号《香港：最贵的一棵树》

在湾仔，香港最热闹的地方，有一棵榕树，它是最贵的一棵树，不光在香港，在全世界，都是最贵的。

树，活的树，又不卖何言其贵？只因它老，它粗，是香港百年沧桑的活见证，香港人不忍看着它被砍伐，或者被移走，便跟要占用这片山坡的建筑者谈条件：可以在这儿建大楼盖商厦，但一不准砍树，二不准挪树，必须把它原地精心养起来，成为香港闹市中的一景。太古大厦的建设者最后签了合同，占用这个大山坡建豪华商厦的先决条件是同意保护这棵老树。

树长在半山坡上，计划将树下面的成千上万吨山石全部掏空取走，腾出地方来盖楼，把树架在大楼上面，仿佛它原本是长在楼顶上似的。建设者就地造了一个直径十八米、深十米的大花盆，先固定好这棵老树，再在大花盆底下盖楼。光这一项就花了两千三百八十九万港币，堪称是最昂贵的保护措施了。

太古大厦落成之后，人们可以乘滚动扶梯一次到位，来到太古大厦的顶层，出后门，那儿是一片自然景色。一棵大树出现在人们面前，树干有一米半粗，树冠直径足有二十多米，独木成林，非常壮观，形成一座以它为中心的小公园，取名叫"榕圃"。树前面//插着铜牌，说明原由。此情此景，如不看铜牌的说明，绝对想不到巨树根底下还有一座宏伟的现代大楼。

作品 48 号《鸟的天堂》

我们的船渐渐地逼近榕树了：我有机会看清它的真面目：是一棵大树，有数不清的丫枝，枝上又生根，有许多根一直垂到地上，伸进泥土里。一部分树枝垂到水面，从远处看，就像一棵大树斜躺在水面上一样。

现在正是枝繁叶茂的时节。这棵榕树好像在把它的全部生命力展示给我们看。那么多的绿叶，一簇堆在另一簇的上面，不留一点儿缝隙。翠绿的颜色明亮地在我们的眼前闪耀，似乎每一片树叶上都有一个新的生命在颤动，这美丽的南国的树！

船在树下泊了片刻，岸上很湿，我们没有上去。朋友说这里是"鸟的天堂"，有许多鸟在这棵树上做窝，农民不许人去捉它们。我仿佛听见几只鸟扑翅的声音，但是等到我的眼睛注意地看那里时，我却看不见一只鸟的影子，只有无数的树根立在地上，像许多根木桩。地是湿的，大概涨潮时河水常常冲上岸去。"鸟的天堂"里没有一只鸟，我这样想到。船开了，一个朋友拨着船，缓缓地流到河中间去。

第二天，我们划着船到一个朋友的家乡去，就是那个有山有塔的地方。从学校出发，我们又经过那"鸟的天堂"。

这一次是在早晨，阳光照在水面上，也照在树梢上。一切都//显得非常光明。我们的船也在树下泊了片刻。

起初四周围非常清静。后来忽然起了一声鸟叫。我们把手一拍，便看见一只大鸟飞了起来，接着又看见第二只，第三只。我们继续拍掌，很快地这个树林就变得很热闹了。到处都是鸟声，到处都是鸟影。大的，小的，花的，黑的，有的站在枝上叫，有的飞起来，在扑翅膀。

作品 49 号《野草》

有这样一个故事。

有人问：世界上什么东西的气力最大？回答纷纭得很，有的说"象"，有的说"狮"，有人开玩笑似的说：是"金刚"，金刚有多少气力，当然大家全不知道。

结果，这一切答案完全不对，世界上气力最大的，是植物的种子。一粒种子所可以显现出来的力，简直是超越一切。

人的头盖骨，结合得非常致密与坚固，生理学家和解剖学者用尽了一切的方法，要把它完整地分出来，都没有这种力气。后来忽然有人发明了一个方法，就是把一些植物的种子放在要剖析的头盖骨里，给它以温度与湿度，使它发芽。一发芽，这些种子便以可怕的力量，将一切机械力所不能分开的骨骼，完整地分开了。植物种子的力量之大，如此如此。

这，也许特殊了一点儿，常人不容易理解。那么，你看见过笋的成长吗？你看见过被压在瓦砾和石块下面的一棵小草的生长吗？它为着向往阳光，为着达成它的生之意志，不管上面的石块如何重，石与石之间如何狭，它必定要曲曲折折地，但是顽强不屈地透到地面上来。它的根往土壤钻，它的芽往地面挺，这是一种不可抗拒的力，阻止它的石块，结果也被它掀翻，一粒种子的力量之大，//如此如此。

没有一个人将小草叫做"大力士"，但是它的力量之大，的确是世界无比。这种力是一般人看不见的生命力。只要生命存在，这种力就要显现。上面的石块，丝毫不足以阻挡。因为它是一种"长期抗战"的力；有弹性，能屈能伸的力；有韧性，不达目的不止的力。

作品 50 号《一分钟》

著名教育家班杰明曾经接到一个青年人的求救电话，并与那个向往成功、渴望指点的青年人约好了见面的时间和地点。

待那个青年如约而至时，班杰明的房门敞开着，眼前的景象却令青年人颇感意外——班杰明的房间里乱七八糟、狼藉一片。

没等青年人开口，班杰明就招呼道："你看我这房间，太不整洁了，请你在门外等候一分钟，我收拾一下，你再进来吧。"一边说着，班杰明就轻轻地关上了房门。

不到一分钟的时间，班杰明就又打开了房门并热情地把青年人让进客厅。这时，青年人的眼前展现出另一番景象——房间内的一切已变得井然有序，而且有两杯刚刚倒好的红酒，在淡淡的香水气息里还漾着微波。

可是，没等青年人把满腹的有关人生和事业的疑难问题向班杰明讲出来，班杰明就非常客气地说道："干杯。你可以走了。"

青年人手持酒杯一下子愣住了，既尴尬又非常遗憾地说："可是，我……我还没向您请教呢……"

"这些……难道还不够吗？"班杰明一边微笑着，一边扫视着自己的房间，轻言细语地说，"你进来又有一分钟了。"

"一分钟……一分钟……"青年人若有所思地说，"我懂了，您让我明白了一分钟的时间可以做许//多事情，可以改变许多事情的深刻道理。"

班杰明舒心地笑了。青年人把杯里的红酒一饮而尽，向班杰明连连道谢后，开心地走了。

其实，只要把握好生命的每一分钟，也就把握了理想的人生。

作品 51 号《一个美丽的故事》

有个塌鼻子的小男孩儿，因为两岁时得过脑炎，智力受损，学习起来很吃力。打个比方，别人写作文能写二三百字，他却只能写三五行。但即便这样的作文，他同样能写得很动人。

那是一次作文课，题目是《愿望》。他极其认真地想了半天，然后极认真地写，那作文极短。只有三句话：我有两个愿望，第一个是，妈妈天天笑眯眯地看着我说："你真聪明，"第二个是，老师天天笑眯眯地看着我说："你一点儿也不笨。"

于是，就是这篇作文，深深地打动了他的老师，那位妈妈式的老师不仅给了他最高分，在班上带感情地朗读了这篇作文，还一笔一画地批道：你很聪明，你的作文写得非常感人，请放心，妈妈肯定会格外喜欢你的，老师肯定会格外喜欢你的，大家肯定会格外喜欢你的。

捧着作文本，他笑了，蹦蹦跳跳地回家了，像只喜鹊。但他并没有把作文本拿给妈妈看，他是在等待，等待着一个美好的时刻。

那个时刻终于到了，是妈妈的生日——一个阳光灿烂的星期天：那天，他起得特别早，把作文本装在一个亲手做的美丽的大信封里，等着妈妈醒来。妈妈刚刚睁眼醒来，他就笑眯眯地走到妈妈跟前说："妈妈，今天是您的生日，我要//送给您一件礼物。"

果然，看着这篇作文，妈妈甜甜地涌出了两行热泪，一把搂住小男孩儿，搂得很紧很紧。

是的，智力可以受损，但爱永远不会。

作品 52 号《永远的记忆》

小学的时候，有一次我们去海边远足，妈妈没有做便饭，给了我十块钱买午餐。好像走了很久，很久，终于到海边了，大家坐下来便吃饭，荒凉的海边没有商店，我一个人跑到防风林外面去，级任老师要大家把吃剩的饭菜分给我一点儿。有两三个男生留下一点儿给我，还有一个女生，她的米饭拌了酱油，很香。我吃完的时候，她笑眯眯地看着我，短头发，脸圆圆的。

她的名字叫翁香玉。

每天放学的时候，她走的是经过我们家的一条小路，带着一位比她小的男孩儿，可能是弟弟。小路边是一条清澈见底的小溪，两旁竹阴覆盖，我总是远远地跟在她后面，夏日的午后特别炎热，走到半路她会停下来，拿手帕在溪水里浸湿，为小男孩儿擦脸。我也在后面停下来，把肮脏的手帕弄湿了擦脸，再一路远远跟着她回家。

后来我们家搬到镇上去了，过几年我也上了中学。有一天放学回家，在火车上，看见斜对面一位短头发、圆圆脸的女孩儿，一身素净的白衣黑裙。我想她一定不认识我了。火车很快到站了，我随着人群挤向门口，她也走近了，叫我的名字。这是她第一次和我说话。

她笑眯眯的，和我一起走过月台。以后就没有再见过//她了。

这篇文章收在我出版的《少年心事》这本书里。

书出版后半年，有一天我忽然收到出版社转来的一封信，信封上是陌生的字迹，但清楚地写着我的本名。

信里面说她看到了这篇文章心里非常激动，没想到在离开家乡，漂泊异地这么久之后，会看见自己仍然在一个人的记忆里，她自己也深深记得这其中的每一幕，只是没想到越过遥远的时空，竟然另一个人也深深记得。

作品 53 号《语言的魅力》

在繁华的巴黎大街的路旁，站着一个衣衫褴褛、头发斑白、双目失明的老人。他不像其他乞丐那样伸手向过路行人乞讨，而是在身旁立一块木牌，上面写着："我什么也看不见！"街上过往的行人很多，看了木牌上的字都无动于衷，有的还淡淡一笑，便姗姗而去了。

这天中午，法国著名诗人让·彼浩勒也经过这里。他看看木牌上的字，问盲老人："老人家，今天上午有人给你钱吗？"

盲老人叹息着回答："我，我什么也没有得到。"说着，脸上的神情非常悲伤。

让·彼浩勒听了，拿起笔悄悄地在那行字的前面添上了"春天到了，可是"几个字，就匆匆地离开了。

晚上，让·彼浩勒又经过这里，问那个盲老人下午的情况。盲老人笑着回答说："先生，不知为什么，下午给我钱的人多极了！"让·彼浩勒听了，摸着胡子满意地笑了。

"春天到了，可是我什么也看不见！"这富有诗意的语言，产生这么大的作用，就在于它有非常浓厚的感情色彩。是的，春天是美好的，那蓝天白云，那绿树红花，那莺歌燕舞，那流水人家，怎么不叫人陶醉呢？但这良辰美景，对于一个双目失明的人来说，只是一片漆黑。当人们想到这个盲老人，一生中竟连万紫千红的春天//都不曾看到，怎能不对他产生同情之心呢？

作品 54 号《赠你四味长寿药》

有一次，苏东坡的朋友张鹗拿着一张宣纸来求他写一幅字，而且希望他写一点儿关于养生方面的内容。苏东坡思索了一会儿，点点头说："我得到了一个养生长寿古方，药只有四味，今天就赠给你吧。"于是，东坡的狼毫在纸上挥洒起来，上面写着："一曰无事以当贵，二曰早寝以当富，三曰安步以当车，四曰晚食以当肉。"

这哪里有药？张鹗一脸茫然地问。苏东坡笑着解释说，养生长寿的要诀，全在这四句里面。

所谓"无事以当贵"，是指人不要把功名利禄、荣辱过失考虑得太多，如能在情志上潇洒大度，随遇而安，无事以求，这比富贵更能使人终其天年。

"早寝以当富"，指吃好穿好、财货充足，并非就能使你长寿。对老年人来说，养成良好的起居习惯，尤其是早睡早起，比获得任何财富更加宝贵。

"安步以当车"，指人不要过于讲求安逸、肢体不劳，而应多以步行来替代骑马乘车，多运动才可以强健体魄，通畅气血。

"晚食以当肉"，意思是人应该用已饥方食、未饱先止代替对美味佳肴的贪吃无厌。他进一步解释，饿了以后才进食，虽然是粗茶淡饭，但其香甜可口会胜过山珍；如果饱了还要勉强吃，即使美味佳肴摆在眼前也难以//下咽。

苏东坡的四味"长寿药"，实际上是强调了情志、睡眠、运动、饮食四个方面对养生长寿的重要性，这种养生观点即使在今天仍然值得借鉴。

作品 55 号《站在历史的枝头微笑》

人活着，最要紧的是寻觅到那片代表着生命绿色和人类希望的丛林，然后选一高高的枝头站在那里观览人生，消化痛苦，孕育歌声，愉悦世界！

这可真是一种潇洒的人生态度，这可真是一种心境爽朗的情感风貌。

站在历史的枝头微笑，可以减免许多烦恼。在那里，你可以从众生相所包含的甜酸苦辣、百味人生中寻找你自己；你境遇中的那点儿苦痛，也许相比之下，再也难以占据一席之地；你会较容易地获得从不悦中解脱灵魂的力量，使之不致变得灰色。

人站得高些，不但能有幸早些领略到希望的曙光，还能有幸发现生命的立体的诗篇。每一个人的人生，都是这诗篇中的一个词、一个句子或者一个标点。你可能没有成为一个美丽的词，一个引人注目的句子，一个惊叹号，但你依然是这生命的立体诗篇中的一个音节、一个停顿、一个必不可少的组成部分。这足以使你放弃前嫌，萌生为人类孕育新的歌声的兴致，为世界带来更多的诗意。

最可怕的人生见解，是把多维的生存图景看成平面。因为那平面上刻下的大多是凝固了的历史——过去的遗迹；但活着的人们，活得却是充满着新生智慧的，由//不断逝去的"现在"组成的未来。人生不能像某些鱼类躺着游，人生也不能像某些兽类爬着走，而应该站着向前行，这才是人类应有的生存姿态。

作品 56 号《中国的宝岛——台湾》

中国的第一大岛、台湾省的主岛台湾，位于中国大陆架的东南方，地处东海和南海之间，隔着台湾海峡和大陆相望。天气晴朗的时候，站在福建沿海较高的地方，就可以隐隐约约地望见岛上的高山和云朵。

台湾岛形状狭长，从东到西，最宽处只有一百四十多公里；由南至北，最长的地方约有三百九十多公里。地形像一个纺织用的梭子。

台湾岛上的山脉纵贯南北，中间的中央山脉犹如全岛的脊梁。西部为海拔近四千米的玉山山脉，是中国东部的最高峰。全岛约有三分之一的地方是平地，其余为山地。岛内有缎带般的瀑布，蓝宝石似的湖泊，四季常青的森林和果园，自然景色十分优美。西南部的阿里山和日月潭，台北市郊的大屯山风景区，都是闻名世界的游览胜地。

台湾岛地处热带和温带之间，四面环海，雨水充足，气温受到海洋的调剂，冬暖夏凉，四季如春，这给水稻和果木生长提供了优越的条件。水稻、甘蔗、樟脑是台湾的"三宝"。岛上还盛产鲜果和鱼虾。

台湾岛还是一个闻名世界的"蝴蝶王国"。岛上的蝴蝶共有四百多个品种，其中有不少是世界稀有的珍贵品种。岛上还有不少鸟语花香的蝴//蝶谷，岛上居民利用蝴蝶制作的标本和艺术品，远销许多国家。

作品 57 号《中国的牛》

对于中国的牛，我有着一种特别尊敬的感情。

留给我印象最深的，要算在田垄上的一次"相遇"。

一群朋友郊游，我领头在狭窄的阡陌上走，怎料迎面来了几头耕牛，狭道容不下人和牛，终有一方要让路。它们还没有走近，我们已经预计斗不过畜牲，恐怕难免踩到田地泥水里，弄得鞋袜又泥又湿了。正踟蹰的时候，带头的一头牛，在离我们不远的地方停下来，抬起头看看，稍迟疑一下，就自动走下田去。一队耕牛，全跟着它离开阡陌，从我们身边经过。

我们都呆了，回过头来，看着深褐色的牛队，在路的尽头消失，忽然觉得自己受了很大的恩惠。

中国的牛，永远沉默地为人做着沉重的工作。在大地上，在晨光或烈日下，它拖着沉重的犁，低头一步又一步，拖出了身后一列又一列松土，好让人们下种。等到满地金黄或农闲时候，它可能还得担当搬运负重的工作；或终日绕着石磨，朝同一方向，走不计程的路。

在它沉默的劳动中，人便得到应得的收成。

那时候，也许，它可以松一肩重担，站在树下，吃几口嫩草。偶尔摇摇尾巴，摆摆耳朵，赶走飞附身上的苍蝇，已经算是它最闲适的生活了。

中国的牛，没有成群奔跑的习//惯，永远沉沉实实的，默默地工作，平心静气。这就是中国的牛！

作品 58 号《住的梦》

不管我的梦想能否成为事实，说出来总是好玩儿的：

春天，我将要住在杭州。二十年前，旧历的二月初，在西湖我看见了嫩柳与菜花，碧浪与翠竹。由我看到的那点儿春光，已经可以断定，杭州的春天必定会教人整天生活在诗与图画之中。所以，春天我的家应当是在杭州。

夏天，我想青城山应当算作最理想的地方。在那里，我虽然只住过十天，可是它的幽静已拴住了我的心灵。在我所看见过的山水中，只有这里没有使我失望。到处都是绿，目之所及，那片淡而光润的绿色都在轻轻地颤动，仿佛要流入空中与心中似的。这个绿色会像音乐，涤清了心中的万虑。

秋天一定要住北平。天堂是什么样子，我不知道，但是从我的生活经验去判断，北平之秋便是天堂。论天气，不冷不热。论吃的，苹果、梨、柿子、枣儿、葡萄，每样都有若干种。论花草，菊花种类之多，花式之奇，可以甲天下。西山有红叶可见，北海可以划船——虽然荷花已残，荷叶可还有一片清香。衣食住行，在北平的秋天，是没有一项不使人满意的。

冬天，我还没有打好主意，成都或者相当得合适，虽然并不怎样和暖，可是为了水仙、素心腊梅，各色的茶花，仿佛就受一点儿寒//冷，也颇值得去了。昆明的花也多，而且天气比成都好，可是旧书铺与精美而便宜的小吃远不及成都那么多。好吧，就暂这么规定：冬天不住成都便住昆明吧。

在抗战中，我没能发国难财。我想，抗战胜利以后，我必能阔起来。那时候，假若飞机减价，一二百元就能买一架的话，我就自备一架，择黄道吉日慢慢地飞行。

作品 59 号《紫藤萝瀑布》

我不由得停住了脚步。

从未见过开得这样盛的藤萝，只见一片辉煌的淡紫色，像一条瀑布，从空中垂下，不见其发端，也不见其终极，只是深深浅浅的紫，仿佛在流动，在欢笑，在不停地生长。紫色的大条幅上，泛着点点银光，就像迸溅的水花。仔细看时，才知那是每一朵紫花中的最浅淡的部分，在和阳光互相挑逗。

这里除了光彩，还有淡淡的芳香。香气似乎也是浅紫色的，梦幻一般轻轻地笼罩着我。忽然记起十多年前，家门外也曾有过一大株紫藤萝，它依傍一株枯槐爬得很高，但花朵从来都稀落，东一穗西一串伶仃地挂在树梢，好像在察言观色，试探什么。后来索性连那稀零的花串也没有了。园中别的紫藤花架也都拆掉，改种了果树。那时的说法是，花和生活腐化有什么必然关系。我曾遗憾地想：这里再看不见藤萝花了。

过了这么多年，藤萝又开花了，而且开得这样盛，这样密，紫色的瀑布遮住了粗壮的盘虬卧龙般的枝干，不断地流着，流着，流向人的心底。

花和人都会遇到各种各样的不幸，但是生命的长河是无止境的。我抚摸了一下那小小的紫色的花舱，那里满装了生命的酒酿，它张满了帆，在这//闪光的花的河流上航行。它是万花中的一朵，也正是由每一个一朵，组成了万花灿烂的流动的瀑布。

在这浅紫色的光辉和浅紫色的芳香中，我不觉加快了脚步。

作品 60 号《最糟糕的发明》

在一次名人访问中，被问及上个世纪最重要的发明是什么时，有人说是电脑，有人说是汽车，等等。但新加坡的一位知名人士却说是冷气机。他解释，如果没有冷气，热带地区如东南亚国家，就不可能有很高的生产力，就不可能达到今天的生活水准。他的回答实事求是，有理有据。

看了上述报道，我突发奇想：为什么没有记者问"二十世纪最糟糕的发明是什么"？其实二〇〇二年十月中旬，英国的一家报纸就评出了"人类最糟糕的发明"。获此"殊荣"的，就是人们每天大量使用的塑料袋。

诞生于上个世纪三十年代的塑料袋，其家族包括用塑料制成的快餐饭盒、包装纸、餐用杯盘、饮料瓶、酸奶杯、雪糕杯等等。这些废弃物形成的垃圾，数量多、体积大、重量轻、不降解，给治理工作带来很多技术难题和社会问题。

比如，散落在田间、路边及草丛中的塑料餐盒，一旦被牲畜吞食，就会危及健康甚至导致死亡。填埋废弃塑料袋、塑料餐盒的土地，不能生长庄稼和树木，造成土地板结，而焚烧处理这些塑料垃圾，则会释放出多种化学有毒气体，其中一种称为二噁英的化合物，毒性极大。

此外，在生产塑料袋、塑料餐盒的//过程中使用的氟利昂，对人体免疫系统和生态环境造成的破坏也极为严重。

附二：常用多音字表——《多音字总汇》

À 部

1. 阿 ①ā 阿罗汉 阿姨 ②ē 阿附 阿胶

2. 腌 ①ā 腌臜 ② yān 腌菜

3. 挨 ①āi 挨个 挨近 ②ái 挨打 挨说

4. 拗 ①ào 拗口令 ②niù 执拗 拗不过 ③ǎo 拗断

5. 熬 ①āo 熬菜 ②áo 熬粥 煎熬

B 部

1. 扒 ①bā 扒开 扒拉 扒墙头 ②pá 扒手 扒草 扒鸡

2. 把 ①bǎ 把握 把持 把柄 ②bà 印把 刀把 话把儿

3. 蚌 ①bàng 蛤蚌 ②bèng 蚌埠

4. 薄 ①báo（口语单用） 纸薄 ②bó（书面组词）单薄 稀薄

5. 堡 ①bǎo 碉堡 堡垒 ②bǔ 瓦窑堡 吴堡 ③pù 十里堡

6. 暴 ①bào 暴露 暴躁 ②pù 一暴十寒

7. 背 ①bèi 脊背 背景 ②bēi 背包 背枪

8. 奔 ①bēn 奔跑 奔波 ②bèn 投奔

9. 臂 ①bì 手臂 臂膀 ②bei 胳臂

10. 辟 ①bì 复辟 辟邪 ②pì 开辟 精辟 辟谣

11. 扁 ①biǎn 扁担 扁豆 扁铲 扁桃体 ②piān 扁舟

12. 便 ①biàn 方便便笺 便宜（方便合适） ②pián 便宜（价格低）

13. 膀 ① bǎng 肩膀 臂膀 ② pāng 膀肿 脸膀了 ③ páng 膀胱

14. 磅 ① bàng 磅秤 ② páng 磅礴

15. 绷 ① bēng 绷紧 绷直 绷飞了 绷带 坑绷拐骗 ② běng 绷劲儿 绷着脸 ③ bèng 绷瓷儿

16. 骠 ①biāo 黄骠马 ②piào 骠勇

17. 瘪 ① biē 瘪三 ② biě 干瘪

18. 屏 ①bīng 屏营（书面：惶恐状） ②bǐng 屏息屏气 屏弃 屏除 屏退 ③píng 屏幕 屏风 屏障 屏蔽

19. 剥 ①bō（书面组词）剥削（xuē） 剥离 剥蚀 剥夺 剥落 ②bāo（口语单用）剥皮

20. 泊 ①bó 淡泊 停泊 漂泊 ②pō 湖泊 血泊

21. 伯 ①bó 老伯 伯父 ②bǎi 大伯子（夫兄）

22. 簸 ①bǒ 颠簸 ②bò 簸箕

23．膊 ①bó 赤膊 ②bo 胳膊

24．卜 ①bo 萝卜 ②bǔ 占卜 卜辞 预卜 卜筮

C 部

1．伧 ①cāng 言语伧俗 ②chen 寒伧

2．藏 ①cáng 矿藏 躲藏 藏拙 ②zàng 宝藏 藏蓝 藏医 藏历 川藏

3．曾 ①céng 曾经 曾几何时 ②zēng 曾祖 曾孙

4．噌 ①cēng 噌的一声 ②chēng 噌吰（钟鼓声）

5．差 ①chā（书面组词）偏差 差错 差池 差可告慰 差强人意 差之毫厘 差别 差价 差异 差失 差误 ②chà（口语单用）差点儿 差劲 ③chāi 出差 听差 差遣 差使差役 ④cī 参差

6．禅 ①chán 禅师 禅宗 禅杖 坐禅 ②shàn 禅让 封禅

7．颤 ①chàn 颤动 颤抖 颤音 颤悠 ②zhàn 颤栗 打颤

8．孱 ①chán 孱弱 ②càn 孱头

9．裳 ①cháng 着我旧时裳 ②shàng 衣裳

10．场 ①cháng 场院 一场（雨） ②chǎng 场合 冷场 场面 场地

11．嘲 ①cháo 嘲讽 嘲笑 ②zhāo 嘲哳（zhāo zhā）

12．车 ①chē 车马 车辆 ②jū （象棋子名称）

13．称 ①chèn 称心 对称 ②chēng 称呼 称道

14．澄 ①chéng（书面）澄清（问题） ②dèng （口语）澄清（使液体变清）

15．铛 ①chēng 饼铛 ②dāng 铛铛（拟声词）

16．乘 ①chéng 乘坐 乘机 ②shèng 千乘之国 史乘 野乘

17．匙 ①chí 汤匙 羹匙 ②shi 钥匙

18．冲 ①chōng 冲锋 冲击 ②chòng 冲床 冲子

19．臭 ①chòu 遗臭万年 ②xiù 乳臭 铜臭

20．处 ①chǔ（动作义）处罚 处置 ②chù （名词义）处所 妙处

21．畜 ①chù（名物义）牲畜 畜力 ②xù （动作义）畜养 畜牧 畜产

22．创 ①chuàng 创作 创造 创刊 创见 ②chuāng重创 创伤 创口 创痕

23．绰 ①chuò 绰绰有余 绰号 ②chuò 宽绰 ③chāo 绰起棍子

24．伺 ①cì 伺候 ②sì 伺机 环伺

25．兹 ①cí 龟兹（Qiū cí西域古国） ②zī 今兹 来兹

26．跐 ①cī 登跐了 ②cǐ 脚跐两只船

27．枞 ①cōng 枞树 ②zōng 枞阳（地名）

28．攒 ①cuán 攒动 攒射 ②zǎn 积攒

29．撮 ①cuō 一撮儿盐 撮合 撮要 ②zuǒ 一撮毛

30．处 ①chǔ（动词义） 处境 处方 处罚 处置 处于 处治 处事 处世 处分 设身处地 处心积虑 处决 ②chù（名词义）住处 长处 大处 处所 总务处 处长

31．揣 ①chuāi 揣在怀里 ②chuǎi 揣测 揣度 揣摩

32．椎 ①chuí 椎心泣血 ②zhuī 脊椎 椎骨 胸椎

D 部

1．答 ①dā 答理 答应 答腔 答讪 答言 ②dá 答案 答复 答卷

2．大 ①dà 大夫（官名） ②dài 大夫（医生） 山大王

3．沓　①dá　一沓信纸　②tà　杂沓　纷至沓来

4．逮　①dǎi　（口语单用）逮蚊子　逮小偷　②dài　（书面组词）逮捕

5．单　①dān　单独　孤单　②chán　单于　③shàn　单县　姓单

6．当　①dāng　当场　当今　当时　当年（均指已过去）　当日（当初）当面　当下　当权　担当　正当　当即　丁当　当问则问　当局　应当　瓦当　②dàng　当日（当天）　当年（同一年，月，日，天）　当真　得当　恰当　妥当　典当　当铺　上当　一人当两人用　安步当车

7．倒　①dǎo　颠倒　倒戈　倒嚼　②dào　倒粪　倒药　倒退

8．叨　①dāo　叨唠　②dáo　叨咕　③tāo　叨扰　叨光

9．提　①dī　提防　提溜　②tí　提高　提取

10．得　①dé　得意洋洋　②de　好得很　③děi　得喝水了

11．的　①dí　的当　的确　的证　②dì　目的　中的　有的放矢

12．钿　①diàn　金钿　宝钿　②tián　铜钿（铜钱）

13．钉　①dīng　（名词义）碰钉子　②dìng（动词义）钉扣子　钉钉子

14．都　①dōu　都来了　②dū　都市　大都（大多）

15．掇　①duō　采掇　（拾取，采取义）掇拾　②duo　撺掇　掂掇

16．度　①duó　忖度　揣度　度德量力　②dù　程度　度量

17．囤　①dùn　粮囤　②tún　囤积　囤聚

18．垛　①duǒ　城墙垛口　②duò　麦垛　垛好（堆放好）

F 部

1．发　①fà　理发　结发　发型　令人发指　②fā　发表　打发　发端　发窘　发掘

2．坊　①fāng　牌坊　坊巷　白纸坊　坊间　②fáng　粉坊　染坊　作坊　磨坊

3．分　①fēn　区分　分数　②fèn　身分　分子（一员）

4．缝　①féng　缝合　缝纫　缝缀　②fèng　缝隙　裂缝　见缝插针

5．服　①fú　服毒　服药　②fù　量词，也作"付"一服中药

6．菲　①fēi　芳菲　菲菲　②fěi　菲薄　菲礼　菲仪

7．否　①fǒu　否认　否定　否则　否决　②pǐ　否极泰来　藏否人物

8．脯　①fǔ　果脯　杏脯　鹿脯　②pǔ　胸脯

G 部

1．轧　①gá　轧账　轧朋友　②yà　轧棉花　轧道机　倾轧　③zhá　轧钢　轧辊

2．杆　①gān　旗杆　栏杆（粗，长）　②gǎn　枪杆　烟杆（细，短）

3．扛　①gāng　力能扛鼎　②káng　扛枪　扛活

4．膏　①gāo　膏腴　膏药　牙膏　②gào　膏点儿油　膏膏笔

5．咯　①gē（拟声）咯咯　咯吱　咯噔　②kǎ　咯血　咯痰　③lo　（助词）当然咯

6．搁　①gē　搁置　搁浅　②gé　搁不住揉搓

7．葛　①gé　葛巾　瓜葛　葛藤　②gě　姓葛

8．革　①gé　革命　皮革　②jí　病革　（病危急）

9．合　①gě（十分之一升）　②hé　合作　合计

10．给　①gěi　（口语单用）给……　②jǐ　（书面组词）补给，配给

11．更　①gēng　更换　少不更事　更新　更迭　②gèng　更加　更好

12．颈　①gěng　脖颈子　②jǐng　颈项　颈联

13. 供 ①gōng 供给 供销 供养 供不应求 提供 供求 供需 供应 供需 供稿 ②gòng 口供 上供 供认 供词 供状 供品 供养 供奉 供职 供事

14. 红 ①gōng 女红（也写作"女工"）②hóng 红色 红人

15. 枸 ①gōu 枸橘 ②gǒu 枸杞 ③jǔ 枸橼

16. 估 ①gū 估计 估量 ②gù 估衣（出售的旧衣，唯一例词）

17. 呱 ①gū 呱呱（小儿哭声）②guā 呱呱叫 ③guǎ 拉呱儿（闲谈）

18. 骨 ①gū 骨碌 骨朵（仅此二例）②gǔ 骨肉 骨干

19. 谷 ①gǔ 谷子 谷雨 ②yù 吐谷浑（族名）

20. 鹄 ①gǔ 鹄的（靶心）中鹄 ②hú 鹄立 鹄望（鹄即天鹅）

21. 括 ①guā 挺括 ②kuò 概括 总括 括号

22. 莞 ①guǎn 东莞（在广东）②wǎn 莞尔一笑

23. 纶 ①guān 羽扇纶巾 ②lún 经纶 涤纶 锦纶

24. 冠 ①guān（名物义）加冠 弹冠 ②guàn（动作义）冠军 沐猴而冠

25. 桧 ①guì 树名 ②huì（人名）秦桧

26. 过 ①guō 姓氏 ②guò 经过

H 部

1. 虾 ①há 虾蟆 ②xiā 对虾

2. 哈 ①hǎ 哈达 姓哈 ②hà 哈什玛 ③hā 哈萨克 哈腰

3. 咳 ①hāi 叹词，表伤感、后悔、惊异 ②ké 咳嗽

4. 汗 ①hán 可汗 大汗 ②hàn 汗水 汗颜

5. 巷 ①hàng 巷道 ②xiàng 街巷

6. 吭 ①háng 引吭高歌 ②kēng 吭声

7. 号 ①háo 呼号 号叫 ②hào 称号 号召

8. 和 ①hé 和睦 和谐 ②hè 应和 和诗 ③hú 麻将牌戏用语，意为赢 ④huó 和面 和泥 ⑤huò 和药 两和（量词）⑥huo 搀和 搅和

9. 貉 ①hé（书面）一丘之貉 ②háo（口语）貉绒 貉子

10. 喝 ①hē 喝水 ②hè 喝采 喝令

11. 横 ①héng 横行 纵横 ②hèng 蛮横 横财 横祸 满脸横肉

12. 虹 ①hóng（书面组词）彩虹 虹吸 ②jiàng（口语单用）

13. 哄 ①hōng 哄堂大笑 哄传 ②hǒng 哄骗 哄人 ③hòng 起哄 一哄而散

14. 划 ①huá 划船 划算 ②huà 划分 计划

15. 晃 ①huǎng 明晃晃 晃眼 一晃而过 ②huàng 摇晃 晃动

16. 会 ①huì 会合 都会 ②kuài 会计 财会

17. 混 ①hún 混浊 混活 混人 混水 ②hùn 混合 混沌 混充 混淆 混账

18. 豁 ①huō 豁口 ②huò 豁亮 豁达

19. 豁 ①huō 豁口 豁出去 ②huò 豁达 豁亮 豁然

J 部

1. 奇 ①jī 奇偶 ②qí 奇怪 奇异

2. 缉 ①jī 通缉 缉拿 ②qī 缉鞋口

3．几 ①jī 茶几 几案 ②jǐ 几何 几个

4．济 ①jǐ 济宁 济水 人才济济 ②jì 救济 同舟共济 济贫 济世 无济于事 假公济私 接济 缓不济急

5．纪 ①jǐ 姓氏 ②jì 纪念 纪律

6．偈 ①jì 偈语 ②jié （勇武）

7．系 ①jì 系紧缰绳 系好缆绳 ②xì 系好马匹 系好船只

8．稽 ①jī 稽查 无稽之谈 反唇相稽 稽留 稽延 ②qǐ 稽首

9．亟 ①jí 亟待解决 亟需 亟亟奔走 ②qì 亟来闻讯

10．诘 ①jí 诘屈聱牙（同佶屈聱牙） ②jié 反诘 盘诘 诘问

11．茄 ①jiā 雪茄 ②qié 茄子

12．夹 ①jiā 夹攻 夹杂 ②jiá 夹裤 夹袄

13．假 ①jiǎ 真假，假借 ②jià 假期 假日

14．间 ①jiān 中间 人间 间不容发 间架 ②jiàn 间断 间谍 当间 间隔 间或 反间计 间歇 间或 间杂 间作间接 间苗 乘间 相间

15．将 ①jiāng 将军 将来 ②jiàng 将校 将兵

16．嚼 ①jiáo （口语） 嚼舌 马嚼子 ②jué （书面） 咀嚼 ③jiào 倒嚼（反刍）

17．侥 ①jiǎo 侥幸 ②yáo 僬侥（传说中的矮人）

18．角 ①jiǎo 角落 号角 口角（嘴角） ②jué 角色 角斗 口角（吵嘴）角逐

19．脚 ①jiǎo 根脚 脚本 ②jué 脚儿（角儿，脚色）

20．剿 ①jiǎo 围剿 剿匪 ②chāo 剿袭 剿说

21．教 ①jiāo 教书 教给 ②jiào 教导 教派

22．校 ①jiào 校场 校勘 校正 校样 ②xiào 学校 院校 将校

23．解 ①jiě 解除 解渴 解嘲 瓦解 解剖 ②jiè 解元 押解 解送 起解 ③xiè 解县 解不开 浑身解数 姓解

24．结 ①jiē （长出之意）结果 结实 ②jié 结网 结合 结果 归根结底

25．芥 ①jiè 芥菜 芥末 ②gài 芥蓝

26．藉 ①jiè 枕藉 慰藉 ②jí 狼藉

27．节 ①jiē 节骨眼儿（口语） ②jié 节操 节俭 节制 高风亮节

28．禁 ①jīn 禁受 禁不起 禁用 弱不禁风②jìn 禁忌 禁锢 禁闭 违禁 禁止

29．尽①jǐn 尽早 尽可能 尽着三天办事 先尽女同志 尽前边 ②jìn 取之不尽 想尽办法 尽心尽力 人尽其才 尽职尽责 尽人皆知

30．矜 ①jīn 矜夸 矜持 骄矜 ②qín 矜（矛柄）锄镰棘矜

31．仅 ①jǐn 仅有 ②jìn 士卒仅万（将近万人）

32．劲 ①jìn 干劲 劲头 用劲 没劲儿 ②jìng 强劲 劲草 刚劲 劲敌劲旅

33．龟 ①jūn 龟裂 ②guī 乌龟 龟缩 ③qiū 龟兹（cí）（西域古国）

34．咀 ①jǔ 咀嚼 ②zuǐ 嘴

35．矩 ①jǔ 矩形 ②ju 规矩

36．据 ①jū 手头拮据（只此一词） ②jù 盘踞 据实 凭据 据理力争

37．菌 ①jūn 细菌 霉菌 ②jùn 香菌 菌子（同蕈 xùn）

K 部

1. 卡 ①kǎ 卡车 卡片 卡通 ②qiǎ 关卡 卡子

2. 看 ①kān 看守 看管 ②kàn 看待 看茶

3. 坷 ①kē 坷垃 ②kě 坎坷

4. 壳 ①ké （口语）贝壳 脑壳 ②qià （书面）地壳 甲壳 躯壳

5. 可 ①kě 可恨 可以 ②kè 可汗

6. 克 ①kè 克扣 克服 ②kēi （口语）申斥

7. 空 ①kōng 领空 空洞 空想 空忙 ②kòng 空白 空闲 空额 空隙 空暇 空缺 空房 空地

8. 溃 ①kuì 溃决 溃败 ②huì （溃同殨，溃脓同殨脓）

L 部

1. 蓝 ①lán 蓝草 蓝图 ②làn 苤蓝（piě làn）

2. 烙 ①lào 烙印 烙铁 ②luò 炮（páo）烙

3. 勒 ①lè （书面组词）勒令 勒索 勒派 悬崖勒马 勒石 勒碑

4. 肋 ①lē 肋赋 ②lèi 肋骨 鸡肋 ②lēi （口语单用）勒紧点儿

5. 擂 ①léi 擂鼓 擂他一拳 ②lèi 擂台 打擂（仅此二词）

6. 累 ①lèi （受劳义）劳累 ②léi （多余、连缀、颓丧义）累赘 果实累累 累赘 累累如丧家之犬 ③lěi （牵连、积累、屡次义） 牵累 连篇累牍 连累 累进 罪行累累 累卵 累年

7. 蠡 ①lí 管窥蠡测 以蠡测海 ②lǐ 蠡县 范蠡

8. 俩 ①liǎ （口语，不带量词）咱俩 俩人 ②liǎng 伎俩

9. 量 ①liáng 丈量 计量 思量 酌量 端量 量度 量程 量具 ②liàng 量入为出 量力而为 量才录用 量体裁衣 量刑 气量 胆量 流量 质量 力量 饭量 ③liàng 打量 掂量

10. 踉 ①liáng 跳踉小丑（同跳梁小丑） ②liàng 踉跄 踉锵（走路不稳）

11. 潦 ①liáo 潦草 潦倒 ②lǎo （书面）积潦（积水）

12. 燎 ①liáo 星火燎原 ②liǎo 燎头发 燎眉毛

13. 淋 ①lín 淋浴 淋漓 淋巴 ②lìn （过滤义）淋硝 淋盐 淋病

14. 馏 ①liú 蒸馏 ②liù （口语单用）馏口饭

15. 镏 ①liú 镏金（涂金） ②liù 金镏（金戒）

16. 碌 ①liù 碌碡（zhóu） ②lù 庸碌 劳碌

17. 遛 ①iiú 逗遛 ②liù 遛马 遛鸟 遛弯儿

18. 溜 ①liū 溜达 溜冰 溜须拍马 ②liù 溜缝儿 一溜儿

19. 笼 ①lóng （名物义）笼子 牢笼 ②lǒng （动作义）笼络 笼统

20. 偻 ①lóu 佝偻 ②lǚ 伛偻

21. 搂 ①lōu 搂钱 搂枪机 ②lǒu 搂抱

22. 露 ①lù （书面）露天 露骨 ②lòu （口语）露头 露马脚

23. 捋 ①lǚ 捋胡子 ②luō 捋袖子

24. 绿 ①lù （口语）绿地 绿菌 ②lù （书面）绿林 鸭绿江

25. 络 ①luò 络绎 经络 ②lào 络子

26. 落 ①luò （书面组词）落魄 着落 ②lào （常用口语）落枕 落色 ③là （遗落义）丢三落四 落下

M 部

1. 抹 ①mā 抹布 抹桌子 抹下脸 ②mǒ 涂抹 抹杀 抹黑 抹脖子 ③mò 转弯抹角 抹墙 抹不开

2. 脉 ①mò 脉脉（仅此一例） ②mài 脉络 山脉

3. 埋 ①mái 埋伏 埋藏 ②mán 埋怨

4. 蔓 ①màn （书面）蔓延 枝蔓 ②wàn （口语）瓜蔓 压蔓

5. 氓 ①máng 流氓 ②méng 古指百姓

6. 闷 ①mēn 闷热 闷头干 闷声闷气 ②mèn 愁闷 闷雷 闷闷不乐 闷棍 闷葫芦

7. 没 ①méi 没有 ②mò 没收 没落 没世 没齿不忘

8. 蒙 ①mēng 蒙骗 瞎蒙 蒙头转向 ②méng 蒙昧 蒙蔽 蒙头盖脑 ③měng 蒙古

9. 眯 ①mí 眯眼（迷眼） ②mī 眯眼（合眼）

10. 靡 ①mí 靡费 奢靡 ②mǐ 委靡 披靡 靡靡之音 靡日不思

11. 秘 ①bì 秘鲁 姓秘 ②mì 秘密 秘诀

12. 泌 ①mì （口语）分泌 ②bì （书面）泌阳

13. 模 ①mó 模范 模型 ②mú 模具 模样

14. 摩 ①mó 摩擦 摩挲（用手抚摸） ②mā 摩挲（sà）（轻按着并移动）

15. 缪 ①móu 未雨绸缪 ②miù 纰缪 ③miào 缪姓

N 部

1. 难 ①nán 困难 难兄难弟（贬义） ②nàn 责难 难兄难弟（共患难的人）难民 难友 难胞

2. 泥 ①ní 泥泞 泥沼 泥淖 ②nì 拘泥 泥古 泥子 泥墙

3. 宁 ①níng 安宁 宁静 ②nìng 宁可 姓宁

4. 弄 ①nòng 玩弄 ②lòng 弄堂 里弄

5. 疟 ①nüè （书面）疟疾 ②yào （口语）发疟子

6. 娜 ①nuó 袅娜，婀娜 ②nà （用于人名）安娜

P 部

1. 排 ①pái 排除 排行 ②pǎi 排车

2. 迫 ①pǎi 迫击炮 ②pò 逼迫

3. 胖 ①pán 心广体胖 ②pàng 肥胖

4. 刨 ①páo 刨除 刨土 ②bào 刨床 刨冰

5. 炮 ①páo 炮制 炮格（烙） ②pào 火炮 高炮 ③bāo 炮干（烘干）

6. 跑 ①páo （杭州的）虎跑泉 ②pǎo 跑步

7. 喷 ①pēn 喷射 喷泉 喷嚏 ②pèn 喷香

8. 劈 ①pī 劈头盖脑 劈面 劈胸 ②pǐ 劈开 劈叉

9. 便 ①pián 便宜 大腹便便 ②biàn 方便 便条 便笺 便宜行事

10. 片 ①piàn 影片儿 ②piān 唱片儿

11. 缥 ①piāo 缥缈 ②piǎo 缥——青白色（的丝织品）

12. 撇 ①piē 撇开 撇弃 ②piě 撇嘴 撇置脑后

13. 仆 ①pū 前仆后继 ②pú 仆从

14. 朴 ①pǔ 俭朴 朴质 ②pō 朴刀 ③pò 厚朴 朴树 ④piáo 姓朴

15. 瀑 ①pù 瀑布 ②bào 瀑河（水名）

16. 曝 ①pù 一曝十寒 ②bào 曝光

Q 部

1. 栖 ①qī 两栖 栖息 ②xī 栖栖

2. 蹊 ①qī 蹊跷 ②xī 蹊径

3. 稽 ①qí 稽首 ②jī 滑稽

4. 荨 ①qián （书面）荨麻 ②xún （口语）荨麻疹

5. 欠 ①qiàn 欠缺 欠债 ②qìàn 呵欠

6. 抢 ①qiāng 呼天抢地 ②qiǎng 抢夺 争抢

7. 强 ①qiáng 强渡 强取 强制 ②qiǎng 勉强 强迫 强词夺理 强人所难 ③jiàng 倔强 强嘴

8. 呛 ①qiāng 呛着了 ②qiàng 油烟呛人

9. 戗 ①qiāng 戗水 戗风 说戗了 ②qiàng 真够戗 戗面馒头

10. 悄 ①qiāo 悄悄儿的 悄悄话 ②qiǎo 悄然 悄寂

11. 翘 ①qiào （口语）翘尾巴 ②qiáo 翘首 连翘

12. 切 ①qiē 切磋 切割 ②qiè 急切 切实

13. 趄 ①qiè 趄坡儿 ②qie 趔趄 ③jū 趑趄

14. 亲 ①qīn 亲近 亲密 ②qìng 亲家

15. 曲 ①qū 神曲 大曲 弯曲 ②qǔ 曲调 曲艺 曲牌

16. 雀 ①qiāo 雀子 ②qiǎo 雀盲眼 ③què 雀斑 雀跃 麻雀

17. 圈 ①quān 圈点 圈占 圈套 圈阅 ②juān 圈牛 圈马 ③juàn 猪圈 羊圈

18. 阙 ①quē 阙如 阙疑 ②què 宫阙

R 部

任 ①rén 任丘（地名） 任姓 ②rèn 任务 任命

S 部

1. 散 ①sǎn 懒散 零散（不集中，分散）散兵游勇 散居 散漫 散记 松散 散射 散曲 散架 ②sàn 散布 散失 散发 分散 散播 发散 散传单 散心 解散 散摊子

2. 丧 ①sāng 丧葬 丧服 丧乱 丧钟 ②sàng 丧失 丧权 丧气 丧魂落魄 ③sàng 哭丧着脸

3. 色 ①sè （书面）色彩 色泽 ②shǎi （口语）落色，颜色

4. 塞 ①sè （书面，动作义）堵塞 阻塞 ②sāi （口语，名动义）活塞 塞车 ③sài 塞翁失马 边塞 塞外

5. 煞 ①shā 煞尾 收煞 煞笔 煞风景 ②shà 煞白 恶煞 煞气 煞费苦心 煞有介事

6. 厦 ①shà 广厦 大厦 ②xià 厦门 噶厦

7. 杉 ① shān （书面）红杉 水杉 ②shā （口语）杉篙 杉木

8. 苫 ①shàn （动作义）苫屋草 苫布 ②shān （名物义）草苫子

9. 汤 ①shāng 河水汤汤 浩浩汤汤 ②tāng 汤水 热汤 赴汤蹈火

10. 折 ①shé 折本 ②shē 折腾 ③shé 折合

11. 舍 ①shě 舍弃 抛舍 ②shè 校舍 退避三舍

12. 拾 ①shè 拾级而上 ②shí 拾取 拾掇 拾遗 拾人牙慧

13. 什 ①shén 什么 ②shí 什物 什锦

14. 葚 ①shèn （书面）桑葚 ②rèn （口语）桑葚儿

15. 识 ①shí 识别 识字 ②zhì 标识 博闻强识

16. 似 ①shì 似的 ②sì 相似

17. 属 ①shǔ 隶属 归属 亲属 属实 属相 ②zhǔ 属意 属望 前后相属 属文

18. 熟 ①shóu （口语）庄稼熟了 饭熟了 ②shú 熟悉 熟谙 熟稔 熟思 熟习

19. 刷 ①shuā 洗刷 粉刷 刷新 ②shuà 脸色刷白

20. 说 ①shuì 游说 说客 ②shuō 说话 说辞

21. 数 ①shuò（副词）数见不鲜 ②shǔ（动词）数落 数数（shù） ③shù（名词）数字 数目

22. 忪 ①sōng 睡眼惺忪 ②zhóng 怔忪（恐惧）

23. 宿 ①sù 宿舍 宿愿 宿志 宿将 耆宿 宿舍 宿主 ②xiǔ 三天两宿 半宿 ③xiù 星宿 二十八宿

24. 遂 ①suí 半身不遂 毛遂 ②suì 遂心如意 天遂人愿 遂意

T 部

1. 踏 ①tā 踏实 ②tà 踏步 践踏 踏勘 踏看 踏青

2. 沓 ①tà 杂沓 复沓 纷至沓来 ②dá 一沓子

3. 蹚 ①tāng 蹚水（也写作"蹚水"） ②tàng 走一蹚 半蹚街

4. 苔 ①tái （书面）苍苔 苔藓 ②tāi （口语）青苔 舌苔

5. 调 ①tiáo 调皮 调配（调和配合）调解 调剂 调侃 调唆 调谑 调羹 调停 ②diào 调换 调配（调动分配）调防 调遣 曲调 调换 调集 调拨 调度

6. 帖 ①tiē 妥帖 伏帖 服服帖帖 ②tiě 帖子 请帖 字帖 庚帖 ③tiè 碑帖 法帖 习字帖 画帖

7. 通 ①tōng 通知 通过 交通 ②tòng 挨了一通说

8. 吐 ①tǔ 谈吐 吐露 吐字 吐故纳新 ②tù 吐沫 吐血 呕吐 上吐下泻

9. 褪 ①tuì 褪色 褪毛 ②tùn 褪去 褪着手 褪套儿

10. 拓 ①tuò 拓荒 拓宽 开拓 ②tà 拓本 拓片

W 部

1. 瓦 ①wǎ 瓦当 瓦蓝 砖瓦 ②wà 瓦刀 瓦瓦（wǎ）

2. 圩 ①wéi 圩子 ②xū 圩场

3. 委 ①wēi 委蛇（也作逶迤） ②wěi 委曲（qū） 委屈（qu）

4. 尾 ①wěi 尾巴 ②yǐ 马尾

5. 尉 ①wèi 尉官 尉姓 ②yù 尉迟（姓） 尉犁（地名）

6. 遗 ①wèi 遗之千金（赠送） ②yí 遗失 遗憾 遗嘱

7. 纹 ①wén 花纹 纹饰 纹理 纹丝 ②wèn 裂纹

8. 乌 ①wū 乌黑 ②wù 乌拉草（là 草名）

X 部

1. 吓 ①xià 吓唬 吓人 ②hè 威吓 恐吓 恐吓 恫吓

2. 鲜 ①xiān 鲜卑（古代北方民族） 鲜美 鲜明 鲜艳 ②xiǎn 鲜见 鲜有 鲜为人知

3. 纤 ①xiān 纤长 纤毫 纤细 纤尘 纤弱 十指纤纤 ②qiàn 纤夫 纤绳 纤手（仅此三词）

4. 相 ①xiāng 相当 相反 ②xiàng 相册 相片 相机

5. 行 ①xíng 举行 发行 ②háng 行市 行伍 ③hàng 树行子 ④héng 道行

6. 省 ①xǐng 反省 省亲 ②shěng 省份 省略

7. 削 ①xuē （书面） 剥削 瘦削 ②xiāo （口语） 切削 削皮

8. 血 ①xuè （书面组词） 贫血 心血 血液 血统 血型 血性 血迹 血泪 血泊 血气 血洗 血汗 血债 血晕 ②xiě （口语常用） 鸡血 流了点血 血淋淋 血糊糊

9. 熏 ①xūn 熏染 熏陶 熏风 熏制 ②xùn 被煤气熏着了（中毒）

10. 兴 ①xīng 新兴 复兴 兴起 兴办 兴修 不兴胡说 兴许 兴盛 兴师动众 ②xìng 兴趣 兴致 豪兴 助兴败兴

11. 旋 ①xuán 盘旋 回旋 旋即 凯旋 旋转 旋即 ②xuàn 旋风 旋根车轴 旋吃 旋做

Y 部

1. 哑 ①yā 哑哑（象声词）学语 ②yǎ 哑然 哑场 哑谜 哑然失笑

2. 殷 ①yān 殷红 ②yīn 殷实 殷勤 殷切 殷商 ③yǐn 殷殷（象声词，形容雷声）

3. 咽 ①yān 咽喉 ②yàn 狼吞虎咽 咽气 ③yè 呜咽 哽咽

4. 约 ①yāo 用称约 约斤肉 ②yuē 预约 制约 条约 特约 约束

5. 钥 ①yào （口语）钥匙 ②yuè （书面）锁钥

6. 掖 ①yē 掖进去 ②yè 扶掖 奖掖

7. 耶 ①yē 耶和华 耶稣 ②yé （语气助词）是耶 非耶

8. 叶 ①yè 叶落归根 叶公好龙 ②xié 叶韵（和谐义）

9. 艾 ①yì 自怨自艾 惩艾 ②ài 方兴未艾 艾草

10. 迤 ①yí 逶迤 ②yǐ 迤逦

11. 应 ①yīng 应届 应许 应声 应该 应允 应名儿 应分 ②yìng 应付 应承 应运 应变 应从 应对 应付 应和 应急 应景 应聘 应时 应诺 应用 应验 应征 应邀 应招 应诊 应制 应接不暇

12. 佣 ①yōng 雇佣 佣工 女佣 ②yòng 佣金 佣钱

13. 熨 ①yù 熨贴 ②yùn 熨烫

14. 与 ①yǔ 给与 与其 与人为善 与日俱增 与虎谋皮 ②yù 参与 与会 与闻 ③yú 同"欤"

15. 吁 ①yù 呼吁 吁请 吁求 ②yū 吆喝牲口（象形词） ③xū 长吁短叹 气喘吁吁

16. 予 ①yú（文言文中表示"我"）予取予求 ②yǔ 授予 予以

17. 晕 ①yūn 晕倒 头晕 晕厥 ②yùn 月晕 日晕 晕车 晕船 晕机 晕针 晕场 红晕

Z 部

1. 咋 ①zǎ 咋办 咋样 ②zé咋舌 ③zhā 咋唬 咋呼

2. 载 ①zǎi 记载 登载 转载 千载难逢 三年五载 刊载 ②zài 装载 载运 载歌载舞 载体 载荷 载重 怨声载道 风雪载途

3. 脏 ①zāng 肮脏 ②zàng 心脏 内脏 脏腑

4. 择 ①zé 选择 抉择 ②zhái 择菜 择席 择不开 （仅此三词）

5. 扎 ①zhá 挣扎 ②zhā 扎根 扎实 扎堆 扎眼 扎营 ③zā 扎彩（捆束义） 一扎啤酒 扎腰带

6. 轧 ①zhá 轧钢 轧辊 （挤制义） ②yà 倾轧 轧花 轧场（碾压义）

7. 炸 ①zhá 炸糕 油炸 ②zhà 炸药 炸弹

8. 粘 ①zhān （动词义）粘贴 粘连 ②nián （形容词）粘稠 粘土 粘液

9. 涨 ①zhǎng 涨落 高涨 涨潮 涨幅 物价上涨 水涨船高 暴涨 ②zhàng 泡涨 头昏脑涨 脸涨通红

10. 占 ①zhān 占卜 占卦 ②zhàn 占据 攻占 强占

11. 爪 ①zhǎo 爪牙 鹰爪 张牙舞爪 ②zhuǎ 爪子 爪儿

12. 着 ①zháo 着急 着迷 着凉 着忙 着魔 着三不着两 ②zhuó 着落 着重 着手 着力 着装 着笔 着实 着想 着眼 着意 着陆 ③zhāo 失着 着数 高着（招）

13. 蜇 ①zhē 蜜蜂蜇人 切洋葱蜇眼睛 ②zhé 海蜇

14. 症 ①zhēng 症结 ②zhèng 病症 症状 症候

15. 正 ①zhēng 正月 新正 正旦（农历正月初一） ②zhèng 正常 正旦（戏中称女主角）

16. 殖 ①zhí 繁殖 殖民 ②shi 骨殖

17. 只 ①zhī 只身前往 只言片语 ②zhǐ 只顾 只见 只有

18. 中 ①zhōng 中国 人中（穴位） ②zhòng 中奖 中靶 看中 中选

19. 种 ①zhǒng 种类 种族 点种（种子） ②zhòng 耕种 种植 点种（播种）

20. 轴 ①zhóu 画轴 轮轴 轴承 轴线 ②zhòu 大轴戏 压轴戏

21. 著 ①zhù 著名 著述 ②zhe 同"着"（助词） ③zhuó 同"着"（动词）穿著 附著

22. 拽 ①zhuāi 拽皮球 拽东西 ②zhuài 拽住不放 生拉硬拽

23. 转 ①zhuǎn 转运 转折 转圜 转身 ②zhuàn 转动 转速 转悠

24. 幢 ①zhuàng 一幢楼房 ②chuáng 经幢

25. 缴 ①zhuó 系在箭上的丝绳、射鸟用 ②jiǎo 上缴 收缴 缴纳 缴械

26. 综 ①zèng 织机零件之一 ②zōng 综合 错综

27. 钻 ①zuān 钻探 钻孔 ②zuàn 钻床 钻杆

28. 柞 ①zuò 柞蚕 柞绸 ②zhà 柞水（在陕西）

29. 作 ①zuō 作坊 铜器作 ②zuò 工作 习作

30、仔 ①zī 仔肩（书面语：责任，负担） ②zǐ 仔细 仔密 仔鸡 仔猪 仔兽 ③zǎi 打工仔 华仔 胖仔

附三：川渝方言词汇和普通话词汇对照表

说明：冒号前的词语是方言，冒号后的是普通话。写不出规范字的方音字用口代替，后面括号中用汉语拼音字母和声调提示注明读音。如：口（bai 一声）。

a

我谙不倒：我猜不着

时间太暗了：时间太晚了

咬倒犟：强辩，固执己见

b

巴广告：贴广告

巴倒边边走：沿着边上走

巴倒扶手：把（抓）住扶手

巴她老汉儿：亲近她父亲

巴倒烫：招惹不得的人、事

巴实：合适，舒服，安逸，可亲，好，漂亮，周到，细致

巴肉：贴身

巴谱：切题

巴味：入味，合口味

巴幸不得：巴不得，求之不得

粑粑：饼，馍

疤疤：补丁，疤痕

爸儿（念儿化）：伯父，叔父

把稳：稳当，谨慎

把细：仔细，当心

把凭：凭据，证据

坝床：铺床

坝单：床单

坝坝：坝子，场院

茶壶把把：茶壶把儿（把子）

口（bai 一声）子：跛子，瘸子

这事他摆过：这事他说（谈）过（普通话可说"摆事实"）

摆龙门阵：聊天儿，讲故事

扳道理：争辩

扳不开：掰不开

板不脱：挣小开

板眼儿：名堂，奥妙，诀窍

乱板乱跳：乱蹦乱跳，瞎折腾

手板儿：手，手掌

手板心：掌心

办招待：请客

瓣瓣（儿）：瓣儿

半中拦腰：半路，中间

膀膀儿，手膀：胳膊，臂膀

棒棒（儿），扁担：搬运工

棒客，棒老二：土匪，劫匪

包包：兜，口袋，提包，疙瘩

包单：被单

包谷：玉米

冻包儿：冻疮

宝气（器）：傻帽，爱出洋相

你才有点宝：你才有点可笑

宝筛筛：傻里呱叽

抱个娃儿来带：抱养孩子

白白生生：白白净净

白墨：粉笔

杯杯（儿）：杯子

背背：背面，靠背

背亮：背光

笨撮撮：笨拙，笨呼呼

笨不脱：挣不开

笨不断：扯（拽）不断

笔伸，笔端端：笔直

揩鼻子：揩鼻涕

壁头：墙壁

边边：边儿，边上，边沿

飙水：喷（射）水

别个：别人，人家

冰口：裂口

饼饼儿：饼，糕点

病壳壳，病砣砣：老病号

波丝网：蜘蛛网

不睬事：不怕事

不得：不会

他今天不好了：他今天生病了

不打紧：没关系，不要紧

不了一个人：不止一个人

不依教：不答应，不愿意

c

叉叉，权权：叉子，树权

口（ca一声）了一脚水：踩了一脚水

喳巴：多嘴多舌，不文雅

茶瓶：热水瓶，暖壶

擦黑：傍晚

口口（ca ca三声）：漏斗

口（ca三声）口口：漏斗形状

口（ca三声）下来：由小到大撒开来

踩假水，假打：弄虚作假

菜籽花：油菜花

菜板：砧板

惨把儿：悲惨

掺（can三声）耳死：打耳光，抽巴掌

掺（can三声）灰尘：掸（dǎn）尘土

藏猫儿：捉迷藏

肠肠儿：肠子

抄手：馄饨

操：穿戴时髦，前卫

操社会：赶时髦，混江湖

操大哥：摆阔，当混混儿

蟟虫：蛔虫

燥辣：辛辣，厉害，棘手

操（四声）匀净：和（huò）均匀

车过去，车转去：转过去

车身就走：转身就走

恻火：害怕，担心

扯倒不放：拉（拽）住不放

扯票（证）：买票，办证

扯筋：争吵，扯皮

扯怪教：作怪，捣蛋

扯拐：出毛病，闹别扭，捣蛋

扯问题：讨论，研究问题

扯伸脚杆就跑：撒腿就跑

扯风：装疯卖傻

扯垛子：找借口，撒谎，装假

扯横筋：狡辩，强词夺理

扯回销：回复，回话

扯筋：吵架，闹意见

扯把子：找借口，撒谎，装假

扯火闪：闪电

他扯得很：他很调皮（滑头）

这句话嘿扯：这句话很幽默

这事有点扯：这事有点怪

伸的：直的

伸抖：平展，清楚，舒服

呻唤：呻吟

沉沉：沉淀

口（cen 三声）紧点：按（压）紧一点

疵手：伸手

吃水（茶、酒、饮料）：喝（饮）水（茶、酒、饮料）

吃烟：吸烟，抽烟

吃抹和：占便宜，吃白食

吃晌午：吃午饭

葱子，葱葱儿：葱，小葱

口（cong三声）祸事：挑拨，怂恿

他嘿冲（四声）：他很高傲

冲壳子：吹牛，逞能

把我口（cou 一声）倒起：把我扶着

帮我口（cou 一声）一下：帮我推一下

把被子口（cou 一声）开：把被子掀开

抽底火：揭老底，拆台

抽条：长个儿

抽合：成全，帮忙，支持

抽抽：抽屉

臭蛋：樟脑丸

灯泡粗了：灯泡坏了

粗泡泡：冒气泡

粗气：喘气

除脱：死，断送，失去，输光

口（cua 二声）雨：淋雨

票揎揎儿（cuanr 一声）：票贩子

炊哥：厨师，炊事员

捶他一顿：揍他一顿

d

跶扑爬：跌跤，摔跟头

打穿穿（儿）：趔趄，晃悠

打锤：打架，吵嘴

汽车打倒：汽车掉头（后退）

打堆：交往，在一块儿

打梦脚：头脑开小差

打烂仗：鬼混，不干正事

打脑壳：伤脑筋，费脑子

打觅头：扎猛子

打抖：发抖，打颤

打条：打主意

打调：交换，调换

打望：张望，寻望，注视

打整：整理，收拾，对付

打转转儿：转圈儿，盘算

打逗凑：凑在一起，凑热闹

打挤，打涌堂：拥挤

打漂漂：不落实，没指望

打眼：显眼

打不赢：打不过，赢不了

大套：傲慢，耍派头，大量

大声武气：放开声音（嗓门）

带把子：说话带脏字

带携：连累

带账：负债、欠债

待家里：在家里

单单（儿）：条子，小床单

身材单吊：身材瘦挑

当门：面前，对面

凼：水坑，地方

凼头：尽头，边上

倒拐：拐弯，转弯

倒炉子：丢脸，出丑

倒（四声）签（四声）：倒刺

墩笃：壮实，魁伟

碗顿在桌上：碗放在桌上

鞋子蹬蹬（三声）儿：鞋跟儿

滴滴儿：一点儿

底脚：下面，底下

抵黄：揭老底，把事搅黄

递点子：出主意，使眼色

地下：地上

把鞋子口（dia一声）过来：把鞋提过来

颠颠，颠儿：顶端，尖儿

豌豆颠儿：豌豆苗

颠冬：糊涂

癫子：疯子

点水：告密

吊颈：上吊

提包掉了：提包丢失了

盯倒他：看着他

丁丁猫：蜻蜓

锭子：拳头

丢翻：打倒，打赢

口（dong二声）进去：捅（埋）进去

口（dong二声）祸事：闯祸

咚（二声）大：很大

洞洞：洞子，窟窿

菜箢箢：菜篮子

斗（三声）碗：大碗

逗一下情况：凑一下情况

逗（斗）硬：过硬

逗是：就是

渎豆腐：烩（熬）豆腐

短倒他：拦（截）住他

断纤：中断，断开

断桩：脱销，用完

堆堆大：块头儿大

堆头：体积，块头儿

对直：正对着，直着

掇（二声）背脊骨：戳脊梁骨

垛（锅、碗、桶）：搁，放

e

硬翘翘：直挺挺

硬肘：坚实，健康，有骨气

耳死：耳光

耳子：木耳

二辈子：下辈子

f

发火：生火，生炉子

发胀：冲人发火，发脾气

烦：厌烦，孩子调皮

放黄：泡汤

肥：胖，有钱，富裕

肥嘟嘟：胖乎乎，胖嘟嘟

肥董董：肥不啦叽

费：孩子顽皮

风快：锋利，迅速

风灯儿：风筝

风风儿：风声，消息

封封儿：红包，礼金

蜂糖：蜂蜜

蜂子：蜜蜂，马蜂

缝缝儿：缝隙，缝儿，裂痕

浮漂：浮萍

浮上水：巴结权势往上爬

g

旮旯儿（ga二声gar一声）：一点儿

嘎嘎：肉（多用于童语）

橘柑儿：橘子

广柑儿：甜橙

干人：穷人

干梆硬撑：硬气，生硬不通理

口干：口渴

肝筋火旺：肝火旺，声高气盛

赶（车船飞机等）：乘（坐）

赶菜：拨（扒）菜

赶礼：（喜丧）送礼，凑份子

赶场：赶集

杆杆儿：杆儿，树干，半中腰

手杆（儿）：手臂

腰杆（儿）：腰

高头，高上，高底：上面，上头

他高矮要走：他坚决要走

搞头：好处，收益

搞惯了：习惯了

搞忘了：忘了，忘记了

搞不赢：忙不过来，来不及

搞（倒）着：赚钱、得好处

搞刨了：慌张，急忙

告花儿，告花子：叫花子

告一下：试，试一试

告口：愈合

哥子：哥哥，哥们儿

哥老倌：哥哥

个个儿：个头儿

口（ge 四声）：切，割

跟班儿：跑腿儿，配角儿

梗数：整数

哽倒：噎着

使劲哽：使劲吞

角角：角落

角巴儿：犄角，尖角

角孽：吵架，闹意见

角不来：合不来

各人：自己，每个人

过经过脉：十分关键，紧要

拱起一个包：冒出一个包

拱（四声）来拱去：拱动，乱窜

勾起腰杆：弯下腰

勾倒身子：低下身子

勾子：屁股

勾扯：勾当

狗夹夹：吝啬鬼

够搞，够整：够呛，不好办

孤倒：蹲（待）在

谷子：水稻

谷草：稻草

估倒：强迫，逼迫，欺压

估不倒：管（制）不住

鼓气：赌气，生闷气

鼓起眼睛：瞪着眼睛

鼓起脸巴儿：翻脸，沉着脸

瓜：傻，呆

瓜娃子：傻子，呆子

刮胡子：批评，训斥

刮削：剥削，搜刮

刮毒：狠毒

刲兔子：杀兔剥皮剖肚

寡母子：寡妇

寡是：只是

长得乖：长得漂亮，好看

拐拐：拐角，弯儿

这人怪：这人下流，品德不好

怪物：下流，不正经

怪眉日眼：怪里怪气

怪头怪脑：怪模怪样

关火：吃得开，起作用

管钱：值钱，贵重

管得他：管他的，让他去

灌（灌浓）：化脓

惯蚀：娇惯

光口口（lia lia、cua cua）：光秃秃

光生：光滑光亮，整洁体面

光董董：赤膊，赤裸

光脚板儿：赤脚

光杆儿：光棍儿，穷光蛋儿

光（guang四声）的：光滑的，光亮的

光杆杆：光溜溜

逛他几耳死：扇他几巴掌

归一：事情做完

皈依佛法：规规矩矩

鬼眉日眼：难看，鬼鬼祟祟

鬼扯（扯皮）：胡扯，狡辩

鬼画桃符：乱写乱画，潦草

滚滚儿：轮子

滚龙：无赖，流氓，乞丐

h

哈气：呼气

哈：挥舞，抓，捞

哈几铲子：翻炒几下

哈脚舞爪：张牙舞爪

哈数：底数，规矩

哈哈儿：一会儿，短时间

一哈儿：一会儿

这哈儿：这会儿

哈（三声）儿，哈宝儿：傻瓜

哈（三声）撮撮：傻里呱几

下（ha四声）把下：短时间

下下（ha四声）：每次

嗨（hai 一声）：大吃大喝，混，玩儿

海椒：辣椒

憨痴痴：傻乎乎

憨吃哈张：瞎吃傻喝

喊警察：叫警察

她该喊我叔叔：她该叫我叔叔

喊黄：叫苦，赖账

喊明，喊醒：明说，说清楚

行（hang二声）势：能干

巷巷儿，巷子：小巷，胡同

薅一把：捞一把

好生：好好儿，当心

号卷子：批改卷子

耗儿，耗子：老鼠

恨气：决心争口气，赌气

恨倒：强迫，逼迫，压迫

黑了，黑了家：晚上

黑撮撮，黑不拢耸，黑黢马孔：黑漆漆，黑黝黝，黑咕隆咚

何犯于：何必，犯不着（上）

呵嗨（四声）：哈欠，呵欠

呵，哄，呵哄：骗，蒙骗

活怕（害怕）：生怕

活甩甩：不稳当，不肯定

口（ho 二声）麻：荨麻

口（ho 二声）人：扎（蜇）入

伙倒（起），伙倒起：伙，伙同

火巴眼：红眼病

火门：方向，办法

火色：火候

红冬冬：红彤彤，红通通

红萝卜：胡萝卜

猴狲儿：猴儿，猴子

喉：馋，贪心

喉包：喉结

喉咙管儿：咽喉，嗓子

气齁（hour）八齁：气喘吁吁

吼：哭

把孩子吼哭了：把孩子训哭了

后脑啄（zua 二声），后啄啄：后脑勺儿

胡豆：蚕豆

花西瓜：切西瓜

花菜：花椰菜

滑刷：滑溜，油滑

收荒：收破烂儿

荒篮儿，收荒匠：收破烂儿人

黄豆：大豆

黄鳝：鳝鱼

黄秧白：大白菜

黄帮，黄师傅：外行

黄手黄脚：不懂行，不熟练

黄话：外行话，不讲理的话

黄腔：外行话，错话

黄黄儿：蛋黄儿

黄泥巴脚杆：泥腿子

黄桶：大木桶

晃一眼：瞟一眼，粗看一眼

恍兮惚兮：粗心大意

灰面：面粉

回回：每一回，每次

火瞟瞟：火辣辣，热辣辣

J

鸡公：公鸡

鸡婆（母）：母鸡

挤（一声）紧一点：勒紧一点

家门儿：同姓，本家

夹舌子：结巴

用剪刀挟开：用剪刀剪开

胛胛：脏东西

假打：作假，挂羊头卖狗肉

架势，架脉：开始

尖：聪明，狡猾，眼耳好使

尖嘴巴：爱说小话的人

简巴郎：结巴

贱皮子：不识抬举的人

僵疤儿：伤疤

焦娃儿没工作：愁孩子没工作

姐哥，姐夫哥：姐夫

东西经事：东西结实

经佑：照顾，伺候

惊叫唤：大声喊叫

惊风火扯：大惊小怪

精灵：聪明机灵

颈子：脖子

脚颈颈儿：脚腕子，脚踝

手颈颈儿：手腕儿

酒米：糯米

揪（三声）毛巾：拧毛巾

揪（三声）龙头：拧、扭龙头

脚杆（儿）：腿

脚脚：根，残渣，沉淀

锔（ju 一声）：刺，扎

锔锔：尖刺，小尖角

诀人：骂人

咀（ju 二声）：吮，吮吸

菌肝儿：胗（zhēn）儿，肫（zhūn）

k

咔咔（ka一声）：角落，旮旯

卡（一声）拿：给小鞋穿

开销工人：解雇（辞退）工人

老坎（儿）：老土，吝啬鬼

看人：看孩子，相亲

炕干：烤干

口（kang三声）盖盖：盖、扣盖子

敲棒棒（儿）：敲竹杠

敲沙罐：枪毙

搁平：摆平，搞定

恐防：恐怕，提防

抠痒：挠（抓）痒痒

扣手：适合，默契，协调

箍子：戒指

窟（二声）下身子：蹲下身子

裤儿：裤子

裤脚：裤腿儿

垮下脸来：沉下脸来

垮衣服：脱衣服

垮杆儿：下台，完蛋，破产

垮杆货：掉价货，不值钱的

款起：襻（pàn）住，管制住

款款：突出物或凹槽，规章，原则，（心里的）底数

狂：嬉闹，打闹

窥紧点：管紧点

口（kun 二声）的：完整的，整个的

口（kun）鸡口（kun）鸭：全鸡全鸭

l（n）

拉稀摆带：临阵害怕退缩

拿言语：说好话，说低头话

哪百年：很久

三十岁来往：三十岁左右

来不来就：动不动就

来不起：输不起，动不了

奶娃娃，奶娃儿：婴儿

灡：滚热

灡水：滚烫的热水

癞疙宝：癞蛤蟆

耐烦心：耐心

难逢难遇：很少见，不容易

烂点子：坏主意

啷筋筋：瘦长

啷个：怎么

浪子：波浪大

浪衣服：晾（晒）衣服

捞（三声）裤脚：挽（撩）裤腿

老辈子：老辈儿，长辈

老丈人：岳父，丈人

老丈妈：岳母，丈母，丈母娘

老人公：公公

栳：拿，扛

脑壳：脑袋

方脑壳：死板的人

脑花儿：脑髓，猪脑子

恼火：厉害，严重，苦累

闹热：热闹

闹人：有毒，中毒

闹药：毒药

肋巴，肋巴骨：肋骨

囗（len 一声）线线：捻线头

囗（len 二声）起眼睛：横瞪着眼睛

排轮子：排队，按顺序

列子：队列，顺序

卡（一声）列子：排队夹塞儿

恁个：这么，如此

冷天：冬天

哩（li 一声）了一脚泥：踩上一脚泥

立起：站着，竖着

理抹：过问，清查，惩处

理扯火：靠不住，歪理

利边：故意，特意

囗（lia二声）白：说谎，吹牛

囗（lia二声）皮：脱皮

囗（lai 三声）手指：舔手指头

拈菜：夹菜

年辰：年景

连二杆：小腿

莲花白：洋（圆）白菜

脸巴儿，脸墩儿：脸蛋儿

脸貌儿：容貌，相貌，长相

脸红筋胀：面红耳赤

囗囗（liang一声）：姨，姑，伯母等

娘屋：娘家

两前后：妯娌

尿包：膀胱

灵醒：机灵，灵活，清楚

溜人：溜滑（滑溜）

一溜溜儿：一小条儿

溜（四声）刷：灵活，利索

牛（厚）皮菜：叶甜菜

扭倒不放：扭住不放

扭倒费：纠缠，死缠

拗：动，扭动

饭后拗一下：饭后走动走动

笼起衣服：套（罩）上衣服

拢了，抵拢：到了，抵达

搂实：使劲

漉（lu 一声）：捞

路路：纹路，划痕，伤痕

一路字：一行字

挛：拦，阻挡

挛不转：转不动，忙活不开

口（lui 一声）皮球：滚皮球

螺丝拐：脚踝，踝骨

箩筅：箩筐

落雨（雪）：下雨（雪）

落教：讲交情，守信用

落气：咽气，停止

落屋：国家

m

抹脱：冲人发火

麻麻咋咋：不明不白，欺哄

麻人：蒙骗人，肉麻

麻广广：欺蒙外地（乡下）人

麻嘎嘎：起鸡皮疙瘩

马倒：欺压

马脸董嘴：板脸，满脸不高兴

码不实在：猜不准，搞不清楚

慢哈儿：过一会儿，等一会儿

莽（一声）子：傻子

莽粗粗：粗壮不机灵，傻兮兮

莽（三声）起：使劲，加劲

猫煞：能干，厉害，粗鲁

毛起：发火，翻脸

毛焦火辣：焦躁不安

毛毛（儿）：毛发，纤维，细尘

毛山匠：粗心鲁莽的人

茅司：厕所

卯窍（巧）：窍门儿，诀窍

他们闹卯了：他们闹翻了

冒皮皮：说大话、空话，吹牛

墨笔：毛笔

墨盘：砚台

麦麦蚊儿：蠓（meng）蚊

默倒：以为，打算，想要

霉，霉倒：倒霉，萎靡，迷糊

媒子：托儿

闷（一声）了一觉：小睡了一会儿

闷起不开腔：闭口不做声

水闷（四声）出来了：水溢出来了

绵扯扯，绵扎：不脆，拖沓

面一层泥土：垫上一层泥土

面面儿：粉末

面衣：外衣，外套

瞄了一眼：瞅瞅，看了一看

庙子：庙，寺庙

口（mie 一声）开：分（掰）开

抿（一声）甜：非常甜

蒙倒：捂住，盖住

摸包儿：扒窃

摸，摸梭：慢，拖沓

莫祥：没意思，每好处

木脑壳：头脑迟钝（呆笨）

木撮撮：呆傻，模糊

o

屙屎屙尿：拉屎撒尿

饿痨鬼：贪吃的人

口（ong一声）倒：盖上，埋住

瓮倒：没人

欧架子：摆（拿）架子

p

口（pa 一声），口（pa一声）和：软，软和，烂糊，便宜，容易，轻松，软弱

爬、爬开：滚，滚开

帕子，帕帕儿：毛巾，手帕，枕巾，抹布

盘，盘大：抚养，养大

盘心：贪心

配盘儿：配角，陪衬

蹄膀：肘子

耪（pang 三声）倒：碰着

泡（一声）子：灯泡

泡（一声）的：鼓胀，虚胖

泡泡（四声）：泡沫

口（pen 一声）倒树子：靠在树上

椅子口口（pen 一声）：椅子靠背

盆盆（儿）：盆子，盆儿

屁眼儿：屁股，肛门

瓢儿（二声）、瓢瓢（二声、一声）儿：勺子

瓢儿白：小白菜

票子：钱，钞票

撇（二声）脱：干脆，耿直，不粘糊

孬（pie 四声）：不好，差，差劲

孬火药：孬种，坏家伙，次货

拼东西：送（匀）东西

品起（排）：并排，并列

婆子妈：婆婆

铺排：安排

谱谱：眉目

茶铺：茶馆儿

q

口口（qia 一声）：角落，旮旯

口（qia 二声）一脚：跨一步

千翻儿：顽皮

起纤纤：一个接一个

悄悄咪咪：不声不响，静悄悄

清油：菜籽油

丘二：帮工，打工仔

秋烟：吸烟

秋人：烟熏人的眼睛

黢麻打黑：黑黢黢，黑漆漆

r

入倒箱箱头：装进箱子里

口（rua 二声）皱了：揉皱了

s

沙喉咙：嗓子沙哑、粗哑

靸（sa 二声）：趿拉（tā la）

煞果：结束，完成

塞包袱：行贿

嗓：顶撞，训斥

烧腊：卤菜

苕：薯，俗气

臊皮：丢脸，找麻烦

折（sê二声）：丢失，亏损

啬家子：吝啬鬼，抠门儿

神撮撮：神经兮兮

发神：发愣，发呆

声气：声音

乘不起：承担（承受）不了

松活：轻松，减轻

松松垮垮：松散，懒散

口（song二声）：馋嘴，穷酸，猥琐

耸来耸去：推推搡搡

水得很：不认真，不地道

耍嗲（lia一声）：撒娇

t

榻榻：地点，地方

汤倒：遇到麻烦，倒霉

堂客：老婆

讨口子：叫花子

天干不下雨：天旱不下雨

提铆子：带头，做主

挑针儿：麦粒肿（针眼）

调（三声）一个：换一个

跳乱坛：打杂

砣子：拳头

妥到地下：垂到地上

统回去：兜回去

偷二：小偷

偷油婆：蟑螂

团鱼：鳖，甲鱼

w

喂奶奶：喂奶，哺乳

娃儿：孩子，小孩儿

瓦饭：盛（舀）饭

歪脾气：脾气大（不好）

相貌歪：相貌凶恶

东西歪（三声）：东西伪劣

外搭：另外，还有

汪实：多，实在

王口口（cua cua 三声）：窝囊废，不务正业

往天（回）：前些时候，以往

瘟猪子：笨蛋，不能干

巫教：不公正，不正派

武辣：泼辣

兀笃笃：突然，突如其来

x

嘻起嘴巴笑：咧着嘴笑

稀开：张（裂）开

媳妇儿：儿媳妇

洗刷他：批评（责骂）他

洗白：失败，输光，没救，死亡

相因：便宜

乡坝：乡下

相料：作料

宵夜：吃晚饭

把老人销倒：把老人扶着

帮我销一下车：帮我推一推车

销开：掀开

笑人：可笑

歇凉：纳凉，乘凉

写号：旅馆登记

心头爪（zua 三声）：心虚胆怯

心翻：恶心

心子：猪心

醒豁：清楚，明白

口（xiu 二声）皮耷脸：脸皮厚

虚，虚火：心虚，害怕，担心

虚场合：假的

嘘眼：眯缝着眼

嘘嘘眼儿：小眼睛

嘘个信：透个信

悬吊吊：不踏实，不稳当

y

蔫塌塌：打蔫儿，无精打采

檐老鼠：蝙蝠

眼睛水：眼泪

厌点盐巴：撒点盐

把鸡鸭吙回去：把鸡鸭赶回去

幺台：收场

窑裤：短（内）裤

要得：可以，行

夜饭：晚饭

医他一下：整（教训）他一下

一啪啦：一连串，一大堆

一啪尿（屎）：一泡尿（屎）

一啪屎一啪尿：一把屎一把尿

一歇：一阵，一阵子

一泼人：一拨人

阴倒：偷偷，暗（背）地里

阴（四声）花：浇花

硬翘翘：直挺挺

硬肘：坚实，健康，有骨气

油腊铺：副食店

鱼鳅：泥鳅

磨玉：磨光滑，磨去棱角

月母子：坐月子的妇女

晕（一声）味儿：欣赏，过瘾

Z

咂（一声）开嘴巴：张开嘴巴

鞋子咂口了：鞋子咧嘴了

喳翻儿：多嘴，讨厌

渣渣：垃圾，碎末

杂皮：地痞，品德不好

咋个：怎么

扎（三声）汗：吸汗

扎（三声）起：支持，做后盾

扎（三声）肉：粉蒸肉

扎（三声）包儿：小礼物（多指食物）

宰臊子：剁肉末（馅）

载扣子：缝扣子

载书机：订书机

展劲：使劲

展言子：说歇后语

占欺头：占便宜

脏班子：丢脸，出丑闻

张（张实）他：理睬他

长横坯：长块头儿

遭（二声）打了：被人打了

遭（二声）了：糟糕，出事了

今天要遭（二声）：今天要出事（倒霉）

罩衫：罩衣，外套

灶房：厨房

侧边：旁边

贼娃子：贼，小偷，强盗

口（zen 一声）几个人：差几个人

口（zen 一声）人家的钱：欠人家的债

阵仗：势头，阵势

振（zen 四声）：用力排泄，使劲喊叫

把玻璃滋干净：把玻璃擦干净

直见：一直，不停地

指拇儿：指头

中饭：午饭

周正：整齐，漂亮

走人户：走亲戚，串门

把瓶子揍倒：把瓶子塞紧

揍揍（儿）：塞儿、塞子、盖子

口（zua二声）足球：踢足球

脱不了爪爪：脱不了干系

啄（zua二声）起脑壳：低着头

口（zuai 一声）倒：摔倒

转（四声）筋：抽筋，抽搐

作古正经：一本正经

参考书目

[1]　王雪环. 普通话口语训练教程. 上海：上海交通大学出版社，2012.

[2]　胡习之. 普通话学习与水平测试教程. 北京：清华大学出版社，2007.

[3]　任崇芬. 普通话训练教程. 重庆：西南师范大学出版社，2008.

[4]　国家语言文字工作委员会普通话培训测试中心. 普通话水平测试实施纲要. 北京：商务印书馆，2004.